語りの講座

昔話への誘い

花部英雄
松本孝三　編

三弥井書店

まえがき

花部　英雄

――そう言えばあの時が終わりだったんだなあ。

振り返って、そう言う時があるとすれば、今がその時かもしれない。伝統的な語りの終焉のことである。家庭の団欒《だんらん》の一コマのように昔話を聞く機会が、もうこの国ではなくなってしまった。三十年余、あちこちに出かけて聞いてきた体験の中で、ここ数年、そんな思いを強くする。と言って根拠のないことではない。

機会があって二度ほど、中国の西南部貴州省にある少数民族の侗族の村で、昔話（中国語で民間故事）を聞くことがあった。山に囲まれた村の風景は、三十年も前の日本の農村にいるような懐かしさがある。そして、かつての日本で聞けたように昔話を聞くことができる。宿としているゲストハウスを訪ねてくれる村人は、屈託なく話してくれる。もう日本では望んでもありえない光景である。とはいえ、ここでもテレビや携帯、インターネットの普及は早く、その影響も大きい。日本の三十年は比較にならず、早晩に終焉を心配することになるかもしれない。

次に、目を国内に転じてみると、幼いとき身内から数多くの昔話を聞き、今でも語れる優れた語り手はいるが、残念ながらその僥倖《ぎょうこう》ともいえる語りの聞き手が家庭内にはいなくなった。語り手にとってはさびしい限りである。じっくり昔話に耳を傾ける余裕がないのか、そんなのんびりした時代ではなくなったのかもしれない。

とはいえ、語りをする機会がまったくなくなったわけではない。そのような優れた語り手たちも、乞われて公共の場や、特別に用意された場などで語っている。あるいは地域活動、ボランティア活動等に参加して語ったりもしているからである。

事態は深刻であるとしても悲観することではないのかもしれない。よく考えると、なくなりつつあるのはこれまでの語りの場であって、語りではないのである。新しく語りを志向する人も多く、活動も盛んだと聞く。昔話の語りがこれまでと違ってきたのだと認識すべきである。ただ、昔話の長い歩みの上からすれば、この「歴史的な現在」は大きなエポックといえる。これをどのように考え対処していけばいいのだろうか。

柳田國男は昭和五年に、日本の昔話の現状を「北は青森県の淋しい村から、南は壱岐島の海端にまで、数多く分布し且つ今も活きてゐる」（「桃太郎の誕生」）と述べた。その日本の民俗社会から昔話が消えかかっている。日本民俗学を立ち上げ、昔話の概念や民俗学的な昔話研究の方向を示してきた柳田の方法を、現状に合わせ修正しつつ方向転換をはかることではないだろうか。つまり、昔話を必要としてきた民俗社会や家や、絆が変質を余儀なくされてきているのであるから、それを踏まえて新たに昔話を創出していくことが求められているのである。

昔話は民俗的な面の他に、情操的・教育的な面、子どもの心理や文化、オーラルな物語性などといったさまざまな側面をもっている。それらをトータルにとらえていかなければならない。民俗社会での語りは終焉に近づいたけれども、昔話は終わっていない。民俗学的研究法に少し翳りがでてきただけで、昔話の教育学、心理学、子ども文化としての研究等々、開発すべき沃野は残されている。そうした多角的、総合的な研究のこれからを考えるための一助に本書がなってもらえればありがたい。

さて、本書は國學院大學でおこなったオープンカレッジの内容である。古典の中の昔話、異文化・外国の昔話、そして昔話の歴史、民俗といった基礎的かつ多面的な講座を用意した。講座に参加された方々の真剣なまなざしが強く印象に残っている。本書が、これから昔話をこころざす人々への案内、あるいは昔話の海を航行するための手段、浮《ブ》標《イ》の役割を果たしてもらえることを願っている。

語りの講座　昔話への誘い　目次

昔話と神話・説話・物語

浦島太郎と海幸・山幸神話

青木周平

はじめに

青木と申します。「浦島太郎と海幸・山幸神話」という題で今日はお話をさせていただきたいと思っております。この題を立てるには前提が要ります。海幸・山幸神話について、これと浦島太郎の話が関係あるのかないのか。ここの検証から本当は入らなくてはなりませんので、最初にちょっと研究史に触れながらお話させていただきます。結論から申しますと関係あるだろうということで結論付けてみたいと思います。

今日は皆さんに二つの本を用意いたしました。一つは、三浦佑之さんの『浦島太郎の文学史』。この本が出たのが平成元年で、三浦先生とはぼくもお付き合いがあってご本人から頂いたんですが、この本が出た時非常に話題になりまして、新聞等でも取り上げられました。三浦さんは、浦島太郎というのは上代から近代、現代に至るまで、ずうっと浦島太郎を素材にしてやっていけば文学史ができ上がるんだという、そういう観点のご本ですね。それから、この本が非常にセンセーショナルだったのは、浦島太郎の物語を古代の創作された恋愛小説として読もうと。そういう立場であったかと思います。恋愛小説として浦島太郎の話を読むというのは、特にわれわれ古代文学をやっている人間には（三浦先生も実は古代なんですが）非常に新鮮な視点でした。その後に、林晃平さんの『浦島伝説の研究』という著書が平成十三年に出ました。この方は國學院大學の院友でもあり私の後輩に当たります。林さんの本は、学位の副査で関わりましたのでよく存じております。この二冊がおそらく一番新しい浦島太郎の成果だろうということで皆さんにご紹介いたしました。

さて、浦島太郎といってもいろんなバージョンがありいろんな要素がございます。したがって、その中のどれを重視するかということでまた見方が随分変わってくるんですね。そういう意味で、今日は私なりに、最初に『日本書紀』の海幸・山幸神話、「丹後国風土記逸文」の浦島子の話、『万葉集』の高橋虫麻呂が歌った伝説歌がございまして、「水江《みづのえ》の浦島子《うらのしまこ》を詠む歌」というかたちで詠まれておりますが、それぞれを比較しながら、「浦島」といわれる話型のなかで一体どういう要素が大事なのかを整理していきます。その上で、『御伽草子』に載っている浦島太郎について（これが一般的に古典で扱う浦島太郎の話で、諸本研究も今、林さんなどが進めています）、私の考える浦島子、あるいは浦島伝説の流れの中で重要だと思われる点を比較しながら指摘をし、そこに流れていく精神と言いましょうか、まあ、そんなところをまとめられればいいかなと考えております。以上、前置きをお話申し上げました。

一　高木敏雄、松村武雄、関敬吾の見解

浦島太郎の話と『古事記』『日本書紀』に載っている海幸・山幸神話が関係ありや無しやということについて、最

初に比較をおこなったのが高木敏雄氏の「浦島伝説の研究」という論文です。高木氏は日本神話学を明治時代に確立した非常に重要な研究者で、『増訂　日本神話伝説の研究』が昭和十八年に出ております。すでに『日本神話学』という本を明治期にお出しになっているんですが、そこに浦島伝説が収められています。

高木敏雄氏はこの浦島と海幸・山幸の二つの話について、説話という言い方をしておられますが、以下のようにその類似点を十二挙げています。

國學院大學図書館蔵『古事記　上』
荷田春満訓点　寛永21年（1644）刊

①釣魚のことを以って始まる、②舟に乗りて海宮に赴く事、③その赴きし有様の不可思議なる事、④道途の遥遠なる事、⑤神人ともに容姿の美麗なる事、⑥恋愛の情まず神女の胸中に発する事、⑦海宮の壮麗にして人界に比すべからざる事、⑧海宮に留まる三年という事、⑨ここに至りて往事を回想して、心楽しまず一方には吟哀繁発といい、一方には大きなる一嘆したまいきという、⑩しこうして神女に怪まれ、その中心の秘密を問わるるに至る、⑪浦島は期に背きて玉篋を開き、火遠理命は豊玉姫の言に背きて、鵜葺草の産殿を竊かに伺給い、それがために永

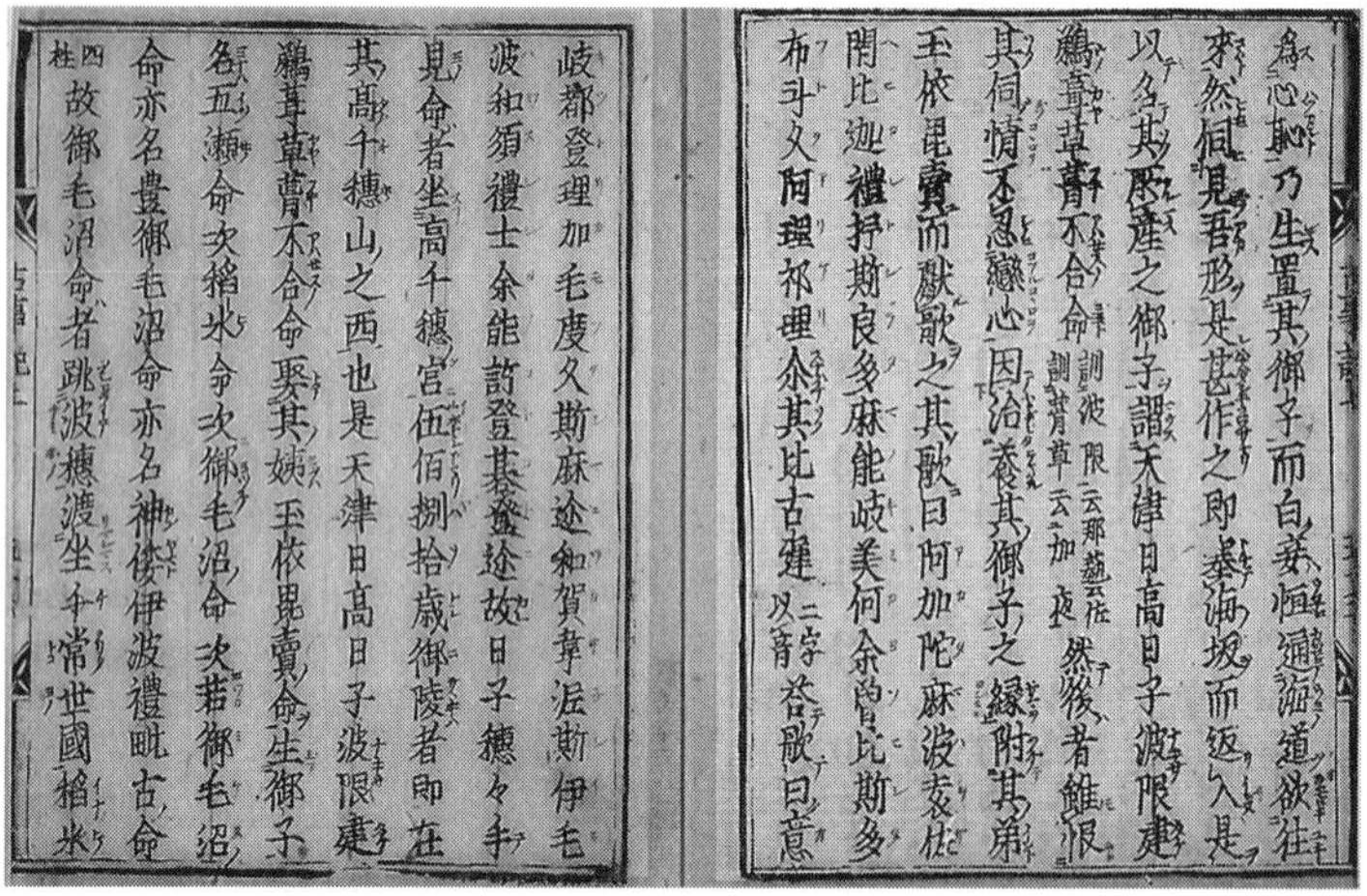
為心恥乃生置其御子而白妾恒通海道欲往
來然伺見吾形是甚怍之即塞海坂而返入是
以名其所産之御子謂天津日高日子波限建
鵜葺草葺不合命 訓波限云那藝佐 訓葺草云加夜 然後者雖恨
其伺情不忍戀心因治養其御子之縁附其弟
玉依毘賣而獻歌之其歌曰阿加陀麻波袁佐
閇比迦禮抒斯良多麻能岐美何余曾比斯多
布斗久阿理祁理尓其比古遅 三字以音 答歌曰意
岐都登理加毛度久斯麻迩和賀韋泥斯伊毛
波和須禮士余能許登碁登迩故日子穂々手
見命者坐高千穂宮伍佰捌拾歳御陵者即在
其高千穂山之西也是天津日高日子波限建
鵜葺草葺不合命娶其姨玉依毘賣命生御子
名五瀬命次稻氷命次御毛沼命次若御毛沼
命亦名豊御毛沼命亦名神倭伊波禮毘古命 四柱
故御毛沼命者跳波穂渡坐于常世國稻氷

國學院大學図書館蔵『古事記　上』荷田春満訓点
寛永21年（1644）刊　鵜葺草不合 命《うがやふきあえずのみこと》の誕生

久離別せざるべからざるに至る、⑫最後に相慕い悲しみて歌を作るという事

②の「舟に乗りて海宮に赴く事」は、確かに浦島太郎にしろ海幸・山幸にしろ、海神《わたつみ》の宮が登場してまいります。これがひとつポイントになるだろうと思います。⑥「恋愛の情まず神女の胸中に発する事」。この浦島太郎と海幸山幸の関係を考える時に、恋愛物語かどうかがひとつポイントになります。というのは、皆さんが知っている浦島太郎の話は、昔話のレベルで言いますと恋愛の要素はないんですよね。二人は恋愛はしておりません。ここのところがひとつポイントになるだろうなと予測されます。次に大事なのが⑧の「海宮に留まる三年という事」。昔話では三年という言葉が出てくるんですが、その後、実際に何年いたかということでは「三」という概念はほとんど意味を持ってないんですね。したがって、三年という数字の持っている意味が生きているか生きていないかということが後で非常に問題になるところだろうと思います。それから、⑨の「ここに至りて往事を回想して、心楽しまず一方には吟哀繁発といい、一方には大きなる一嘆したまい

きという」。つまり、元居た自分の家とか故郷のことを思い出して心が楽しまなくなって嘆きをする。そういう要素がある。これは共通しているんだと高木氏は言われます。それから⑪の「浦島は期に背きて玉篋を開き、火遠理命は豊玉姫の言に背きて、鵜葺草の産殿を竊かに伺給い、それがために永久離別せざるべからざるに至る」というところが次に紹介する松村武雄氏のご意見と較べると問題になってくるところです。浦島の話では玉手箱を開くこと。火遠理命は海幸・山幸神話の主人公、すなわち山幸彦のことですね。それが豊玉姫の言に背きて鵜葺の産屋を覗いたがために永久別離になってしまった。そして、⑫は「最後に相慕い悲しみて歌を作るという事」とあります。ただ、昔話の浦島太郎には歌はありませんね。歌があるのは言うまでもなく『御伽草子』の世界まで。つまり、高木氏は以上の十二点から浦島と海幸・山幸神話には共通性があるんだとの指摘をしているんですね。

それに対して松村武雄氏は「海幸・山幸の神話」（『日本神話の研究』第三巻）の中で次のように述べています。

海幸・山幸の神話を目して浦島説話の一変形となす高木氏の解釈は、単に形式・内容の皮相的同似から推した「類比論」に他ならぬ。根本的・心髄的な観想及び話根といふ角度―浦島説話をして真に浦島説話たらしめてゐるもの、海幸・山幸の神話をして真に海幸・山幸の神話たらしめているものといふ角度からこれ等二つの説話を凝視する者は、二者の間に頗る重要な差異が厳存して、それが二者の各をして他からおのれを区別づけていることを見遁し得ないであらう。

松村武雄氏は発想とか話根、これは言うところの要素・神話素とかいう言い方をしますが、そんなところから考えてゆくと全然似ていないというのです。これは両者が繋がらないという立場の表明です。右の論文の中で松村氏は具体的に似ていない二つの点を挙げておられます。

①潮満珠・潮干珠と玉手箱との食い違ひ

②「時の超自然的経過」の観念のモティーフの有無

海幸・山幸神話では潮満珠・潮干珠が授けられ、浦島太郎では玉手箱が授けられます。こういう違いがある。これは決定的に違うというのです。この違いも確認しなければなりません。違うのか違わないのかということですね。それから、②は超時間的自然的経過の神話のモティーフ、すなわち海神宮に三年間留まってこの世に戻って来た時に、結果的にはすでに何百年も経っていたという時間のずれ。海神宮の時間とこの世の時間。そういう時間のずれの問題です。この超自然的経過、時間がワープしちゃったような表現、そういうものがあるかないかというと、海幸・山幸神話は神話ですからこれはないんです。これが昔話とか説話になってくるとあるんだと。こういう点を決定的な違いと判断しまして、繋がりがないという結論を出していらっしゃる。

次に関敬吾氏の『昔話の歴史』を挙げておきます。これが多分、私もこの意見に基本的には賛成なんですが、海宮遊行神話すなわち海幸・山幸神話ですね。これを「失われた釣針型」と「豊玉姫型」との複合型とする。すなわち、海幸・山幸の話は、お兄さんが弟と釣針と弓矢を交換するわけですね。それで、弟がお兄さんの釣針をなくしてしまう。お兄さんが元の物じゃないとだめだと言うので、釣針を探しに海神宮に行くというかたちで物語が進展していくわけです。そこには兄弟争いがある。釣針をなくしたことによって生じる兄弟争いという要素で、そのことを一応「失われた釣針型」と称しております。

「豊玉姫型」というのは、山幸彦が海宮を訪ねて行って豊玉姫と結婚をするという要素があるわけです。結婚をして三年間過ごして、二人は最終的に別離を迎えるというのが『古事記』や『日本書紀』の語る世界で、それを「豊玉姫型」というかたちで括ることができる。海幸・山幸神話は、この「失われた釣針型」と「豊玉姫型」という、いわゆる二人の恋愛の物語で、この要素が合体して出来ているという認識です。これは私も今まで論文を書いたことがございまして、要素を分析していくと、この二つにきれいに分かれるということが論証できます。

こういうふうに分けてみると、浦島太郎の話と海幸・山幸神話の共通性を論じるには、「豊玉姫型」といわれるほうの要素を比較検討する必要があるだろう。そこには「失われた釣針型」の要素はないということです。

ところで、「豊玉姫型」と「失われた釣針型」と呼ばれる二つの要素について『古事記』や『日本書紀』を分析いたしますと、先ほど二人が別れると言いましたが、現在の我々にすぐにわかるかたちにはなっていない。それを形成過程を踏まえて、こういうふうに変化していくんですよと解き明かしたのが荻原千鶴氏の「浦島子伝承の成立と海宮遊行神話」（『日本古代の神話と文学』）という論文です。我々の世代の研究者の一つの水準だろうという意味で挙げました。これは、海幸・山幸神話と浦島子伝承が関係があるという立場から書かれているもので、伝承の形成者としてどういう人々が関わったか。たとえば安曇氏が関わったとか、あるいは、どういうふうに説話が展開してゆくのかという形成過程をうまく論じています。海の異郷訪問、神婚、呪物将来といった点が同一系統の要素だというふうに指摘していまして、この点が重要になろうかと思います。

二　本書と一書

さて、私は「神代紀一書と歌」（『古代文学の歌と説話』）の中で、それらを（1）から（8）までの要素に分けてみました。
（1）兄（火闌降命）と弟（彦火火出見尊）との幸易えと、弟の釣鉤の紛失。
（2）土老翁の導きによる海神の宮訪問。
（3）井のほとりの杜樹での、海神の女（豊玉姫）との出会い。
（4）海神による彦火火出見尊の饗応と、来訪の意の質問。
（5）紛失した鉤を、赤女の口から得る。
（6）彦火火出見尊と豊玉姫の結婚と、海宮での三年の経過。
（7）天孫の帰郷。
A　海神による鉤への呪言の提示。
B　潮満瓊・潮涸瓊の授与。
C　豊玉姫の別れに際しての発言。
（8）兄（火闌降尊）の服従。

以上の八点ですが、『日本書紀』を見る時に大事なのは「本書」と「一書」というのがあるということです。「本書」というのはこれを編纂した人が、「これが正伝ですよ、正しい伝承ですよ」と冒頭に置いたもので、それ以外にいろんなところに伝わっていたものもあり、これもある程度記す必要があるだろうというのでくっつけたのが「一書」というものです。それぞれの段においていくつもの一書が記されることになりますが、そういう本書と一書との関係性をずうっと追っていった時に、この海幸・山幸神話が一つのモデルになるだろうということで分析したものです。そのうち、私がこれから分析するのは「一書第三」の伝承なんです。一書の中でも、これが実は浦島太郎の話と繋がるだろうというのが今日の私の話の独自性なんです。これは誰も言っていません。

高木氏にしても松村氏にしても、従来は『古事記』と『日本書紀』を『記紀』というかたちで一括りにされていた。そこでは『古事記』や『日本書紀』の相違、まして本書と一書の相違点というのは全部捨象されまして、大きい筋の流れの中で分析されている。ところが、実際に『古事記』と『日本書紀』を比較してみますと両者は違うんです。なぜ違うかも含めて、あるいは本書と一書との違いの問題も含めてきっちり意味づけていくのが現在の『記紀』研究ですので、そういう意味で言いますと、『記紀』に載っている海幸・山幸神話といった一括りの言い方はできません。そういう括り方が、従来の研究史の問題を考えた時に、説話同士の繋がりをわかりにくくしている大きい原因だろうと思っております。

多分、中世の『御伽草子』の浦島太郎が出来上がってゆく過程で『古事記』を見る可能性はまずない。それは『日本書紀』です。『日本書紀』を見るんですが、それも万遍なく見るのかというとそうじゃない。やはりその中の拠ってくる伝承というのをしっかり捕まえているだろうと思います。これは、私が『古事記』の受容史を研究してきた立場から感じていることです。そういう観点から言いますと、浦島太郎の話と一番近いというか、要素別に分けて、分析する対象として最もふさわしいのが『日本書紀』の「一書第三」の伝承であると思うのです。

三　『日本書紀』の海幸・山幸神話

『日本書紀』「一書第三」、「神代下第十段」が海幸・山幸神話です。書き下し文を次に載せておきます。これを見ながら、いったいどういうふうに話が展開していくのか、また、どんな点を注目すべきなのかということをお話して、それから「丹後国風土記逸文」と『万葉集』のほうに話を進めて行きたいと思います。

〈第三〉一書《あるふみ》に曰《いは》く、兄《え》火酢芹命《ほのすせりのみこと》能《よ》く海幸《うみさち》を得《う》。故《かれ》、海幸彦《うみさちひこ》と号《まを》す。弟彦火火出見尊《おとひこほほでみのみこと》能《う》く山幸《やまさち》を得。故、山幸《やまさち》彦《ひこ》と号す。兄は風雨《かぜあめ》有《あ》る毎《ごと》に、輙《すなは》ち其《そ》の利《さち》を失《うしな》ふ。弟は風雨に逢《あ》ふと雖《いへど》も、其《そ》の幸《さち》忒《たが》はず。時に兄、弟に謂《かた》りて曰《いは》く、「吾《われ》試《こころみ》に汝《な》と換幸《さちかへ》せむと欲《おも》ふ」といふ。弟許諾《おとうとうべな》ひ、因《よ》りて易《か》ふ。時に兄、弟の弓矢《ゆみや》を取り、山に入《い》り獣《しし》を猟《か》る。弟、兄の釣鉤《ち》を取り、海に入《い》り魚《いを》を釣《つ》る。倶《とも》に利《さち》を得ず。空手《むなて》に来帰《かへ》る。兄《え》即《すなは》ち弟《おと》の弓矢を還《かへ》して、己《おの》が釣鉤《ち》を責《はた》る。時に弟即《すで》に鉤《ち》を海中《わたなか》に失ひ、訪《とぶら》ひ獲《もと》むるに因《よし》無《な》し。故《かれ》、別《こと》に新《にひ》しき鉤《ち》数千《ちぢ》を作《つく》りて与《あた》ふ。兄怒《いか》りて受《う》けず、故《もと》の鉤《かぎ》を急責《せめはた》る。云々《しかしかいふ》。

冒頭部は、弟である火火出見尊がお兄さんの釣針をなくす場面です。本文に「云々《しかしかいふ》」と見えますが、これは「一書」に間々ある省略のサインで、実はここで伝承が切れるんです。つまり最初の部分、お兄さんが弟に換幸《さちかへ》をして、それによって弟が針をなくす部分、これが一まとまりになっています。この部分が兄弟争いの「失われた釣針型」と呼ばれる話型になるわけですね。そして、困っていた彦火火出見尊（山幸彦）が、「是《こ》の時《とき》に、弟《おとうと》海浜《うみへた》に往《ゆ》き、低個《うなだ》れ愁《うれへ》吟《さまよ》ひたまふ」と続きます。どうしていいかわからなくて海浜をさまようわけですね。

次にちょっと注目していただきたいんですが、右の文に続けて「時に川雁《かはかり》有《あ》り、羂《わな》に嬰《かか》り困厄《たしな》む。即《すなは》ち憐《あはれびのこころ》心を起《おこ》し、解《と》きて放去《はなちや》る」とあるのです。このことを指摘している人が今まで一人もいないことが不思議なんですが、この文章は『古事記』『日本書紀』をひっくるめて、実はここにしか出てまいりません。なぜ川雁なのかは多少問題がありますが、川雁がわなに掛って困っている時に哀れみの心を持って解き放った。すなわち、浦島太郎の場合でいうと、いじめられていた亀を助けてやるというお話ですね。後の報恩に繋がる部分です。その要素がここにはあるんです。これは大事なことで、ふつう、報恩のことは仏教から説かれるんですね。まさに因果応報ということで、「助けた亀に連れられて竜宮城へ来てみれば」ということになるわけですね。そして、最終的にはそこから戻って来てハッピーエンドになるのか死んでしまうのかパターンがありますが、しかし、とにかくここでは、いわゆる虐められている動物たちを助けてやるという要素がすでに『日本書紀』にあるということが大事なので、これは仏教的要素でも何でもない。この第三の一書を使う大きな理由の一つがそこにあるんですが、これが後の報恩譚に繋がってゆくんだろうということなのですね。

さて、それからしばらく歩いて行くと塩土老翁《しほつちのをぢ》が登場してまいります。これは海路を熟知しており、ずうっと海神宮まで導くわけです。その時に、「海中《わたなか》に推放《おしはな》てば、自然《おのづから》に沈《しづみ》去《さ》る」とあるのですが、実は『古事記』のほうでは沈んでないんです。塩土老翁《しほつちのをぢ》が舟を押すんですね。すると向こうに平行移動してずうっと行く。『日本書紀』の諸伝を見ても、海に沈むケースと海の向こうに行くケースの二種類出てきます。このことは決定的に違うところです。海の彼方であるならば常世に至りますね。ところが、海の底ならば常世ではあり得ません。沈んだとはっきり書いてあるのが『日本書紀』の本書とこの一書第三なので、つまり、われわれが浦島太郎でイメージする竜宮城は海の底にあるはずなんですね。海の底に一つの理想的な宮がある、世界があるとする考え方は、実は『古事記』と『日本書紀』

の双方において共通する世界なのではないということを確認しておけばよいと思います。そして、ここに「一書第三」を使う意味があるといえるのです。私はこれを「海底型」と称しております。海神宮が海底にあるということをここに明記しているんですね。

そして、海神宮に至ると海神の神が登場してまいりまして、いろんな饗応をいたします。そして、「海神《わたつみ》、則《すなは》ち其《そ》の子《むすめ》豊玉姫《とよたまひめ》を以《い》ちて妻《めあは》せまつる。遂《つひ》に纏綿《むつ》ましく篤愛《うつくし》び、已《すで》に三年《みとせ》を経《へ》たり」とある。つまり、三年間、海神の宮で二人は夫婦となって楽しんだ。ここに三年と出てきます。『古事記』、『日本書紀』本書・一書を含めて、全ての伝承で例外なく三年というのは共通しています。何か意味があるんだと思います。

次に、「帰りたまはむとするに及至《いた》り、海神乃ち鯛女《たひめ》を召し、其の口を探《さぐ》りしかば、鉤《ち》を得《え》き」とある。ここで鯛とはっきり書かれているのはこの伝承だけです。ほかは赤女です。赤女も鯛のことじゃないかと、これは難しいんですけれども、鯛と書かれているのはここだけなんですね。鯛の喉に針が掛っていて、それを取ってお兄さんに返すというふうに話が展開していくわけですから、これは非常に大事な登場人物というか、魚といえるんです。この、鯛が登場してくる話をいわゆる浦島太郎系で追っていきますと、なんと『万葉集』がそうなんですね。『万葉集』に鯛が出てきます。そういう点でちょっと注意しておいていいかなという気がいたします。

それから、喉を探って鉤《ち》を出して、それに対して占いを掛ける言葉がございます。「此《これ》を以《も》ちて、汝《いまし》の兄《え》に与へたまはむ時に、乃《すなは》ち称曰《のたま》ふべくは、『大鉤《おおち》、踉蹌鉤《すすのみぢ》、貧鉤《まぢち》、痴騃鉤《うるけぢ》』とのたまふべし」と呪言を発します。この呪言が大事な意味を持っていることは言うまでもありません。ところがこの四つの呪言、調べてみると一致するのが『古事記』とここの伝承だけなんですね。そうして、結果的には一尋鰐《ひとひろわに》に乗って「送り奉《まつ》る」というかたちで、現世にこの弟を連れて帰ります。その時に、「復《また》、潮満瓊《しほみつたま》・潮涸瓊《しほふるたま》、二種《ふたくさ》の宝物《たからのもの》を進《たてまつ》り」とあります。これは各書伝で動かない要素ですね。これが後の玉手箱と比されることになります。その二つを賜ってどうするのかというと、お兄さんをその二つの瓊を用いて溺れさせたり苦しめたりして服従させなさいということになるわけですね。その結果、「時に彦火火出見尊、已《すで》に帰《かへ》り来《き》まして、一《もはら》に神《かみ》の教《をしへ》に遵《したが》ひ、依《よ》りて行《おこな》ひたまふ」とあって、お兄さんをやっつける。お兄さんはそれに対して、「『吾己《われすで》に貧《まづ》し』とまをす。乃《すなは》ち弟《おと》に帰伏《したが》ふ。弟、時に潮満瓊《しほみつたま》を出せば、兄、手を挙《あ》げて溺《おぼほ》れ困《くる》しぶ。還《また》潮涸瓊《しほふるたま》を出せば、休《や》みて平復《たひら》ぎぬ」と、服従し溺れた様をする。兄弟争いの結果、兄が弟に服従するというパターンの話になっております。これは『古事記』『日本書紀』の研究では既にかなり明らかになっておりまして、後に宮中に隼人門というのが出来るんですが、そこで服従を誓うかまけわざを行う隼人舞の起源として語られてくる話がある。それは間違いなく「失われた釣鉤型」の根底を成す話で、その要素は浦島太郎のほうにはないということを確認すればいいと思います。

四　亀の登場

今までのところが海幸・山幸神話といわれるもので、以降は「是より先に、豊玉姫、天孫に謂して曰さく、『妾已《あれすで》に有娠《はら》めり。天孫《あめみま》の胤《みこ》、豈《あに》海中《わたなか》にして産《う》みまつるべけむや。故《かれ》、産《こう》まむ時に、必ず君《きみ》の処《みもと》に就《まゐ》でむ。如《も》し我《あ》が為《ため》に屋《や》を海辺《うみへた》に造《つく》りて、相待《あひま》ちたまはば、是所望《これねがふところ》なり』とまをす」とあって、天つ神の御子は海の中じゃ産めない、地上で産まなければならないというので地上に出かけてゆく話。これが「豊玉姫神話」といわれるものです。この豊玉姫の描写で注意していただきたいのが豊玉姫の姿です。その部分、「豊玉姫自《みづか》ら大亀《かめ》に馭《の》り、女弟玉依姫《いもたまよりひめ》を将《ひき》ゐ、海《うみ》を光《てら》し来到《きた》る」とあります。豊玉姫がみずから大亀に乗り、妹である玉依姫を将いて海を照らして来た。海を照らして来るというのは、少名彦名神の場合もそうですが、神話の世界では海の彼方から寄り来る神を表現する時の常套手段です。したがって、これは海神の要素ということになりますね。

ここで問題なのは大亀が出てくること。海幸・山幸神話の中で、『古事記』、『日本書紀』本書、一書の伝の全てを含めて、亀が登場するのはこの第三の一書だけなんです。この要素がないと実は浦島太郎に繋がらない。したがって、従来、海幸・山幸神話と浦島太郎が繋がるという立場においても、一体どこがどう繋がるのかということを分析した時に、本当に繋がり得る伝承というのは何なのかというと、この第三の一書ということになるというのが私の一つの結論でもあるのです。そういう立場から申しますと、ここに亀が登場してくるということはやはり重要な要素として押さえなければならないことでしょう。

それから、亀に乗ってやって来た豊玉姫が、自分は子どもを産むから姿を見ないでくれと。これはいわゆる「見るなの禁」ですね。この要素の有無がやはり大事な問題になります。「見るなの禁」はこの話型に限りませんね。昔話の「鶴女房」なんかもそうですよね。これはいわゆる異類婚姻譚の典型的な表現でして、つまり、結論は別離ということです。異類はいっしょに生きることができない。最終的には別れが来る。これが話型です。したがってこの要素があるということは、基本的に最後は必ず別れが来るということです。

もう一つ敢えて言うならば、子どもを孕んだ時に、これが始祖伝承の意味を持ってきます。つまり、産まれてきた子どもが自分たちの先祖であるというパターンで、豊玉姫の場合には、ここから生まれてくる鸕鷀草葺不合尊というのが神武天皇のお父さんになる。そしていわゆる皇統譜を形成してゆく。そういう意味でまさに始祖伝承のパターンになるんですね。だから異類婚姻というのは二つの要素、一つは「見るな」の要素。異類のかたちだから本体を見られるということはそこで「見るなの禁」のタブーが犯されることになり、別れが生じる。そして、別れる際に子どもを残して行くというパターンです。ただし子どもができないという場合もあります。『古事記』や『日本書紀』では、系譜を作らねばなりませんので子どもができるパターンになるわけです。

　そして、別れに際して歌を歌い掛けます。その歌がありますね。「沖《おき》つ鳥《どり》　鴨著《かもづ》く島《しま》に　我《わ》が率寝《ゐね》し　妹《いも》は忘《わす》らじ　世の尽《ことごと》も」。沖つ鳥鴨著く島に二人が共寝をしたあなたのことは忘れることは永遠にできませんという歌を歌い、そして、最後に玉依姫に付けて歌を送る。「赤玉《あかたま》の　光《ひかり》はありと　人《ひと》は言《い》へど　君《きみ》が装《よそひ》し　貴《たふと》くありけり」という歌。こういうかたちで『日本書紀』第三の一書の海幸・山幸神話は閉じられていきます。

　この話型の問題は後で整理いたしますので、取り敢えずこういうふうにして二人が別離をするのだと。それはいわゆる「見ちゃだめだよ」といわれる異類婚の典型的なパターンとしての「見るなの禁」ですね。じゃあ見ない物語はあるかというと、ないですよね。見なかったらそれで終わっちゃいますから物語になりませんので、必ず見るんです。これは話型です。だから、実際に見る見ないというレベルではなくて、見ることによって物語が展開するという話型のための一つの設定の措置で、それによって別離を迎える。その別離に対して別れの歌を歌うというパターンになります。これは別に海幸・山幸とか浦島に固有の問題ではなくて、異類婚姻譚というのはそういうものだというレベルで押さえればいいだろうと思います。

五　「雄略記」と「丹後国風土記逸文」との関係

次に巻第十四「雄略紀二十二年条」を挙げます。『日本書紀』の伝承と浦島の話が、どこで接点を持つかを見て行く時にこの雄略紀の話が接点になるんです。ジョイントの役割を果たす大事な話です。

秋七月に、丹波国《たにはのくに》余社郡《よざのこほり》管川《つつかは》の人《ひと》水江浦島子《みづのえのうらのしまこ》、舟《ふね》に乗《の》りて釣《つり》し、遂《つひ》に大亀《おほかめ》を得《え》たり。便《すなは》ち女《をとめ》に化為《な》る。是《ここ》に浦島子《うらのしまこ》、感《め》でて婦《め》にし、相逐《あひしたが》ひて海《うみ》に入《い》り、蓬莱山《とこよのくに》に到《いた》り、仙衆《ひじりたち》に歴《めぐ》り覩《み》る。語《こと》は別巻《ことまき》に在《あ》り。

この話は丹波の国にあった伝承として書かれていますね。もう一つのものでは丹後の国になっています。丹波の五郡を割いて丹後の国の置かれたのが和銅六年（七一三）のことです。これは『続日本紀』に載っていますから間違いない。『古事記』ができたのが和銅五年で、和銅六年というと何と『風土記』の宣旨の詔が出た年です。その年に丹後の国になるわけですから、『日本書紀』に丹波の国と書いてあるのはそれ以前の成立ということで、七一三年以前にすでに浦島子の話があったということの証明になります。この記事はそういう点で大事だということが一点。つまり『風土記』に採られる可能性があるということなんです。『風土記』の詔があって、もし全員が献上したならば、和銅六年という年にはすでに『風土記』の話として各国から宮中に集められていた。そういう段階なんだろう。それからもう一つ、「大亀を得たり」とあって、その大亀が乙女になり、浦島子が愛でて「蓬莱山《とこよのくに》に到り」とあります。海に入ってずうっと行くと、その彼方に常世の国があった。常世の国が海の中にあるという用例は一例もありませんから海の彼方にあったんだろう。そこで仙衆《ひじりたち》にめぐり合ったというのです。

ところで、右の引用のおしまいに「語《こと》は別巻《ことまき》に在《あ》り」とあります。『日本書紀』において「別巻に在り」という言い方はここだけではありません。ほかに何箇所か出て来るんですが、共通しているのは、全て他の天皇の巻にあるということなんです。ふつうはそれらが相互参照のかたちで「別巻」というのは記されているんです。ところが、ここの部分だけは他にまったく出てこない。じゃあ、どこにあったのか。そのことについては三浦さんと非常に近いんですが、これは、『日本書紀』編纂のために集められた資料の中にあったんだろうということです。元々『日本書紀』というのは、『日本書』の編纂を目指していたのですが、そのうちの紀伝体の「紀」しか日本ではできなかった。で、それが後に『日本書紀』になったと、こういう考え方です。それからすると当然「伝」もあるはずなんです。そういうものが『古事記』で言うところの「帝紀」とか「旧辞」に集結していく。特に、物語類ですから「旧辞」でいいと思うんですけれども、そういう中にこの話があった可能性があるということをこの記事は示しています。つまり、『日本書紀』の編纂資料の中にあったということですね。じゃあ一体それは何なんだろうと考えてみますと、おそらくは近いかたちであったのが「丹後国風土記逸文」だろう。つまり、この「雄略紀」に出ている「別巻」にあるといわれたところの「水江の浦島子」の話と「丹後国風土記逸文」とは、おそらくほぼ変わらないものだったろうと私は思いますし、多分そうなんだろうと思います。

「丹後国風土記逸文」というのは部分的に残っていて、全体が残っているわけではありません。ご存知のように、『風土記』としては五風土記といわれるものしか残っていません。それ以外は『釈日本紀』に引用されているもの等で見ることができます。それで、前田家本『釈日本紀』にあるということは、現在の『風土記』研究ではほぼ五風土記と同じようなレベルで資料的に扱っていいだろうと思われますので、いわゆる和銅年間に出来上がったであろう『風土記』の、おそらく原型を留めている物語なんだろうと考えられます。

その中に、与謝の郡日置の里と呼ばれるところの記事として、この話が次のように出てまいります。

この里に筒川《つつかわ》の村《むら》あり。ここの人夫《おほみたから》、日下部《くさかべ》の首《おびと》らが先《さき》つ祖《おや》、名を筒川の嶼子《しまこ》と云ふひとあり。為人《ひととなり》、姿容《かたち》秀《す》美《ぐ》れ風流《みやび》なること類《たぐひ》なし。これ、謂《いは》ゆる水江《みづのへ》の浦《うら》の嶼子《しまこ》といふ者《ひと》なり。こは旧宰《もとつみこともち》、伊預部《いよべ》の馬養《うまかひ》の連《むらじ》の記《しる》せるに相乖《そむ》くことなし。故《かれ》、所由《ゆゑよし》の旨《おほむね》を略陳《の》べむとす。

これは日下部の首らの始祖伝承になるのですね。重要なのは丹後の国の元の国司であった伊預部の馬養という人の書き留めたものがあって、それとこの風土記とはほぼ同じですよ、ということが書いてあることです。

この伊預部の馬養という人はどういう人かというと、持統天皇の御世、朝廷に撰善言司というものが置かれ、そのメンバーとして選ばれている。善言を集めた司に選ばれているのですからおそらく珍しいこと、すばらしいこと、不思議なこと、こういうものが集められる部署があったのでしょう。それに携わったのが伊予部の馬養ですから、当然これは『日本書紀』の編纂資料になっている。したがって考えられることは、持統天皇の御世、すでに資料の段階で「丹後国風土記逸文」のようなものが宮中にあったということですね。そういうふうに理解していいだろう。先ほど「雄略紀」の記事とほぼ同文だと言った根拠の一つはここにあるのです。三浦さんはそのことをもって、この「丹後国風土記逸文」の記事は全然地方っぽくない、地方の色が全然しない、神仙思想に基づいて机上で作られたような文章だということで、これは伊予部の馬養が作った小説だというお立場です。確かにその可能性はあります。ただし、伊予部の馬養が作ったにしろ、ここに集められたとするならば、それは『日本書紀』の編纂資料にもなり得べき内容のものであって、それが『風土記』の記事に流れるというのはごく自然なことだといえます。したがって、保管・管理されていた伝承が現在『風土記』になっているわけですから、そこにおいては何も在地性とか土地臭さがあるとかないとかといったことは『風土記』の基準にはならないんですね。そういう意味で、確かに地方色とか在地性とかはあまり匂ってこないのですが、しかしこれらは十分に『風土記』たり得ていると思うし、こういう話が丹後の国にあってもおかしくないということになろうかと思います。

六　常世の国訪問と別離

さて、右の「丹後国風土記逸文」で注目すべき点は、「長谷《はつせ》の朝倉《あさくら》の宮《みや》に御宇《あめのしたをさめたま》ひし天皇の御世《みよ》、嶼子《しまこ》、独小《ひとりちひさ》き船に乗り海中《わたなか》に汎《うか》び出《い》でて釣せり」とあるところです。そこに「嶼子《しまこ》」とあります。これはどういうことかと言いますと、「浦の嶼子」というふうに「逸文」ではおそらく読んでいるんだろう。「の」を付ける位置はここだろう。「浦嶼の子」じゃなく「浦の嶼子」だと。そう言われますと丹後半島には宇良《うら》と言う地名がありますよね。だからその浦という地にいる嶼子という意味で、「浦の嶼子」という読みは自然に出てくるだろうと思います。

「浦の島子」か「浦島の子」かは決定的な違いがあります。どういう違いかと言うと、我々が浦島伝説とか浦島太郎と言いますね。これは「浦島の子」なんです。そうすると、「浦の島子」というのは浦地方を代表する島子であるという観念になりますけれども、「浦島の子」ですと、浦島という一つの固有名詞に子がくっ付いたということですから、これは語構成だけではなくて、おそらくは地縁性も含めてそれぞれの主人公の性格がちょっと変わってくるだろうと思われます。

この「丹後国風土記逸文」は浦の島子が主人公で、雄略天皇の御世に「五色《いついろ》の亀《かめ》を得《え》つ」とあります。これはもう有名な話で、言うところの神仙思想がバックにあることは言うまでもない。東西南北に中央を入れると五色になるわけですね。それが春夏秋冬の季節と時間とに絡んで展開していくと考えるのがいわゆる神仙思想です。五行思想というものですね。その考え方がここに出ていることは間違いない。五色の亀を得て、それがたちまち乙女となった。そして、釣に出た浦の島子が五色の亀を得る。

ここで乙女が亀に変ずる時に見逃せない表現があります。「心に奇異《あや》しと思ひ船の中《うち》に置き即《すなは》ち寐《いね》つるに、忽《たちまち》に婦人《をみな》となりぬ。その容《かほ》美麗《うるは》しくまた比《なら》ぶひとなし」と。ここに「寐《いね》つるに」とありますね。これが大事な言葉です。寝ると亀が忽ちに乙女になる。そういう文脈ですね。つまり、何か物が変ずる時には寝るという動作が必要だ。これはわかりますね。きわめて古代的な発想です。一番いいのが夢なんですね。夢というのは基本的に神と人とをつなぐ回路だと言われます。神の意思を人間に伝えるために取るのが夢の状態です。相手が自分の意思を伝えるために見る回路が夢なんです。つまり、神と人との交流が夢であり、神が人間に意思を表明する場が夢である。寝るというのはそのための一つの手段なんですけれども、なぜ寝なきゃならないかというと、寝ることによって異次元空間にワープできる。つまり時間性をそこで超越できるんです。異空間への移動、そのために必要なのが寝るという行為です。

そこには当然、空間移動だけではなく時間の移動も入ってくる。そのことで三年という時間の表現が問題になってくる。この浦の島子が寝ることによって五色の亀が麗しい乙女となり、寝ることによって今度は常世の国に行くんですよ。何でそんなことがわかるのかというと、本文に「女娘《をとめ》、眠目《ねむ》らしめ、即《すなは》ち不意之間《ときのま》に、海中《わたなか》なる博大之嶋《とほしろきしま》に至《いた》りぬ」とある。つまり、異空間へワープするためには眠らなければならない。そういう決まりがあって、それはきわめて古代的、あるいは神話的な発想に連なります。そうしてワープしてゆくと、まるでその先が桃源郷であったと語る『遊仙窟』などに似た表現が出てきます。この『遊仙窟』は中国唐代の恋愛小説ですけれども、そういう表現を踏まえながらその様子がずうっと書かれてまいります。

そして、常世の国ではどういうことが起こるかというと、なんと「七竪子《ななたりわらは》」と「八竪子《やたりわらは》」が来て、「こは亀比売《かめひめ》が夫《つま》そ」と言う。この常世の国には七竪子《ななたりわらは》や八竪子《やたりわらは》がいた。それは誰のことかというと、昴星《すばる》と畢星《あめふり》だと書かれていますね。つまり星です。星が子どもたちなんです。天空の星が子どもたちとして亀姫と浦の島子を迎える。こういうふうに『風土記』では書かれております。これは明らかに神仙譚として作られた要素が強いんですけれども、それにしてもここに星が登場し、その国がいわゆる「蓬山《とこよのくに》」と書いてあることの意味は非常に重要です。なぜならば、海幸・山幸神話および、後の浦島太郎の話では共通要素として海神宮が出てくるんですね。常世ではない。しかも蓬莱信仰ではない。竜宮城に行くわけですから。そういう点で、この「丹後国風土記逸文」はいわゆる神仙譚として仕立て上げられていることはまず間違いないといえます。

次をみますと、「時に嶼子、旧俗《ふるさと》を遺《わす》れ仙都《とこよ》に遊び、既に三歳《みとせ》のほどを逕《へ》ぬ」とあります。ここでもやはり三年と書いてある。そして、それ以後、『論語』とか『礼記』とかの表現を用いながら、自分は元の国へ帰りたい、ふるさとへ帰りたいというふうなことが書かれていて、「遂に袂《たもと》を拚《ひるがへ》して退去《わか》れ、岐路《わかれぢ》に就《つ》かむとす」とあって、二人は別れることになります。その時に、乙女の父母や親族が別れを惜しんで、乙女が玉匣《たまくしげ》を授けたと書いてあります。そして、そこで、「君終《つひ》に賤妾《われ》を遺《す》てず、眷《かへ》り尋《たづ》ねむとおもはば、匣《くしげ》を堅《かた》握めて、慎《ゆめ》な開き見そ」と言う。ここで「見るなの禁」が課された玉匣《くしげ》が登場してまいります。三浦さんはこの表現にまずカチンとくるわけです。どういうことかというと、人にプレゼントしておいて開けて見るなってことがあるか、変じゃないかというのが先の本を書いた動機だというのです。それもわからないではないですね。ただ、なぜ「みるなの禁」があるのかというと、玉手箱の中に何が入っているかということ以前に、すでに話型として「見るなの禁」がないとこの話は成り立たないのです。そこで、いくらプレゼントであっても見るなという言葉が入らざるを得ない。じゃあ一体見ることによってどうなるかはその後の問題です。とにかく「見るな」という言葉を聞いて戻ってまいります。

　さて、水江の浦の島子が自分の故郷へ戻ってきますと、「今に三百余歳《みももとせあまり》を経《へ》しに何《いか》にそ忽《にはか》にこを問ふや」とある。つまり、浦の島子が蓬莱山、即ち常世の国から帰って来たら、何と三百歳が過ぎていた。これはいろんなところで出てくる表現です。常世の国の三年がこの世では三百年。したがって、『記紀』の海幸・山幸神話には死が出てきません。なぜかというと時間のワープがないからです。そういう意識がないから死は出てこない。つまり、神話の世界では死はあり得ない。ところが、人間の世との対比という問題が出てくると死というテーマが出てくることになります。

　ただし、この「逸文」で、最後に浦の島子が死んだかという大問題があります。現在の学会でも大きく割れておりまして、浦の島子が死んだという考えと、いや、死んでいないという考えと二通りありますが、私は浦の島子は死んでいないという説に立っております。なぜかと言うと、郷人《さとひと》が、「三百余歳《みももとせあまり》を経《へ》しに何《いか》にそ忽《にはか》にこを問ふや」と尋ねているように、里人に三百年も経っているのに何を今さら聞いているの、というふうに言われて、それを聞いた浦の島子が玉匣をなでながら常世の国のことを懐かしく想って、「前日《さき》の期《ちぎり》を忘れ忽《にはか》に玉匣を開《ひら》きあけつ。即《すなわ》ち未瞻之間《たちまち》に芳蘭《よきらに》之《の》体《かをり》、風雲のむた翩《ひるがへ》りて蒼天《そら》に飛びゆきぬ」という、ここの表現で解釈が割れてくるのです。つまり、玉匣を開けますね。すると、なんと芳しき蘭の香がして、それが空に向かって飛び上がって行ってしまったと言っている。

　この芳蘭の正体とは何か。ここで意見が分かれるのです。この芳蘭を大きく分けると、浦の島子の魂であるとする解釈が一つ。それが飛び去ってしまうので死んでしまったという解釈ですね。魂《たま》が人間から抜け出てしまうんだから死んでしまったと。もう一つは、いやそうじゃない、この去って行ってしまったのは乙女のほうの魂《たま》だという解釈です。つまり、女性の本体が抜け出て行ったんだ。この二つの解釈に大きく割れます。

私はそれは女性の本体だと思う。なぜかと言うと、玉匣に入っているもの、これを見ますと、少なくとも古代の話の中でよく出てくるのが三輪山の話です。これは『日本書紀』（崇神天皇条）の中の話で、倭迹迹日百襲姫《やまとととひももそひめ》というお姫様がいる。その姫の許に夜な夜な麗しい男が通って来るので、あなたの正体を見せてくださいと言うと、男が、自分の正体を見せよう、ただし驚くな。玉匣の中に入っているから開けても驚くなと言うんですが、姫は翌朝その玉櫛笥を開けてみると中に小蛇がいたのでギャッと驚くわけですね。驚いた時に三輪山の神、つまり大物主の神は、自分に恥を見せたと空を飛んで三輪山へ帰って行ってしまった。姫は後悔し箸でホトを突いて死んだ。その残っているのが箸墓であると。これは箸墓伝説ですね。つまり、その玉匣の中にあるのは本体だ、正体だ。それが収まっているのが玉櫛笥なんだ。だから相手の本体がそこに入っている。「逸文」ではここで歌を歌うんです。

常世辺《とこよべ》に　雲《くも》立《た》ち渡《わた》る　水江《みづのえ》の　浦嶋《うらしま》の子が　言《こと》もち渡る
倭辺《やまとべ》に　風吹き上げて　雲離《くもばな》れ　退《そ》きをりともよ　我《わ》を忘らすな

と歌う。後の方のは、どうか私のことを忘れないでくれというふうに歌っています。

「見るなの禁」を犯した場合には男女が別れるというのが話型としてありますが、別れるだけで住む世界が異なるということです。異類婚姻譚ですから異界に住まなければなりません。したがって、そこの住人に戻るということであって死ぬことじゃない。この伝承、私は何十辺も何百辺も読んでいますが、どうしても浦の島子が死んだとは読めないんです。その玉匣に入っていた、麗しい香の蘭に表現されるものの正体は何かというと、それは亀姫だろうと言うのが私の考え方なんですね。だとすると、その亀姫が、自分もいっしょについて行きたいと思っていて、それが玉匣が開けられることによって別離になってしまう。まさに海幸・山幸における豊玉姫と同じです。本体を見られることによって別離を迎える。そういう点でこの話は、おそらく海幸・山幸神話と同系の異類婚姻譚と見ていいだろうというのが私の見方です。

七　『万葉集』に描かれた浦島子

ところが、これを『万葉集』で見ますとちょっと違うんです。時間がありませんので相違点だけ整理しながら見ていきます。

まず、「丹後国風土記逸文」ではその舞台は筒川村でしたね。ところが『万葉集』でその冒頭を見ますと、「春の日の　霞《かす》める時に　墨吉《すみのえ》の　岸に出《い》で居《ゐ》て」とあって、墨吉《すみのえ》ということになっている。住吉大社のあるところ、大阪の住之江です。まず舞台が違う。次に、「釣舟《つりぶね》の　とをらふ見れば　古《いにしへ》の　ことそ思ほゆる」ということで、古のことが思い出される。その次に、「水江《みづのえ》の浦島子《うらのしまこ》が　鰹《かつを》釣《つ》り　鯛《たひ》釣《つ》り誇《ほこ》り　七日《なぬか》まで　家《いへ》にも来《こ》ずて　海界《うなさか》を　過ぎて漕《こ》ぎ行《ゆ》くに」というふうに、一週間も戻って来なかったという言い方をしております。

ところで、ここでは「水江の浦の島子が」と読んでいますが、わたしはこれを「水江の浦島の子が」と読むべきだろうという立場を取っております。これは舞台がいわゆる丹後の国、すなわち与謝の郡から離れた時点において物語が自立してゆく、流伝してゆく様を示しているのだろう。その時点では「浦島の子」でいいんだと思うのです。ここに固有名詞としての浦島が登場してきている。そうして、海神の神の乙女に「い漕ぎ向かひ」ということで、乙女と出会って常世に至って、海神の宮に行って二人で仲良く暮らした、というふうに歌われるのです。

　妙《たへ》なる殿《との》に　携《たづさ》はり　二人《ふたり》入《い》り居《ゐ》　老《お》いもせず　死にもせずして　永《なが》き世《よ》に　ありけるものを

文末を、老いもせず死にもしないで永遠にあったであろうものをと逆説で受けています。そうであったのにどうしたのかというと、水江の浦島の子が戻って行ってしまった。そのことに対する非難の言葉が「世の中の　愚《おろ》か人《ひと》」。要するに、ずうっと常世に居れば幸せに暮らせたのに、何を思ったのかこの世に戻って来たがゆえに、最終的には「家ゆ出《い》でて　三年《みとせ》の間《あひだ》に　垣もなく　家も失《う》せめや」とある。そうして、ここでも三年と書かれておりまして「玉《たま》櫛笥《くしげ》　少し開くに　白雲《しらくも》の箱より出でて　常世辺《とこよへ》に　たなびきぬれば　立ち走《はし》り　叫《さけ》び袖振《そでふ》り　臥《こ》いまろび　足ずりしつつ　たちまちに　心消失《けう》せぬ」とありますが、これは招魂の所作なんですね。そして「命死にける」という。『万葉集』では死んでしまったと書かれているのです。これが「浦の島子」と「浦島の子」の決定的な違いになってくるんですね。「丹後国風土記逸文」では二人は別離するけれども死んでいない。ところが『万葉集』では死んでしまった。こういう決定的な違いがある。実はこの違いが以後の浦島太郎の話を揺り動かしてゆくことになります。

八　中世以後の浦島太郎の展開

中世のほうに入ります。『御伽草子』の「浦島太郎」の話を見ていただきますと、まず丹後の国が舞台になっていますね。これは「丹後国風土記逸文」の浦の島子の場合と同じです。そして、釣をしようと思って亀を一つ釣り上げた。その次に「鶴は千年亀は万年」という神仙思想のお話になってくるわけですね。これが特徴です。言うまでもなく、後に鶴となったのが浦島太郎で、亀となったのが女性のほうです。二人は別離するけど、鶴は千年亀は万年ですから、二人仲良く永遠の命を全うしました、めでたしめでたしで終わることになります。

最初のほうで、釣り上げた亀を元の海へ帰してやりますが、それによってこれは報恩譚になりますね。そして、浦島太郎は美しい女性に出会って竜宮城へ行きます。それが「本国」というふうに表現されています。そして、ふるさとというかたちで竜宮城が示されていきます。その様子は、「銀《しろかね》の築地《ついぢ》をつきて、金《こがね》の甍《いらか》をならべ門《もん》をたて、いかならん天上《てんじやう》の住居《すまゐ》も、これにはいかで勝《まさ》るべき」と、金銀で覆われたすばらしい世界が描かれます。そして、「わらはと夫婦《ふうふ》の契《ちぎり》をもなし給ひて、同《おな》じ所に明《あか》し暮《くら》し候はんや」と。中世の『御伽草子』の浦島子の話では結婚してますね。

ところで、竜宮城を、「四方に四季の草木をあらはせり」と、四季の描写がございます。これが後に浦島子伝説の特徴になります。四季に合わせていろいろな、桜が出てきたりとか、空間とか時間描写がある。これが非常に大事な点でして、四季の描写があるのは無時間性を示している。簡単に言うと、春が過ぎて夏が来て秋が来て冬が来るというふうに時間が流れて行くんですが、その四季がいっぺんに現れる。これは日本の物語でもそういうのがありまして、『源氏物語』がそうですよね。四季の宮を配してゆくのと同じ発想です。後に『御伽草子』は屏風とか絵巻で残されますが、その大きい理由がこの四季の描写です。これがないと絵にならないわけですね。だから、後になぜ絵巻物として展開してゆくかというと、この四季の描写があるからです。その持っている意味は無時間性です。常世の表現になるわけです。理想的な永遠の世をここで表現している。

そして、三年が過ぎたところで父母がどうなっているかということで、やはり浦島は帰って行くことになります。その時に竜宮城の亀が、「その御恩報じ申さんとて」と、「いつくしき箱を一つ取り出し、『あひかまへてこの箱《はこ》をあけさせ給《たま》ふな』とて渡しけり」という。報恩の思想がここに出てまいります。ここでもやはりプレゼントを与えておいて「箱を開けるな」と言っている。開けてどうなるか。ふるさとへ帰って来た浦島が、自分の家はどこかと道行く人に聞きますと、そういう人がいたみたいですよと言って、「七百年以前の事と申し伝へ候」と書いてあります。三百年じゃなくて七百年とある。これは明らかにもう数字が意味を失っているということですね。そうして泣く泣く見ていると、この与えてくれた箱を開けたくなってくる。開けると紫の雲が三筋上った。これが紫雲の思想で、まさに神仙思想で言うところの瑞祥なんです。そして二人は鶴亀となって永遠に祀られることになる。丹後の国の浦島の明神となって、夫婦の明神となった。これが浦島太郎の中世における展開ですね。

おわりに

浦島太郎と海幸・山幸神話の話は、玉匣を開けることによってどういう世界が展開するのかということです。まさに異空間に存在する二人が出会って、そうして元の空間に戻って行く。二人は絶対いっしょのままでハッピーエンドになれないということですね。だから、神様として祀られることによってハッピーエンドになったというのが中世の『御伽草子』の浦島太郎なんです。『万葉集』などでは魂が抜けていってしまうことによって、「なんと馬鹿な奴やな、常世にいればよかったのに」という人間の側からの発想として死を持ち出している。それに対して、もっとも原型の話では、これは異類婚姻譚のパターンというかたちで見れば何のことはない。まさに別離という要素、これが欠かせない要素としてあって、その要素が浦島太郎には生きているということなのです。

残念ながら、現在の浦島太郎の話には、二人が恋愛をしたという要素が出てこないのですが、これはなぜなのか、という問題がございます。ただ言えることは、現在の浦島太郎の話でも、一つ一つの話素を手繰っていきますと『日本書紀』にたどり着き得るような要素を持っている。その間に「丹後国風土記逸文」を置けば、大体古代と現代がつながるであろうと思います。（拍手）

〔参考文献〕

水野祐『古代社会と浦島伝説上・下』（一九七五、雄山閣出版）
重松明久『浦島子伝』（一九八一、現代思潮社）
三浦佑之『浦島太郎の文学史　恋愛小説の発生』（一九八九、五柳書院）
青木周平『古代文学の歌と説話』（二〇〇〇、若草書房）
林晃平『浦島伝説の研究』（二〇〇一、おうふう）

『宇治拾遺物語』と昔話

小峯和明

『宇治拾遺物語』の世界

ご紹介いただきました小峯です。日本の説話や物語の分野を専門としておりますが、特に『今昔物語集』と『宇治拾遺物語』が出発点になっています。

さて、今日は昔話がテーマということですので、「宇治拾遺物語と昔話」を中心にお話したいと思います。『宇治拾遺物語』という作品は、名前は有名ですが実は正体がよくわからない非常に不思議な作品です。『今昔物語集』もよくわからないですね、有名な割には。いつ、誰が、何のために作ったのかということからしてよくわかっていません。しかもこの二つの作品は非常に関係が深いというか、同じ話が八十話もあるので、格別に縁が深いということはわかります。でも直接の関係にはない。親子関係ではなく親戚関係ぐらいだということになります。そこで、まず最初に『宇治拾遺物語』が一体どんな作品かというお話をして、それから昔話との比較に話を進めていければと思います。

まず、『宇治拾遺物語』というのはどんな作品か。時代は日本の中世です。中世とは、日本史の時代区分でいうと平安時代の終わり頃から鎌倉時代・室町時代・戦国時代ぐらいまでを含む。それでいうと鎌倉時代、西暦十三世紀（一二〇〇年代）半ば頃に作られたとされています。しかし、それ以上のことはわかっていません。いつ、誰が、何のために作ったのかという基本的なことが皆目わかってないんですね。『今昔物語集』のほうは誰が作ったか、いろいろ作者説が出ています。それも全然確証がなくてはっきりしないんですけれども、一応固有名詞は何人か上がっている。ところが『宇治拾遺物語』に関しては固有名詞すら出てこない。それぐらい手掛かりがない不思議な作品です。

独立した説話が大体百九十数話あります。ほぼ二百話近い話が詰まっている。説話集という作品単位でいうと中規模でしょうかね。『今昔物語集』とか『古今著聞集』というのはたいへん大部で、『今昔物語集』に関しては一千話以上ありますから、それに較べるとだいぶ規模は小さいですね。十二世紀前半に『今昔物語集』が作られました。平安末期です。成立年代でいうと百年ぐらいの差があるんですが、一世紀の時差がある割には非常に文章表現の近い話が八十話もあるということは注目されます。そうすると何か共通の、元になるものがあったに違いないとされ、それが現在残っていない『宇治大納言物語』という、別の作品があったと考えられています。『宇治拾遺物語』は他の作品とも共通する話があるんですが、他の文献に全く見えない独自の話も六十話ぐらいあります。つまり、全体が二百話ぐらいで、このうち八十話が『今昔物語集』と共通していて、他にも共通している話を除くと六十話ぐらいが『宇治拾遺物語』にしか見られないのです。今日お話する昔話は、その『宇治拾遺物語』にしかみられない話なんですね。「瘤取り爺」とか「腰折れ雀」とか「博打聟入」とか、現在にも及ぶ昔話と共通する話題が『宇治拾遺物語』にはいくつかあって、それらは古い時代には『宇治拾遺物語』にしかないのです。そういった点でも非常に注目されます。

それからもう一つ別の面からいうと、日本では物語の絵巻物がたくさん作られています。私も絵巻に関心を持って

図A 「信貴山縁起絵巻」
『小学館ギャラリー 新編 名宝日本の美術11』1991年 小学館
p.54から転載

いますが、その絵巻の歴史から言うと、平安末期の十二世紀は『源氏物語絵巻』を始め優れた絵巻がいろいろ作られた時代です。今年は特に『源氏物語』千年紀というので何かマスコミを含め『源氏物語』が注目されてますが、有名な『源氏物語絵巻』が作られた同じ時代に『伴大納言絵巻』とか『信貴山縁起絵巻』とか、優れた絵巻が作られて現在残っている。国宝の絵巻になっています。『伴大納言絵巻』は出光美術館に、『信貴山縁起絵巻』は奈良県の信貴山に現在も残っている。こういう平安末期を代表する『伴大納言絵巻』や『信貴山縁起絵巻』と同じ話が『宇治拾遺物語』にあるので、これも非常に注目されるところです（図A）。

不思議な作品である理由のもう一つに、全体の構成、作品の組み立てがそもそもないのでよくわからないことがあります。大体説話集というのは巻のテーマが明確で、こういう趣旨で話を集めているんだという分類や目的がはっきりしているものなんですが、『宇治拾遺物語』にはそれが全くない。要するに話がただ並んでいるだけなんです。その並べ方を見てゆくと、それぞれいろんな連想で話が並んでいる。構成とか組織とかいうものを元々持っていない。説話の流れが作られているだけという点でもちょっと他にない特徴だといえます。それから、文体も非常に特徴的で、漢字と平仮名混じりですが、文章が軽快といいますか、軽妙洒脱で自在な語り口の話が多いし、何か既にある話を混ぜっ返す、いわゆるパロディーですね。こういうものも多い。当時の芸能がいろいろと流行っていて、滑稽な物まねの猿楽という芸能と関係が深いんじゃないかと考えています。

さて、『宇治拾遺物語』の中に一つ特徴的な話がありまして、「狂惑《おうわく》の法師」という坊さんの話が出てきます。この手の話が『宇治拾遺物語』を象徴するかなと思っているのです。今日は女性が多いので話しにくい話題なんですが、ある坊さんが貴族の屋敷へ物乞いに来るわけです。そうして煩悩を切り捨てたと言う。よく見ると男性のシンボルがない。それで周りの人は感心するわけですが、どうも変だというのでその貴族が従者に股間をさすらせたら、何と松茸のように屹立した。それをみんなで大笑いするわけですね。騙そうとした坊さんまでいっしょになって笑っている。そういうのを「狂惑の法師」という。「狂惑」とは人を騙す意味です。ペテンにかける、インチキをするという話なんですが、『宇治拾遺物語』ではそういう「狂惑の法師」を批判したり糾弾したりしてない。同じ時代の別の説話集を見ても、騙し通せれば儲けもので、失敗してばれても別に人から責められないと書いてあるんです（無住の『雑談集』）。中世の時代にはこういう「狂惑の法師」が実は社会から必要とされていたということです。いわば共同体の道化役みたいなもので笑いの提供者なんですね。それは決して非難したり馬鹿にしたり糾弾してるわけじゃない。むしろそういう人が必要だということを踏まえている。貴族社会でも同じことが言えるわけで、下級の役人に陪従《べいじゅう》というのがいます。この陪従というのも「狂惑の法師」と全く同じ役目で、馬鹿なことをしたり人を騙したり、いろんなことをやって人を笑わせる。いわば道化役。こういう存在の話題が『宇治拾遺物語』には非常に目立つわけでして、そうすると『宇治拾遺物語』という作品自体が「狂惑」なのではないか、と私は受け止めています。

後の時代の読まれ方

『宇治拾遺物語』が、正体はよくわからないけれども古典として有名だということは、後の時代に非常によく読まれたということですね。特に江戸時代によく読まれて、それが現代にも及んでいる。室町時代には記録に書名しか見えないのに、江戸時代初期にはもう『宇治拾遺物語』は出版されているんです。それでよく読まれるようになった。それから、先ほど絵巻の話をしましたが、『宇治拾遺物語』をもとにした絵巻も作られています。ほとんど江戸時代に限られます。代表的なのでいうと京都の陽明文庫。これはお公家さんの近衛家の文庫です。ここには狩野探幽という江戸時代を代表する絵描きとその兄弟が描いた絵巻があります。それから東京の国会図書館。さらに、アイルランドのダブリンのチェスタービーティー・ライブラリー。ここにも全く違う『宇治拾遺物語』の絵巻があります（図B）。『宇治拾遺物語』の説話を絵巻にしたものがいくつかあり、それだけよく読まれて絵にしたくなる話だということですね。

他には、俳句で有名な与謝蕪村に、「君見よや拾遺の茸の露五本」（『宇治行』）というのがあって、これは宇治に行って茸狩りをして拾い残したのを集めたというのですが、これは同時に『宇治拾遺物語』の「拾遺」を踏まえていま

図Ｂ　「宇治拾遺物語絵巻」
『蘇る絵巻・絵本　チェスター・ビーティー・ライブラリィ所蔵
宇治拾遺物語絵巻』2008年　勉誠出版　p.40～41から転載

す。実は『宇治拾遺物語』の第二話に坊さんが茸になっちゃう話があるんです。

　それから、『逸著聞集《いっちょもんじゅう》』という江戸時代に作られた説話集があって、これは『宇治拾遺物語』と『古今著聞集』の両方から性的な話題だけを集めたものです。『古今著聞集』というのは鎌倉時代の百科全書的な説話集です。また、『宇治拾遺物語』と直接関係はないんですが、書名をもじったパロディの作品がたくさんある。『愚痴拾遺物語』であるとか『無事志有意《ぶじしゅうい》』とか。宇治というのはお茶の有名なところですので、『宇治拾遺煎茶友』なんて書名のものがある。やっぱりこれは『宇治拾遺物語』がそれだけ読まれていた、有名だったということですね。

　近代になりますと、たくさんの作家が『宇治拾遺物語』に注目して、自分の創作に使います。芥川龍之介が何といっても有名で、禅智内供の

『鼻』とか、五位の『芋粥』とか、これらは『今昔物語集』とも共通しておりますけれども、昇るはずの龍が昇らなかった龍の話とか。芥川のほうでは龍は昇っちゃうんですけど。奈良の猿沢の池の龍が昇るという嘘の立て札を立てたら大勢の人が集まってくるんだけど、結局昇らなかったというのが『宇治拾遺物語』の話。これも「狂惑」の話ですね。それを芥川は改作するんですね（『龍』）。それから絵仏師良秀の、自分の家が焼けるのを見てお不動さんの火炎を描くヒントができたと喜んだという、芸術家の話。それを元にしたのが『地獄変』です。『今昔物語集』も合わせて『宇治拾遺物語』を元にたくさんの短編小説を芥川が書いたように、何だかよくわからない作品だけど面白いというので非常によく読まれ、いろんなかたちで作り変えられてきたということですね。それが『宇治拾遺物語』です。

序文と謎の『宇治大納言物語』

謎が謎を呼ぶもう一つ大きい問題が『宇治拾遺物語』の序文です。この序文もまたよくわからないです。全く『宇治拾遺物語』と関係のない人が後から書き加えたような書き方になっている。しかし、これは『宇治拾遺物語』の作者がそういうふうに騙して後の作者を装って書いたんだという説が出まして、これがわりと支持されています。『宇治拾遺物語』が読者を騙して煙に巻いてしまう「狂惑の法師」のような特徴を持っているとすれば、この序文自体も作られた一つの説話として読んだほうがいいということになります。

さて、舞台は京都の南の宇治。有名な平等院というお寺があります。浄土教の建物とその中の本尊の阿弥陀さんと庭園。これが三位一体となって残っている。平安時代の十一世紀後半の、浄土教の美術の粋を集めたものとして現存している有名な平等院鳳凰堂です。あの平等院は現在は鳳凰堂だけになっていますが、実はもっといっぱいお堂があって規模が大きかったんですね。これは藤原頼通という、有名な道長の子どもが後を継いで権力を握るんですが、ちょうどお釈迦様が亡くなって二千年経って末法に入る。末法に入る年に救われようというので、この世に極楽浄土を造ろうとして鳳凰堂を建てたという。そのお堂です。この頼通と個人的に親しかった人に源隆国がいて、この人は宇治大納言というふうにも呼ばれるんですが、この人が晩年に宇治に避暑に来てよくここに籠ったというのです。隆国という人は経歴はよくわかっていて、西暦でいうと一〇七七年に亡くなっています。この隆国が籠ったのが平等院の南泉房です。平等院の中では南の方で、その名のとおり泉が湧いたんでしょうね。

宇治というのは現在もそうですけど、京都と奈良を結ぶ奈良街道の交通の要衝です。つまり、京都と奈良を往復する場合必ずここを通らなきゃいけない。それで宇治橋を渡ったりするわけですね。『源氏物語』の「宇治十帖」の舞台にもなりますけど、宇治が奈良街道のポイントなので往来の人々がたくさんいる。そういう人を止めてはいろんな話をさせる。それを書き留めたのが『宇治大納言物語』だと。つまり、隆国がいろんな人に話をさせて、それを書きためたのが『宇治大納言物語』であるというんですね。その後『宇治大納言物語』が広まっていろいろ写されてどんどん変わっていって、隆国が亡くなった後の話も書き加えられたりして作られたのが『宇治拾遺物語』だという説なんです。ですから、『宇治拾遺物語』は『宇治大納言物語』の文字通り拾遺、拾い残しを集めて作られたものだという。これが序文の内容です。

残念ながら、『宇治大納言物語』は現在残っていない、幻の説話集です。後の時代に化石のように引かれた説話がありまして、「『宇治大納言物語』に曰く」というかたちでいろんな説話が引かれています。こういうのを逸文といいますが、それを見ると、実は現在残っている『今昔物語集』とか『宇治拾遺物語』と共通するんですね。ですから大元は『宇治大納言物語』だろうということになってくるんですが、しかし、『今昔物語集』や『宇治拾遺物語』とも全然一致しない話が引かれている場合もありまして、それらと完全に合致するわけではなくて、もっといろんな話を集めた規模の大きいものだったんじゃないかというふうにも想定されるわけです。

もう一つ、『今昔物語集』の成立が十二世紀で『宇治拾遺物語』が十三世紀。説話というのは必ず前に作られた話を元にするわけですね。それを自分のスタイルに書き換えたりしますから、必ず元のものがないと成り立たないわけです。十二世紀や十三世紀に作られた『今昔物語集』や『宇治拾遺物語』も、元の話がなければやはり成り立たないわけでして、そうすると十一世紀に作られた『宇治大納言物語』というのはちょうどいい位置にいる。『宇治大納言物語』みたいなものがないと、『今昔物語集』や『宇治拾遺物語』はやはりできなかっただろう、と考えられます。

源隆国という人が実際に南泉房にいたことは明らかです。当時は先ほどの頼通のように極楽浄土をめざす浄土教ですね、西方浄土という西の彼方にある阿弥陀の浄土を目指す考え方の、念仏が非常に流行った時代で、浄土教の注釈書の『安養集』というのを隆国が坊さんたちを集めて編纂するんですね。これを南泉房でやったとされているので、隆国は『安養集』では「南泉房大納言」と言われている。それと対応するとすれば、この宇治大納言隆国が南泉房で『安養集』を編纂したパロディとして『宇治大納言物語』を作ったんだろうと考えられます。

この序文に関連して、宇治の平等院で面白いのは、宇治の宝蔵です。宝の蔵というのは要するに経蔵のことです。お経を収める蔵。経蔵と宝蔵は同じですけれども、ここにはいろんな宝物が収められたという伝説が広まるんですね。実際宝物はあったと思いますけれども、それがどんどん尾鰭が付いて、いろんなものがここに収められたという話が中世にいっぱい出てくるんです。たとえば、シルクロードを通ってインドまで行って経典を持ち帰って翻訳した玄奘三蔵。『西遊記』の三蔵法師でおなじみのこの玄奘三蔵の袈裟がここに入っているというんですね。これはもう平安時代にこういう説があるんです。それからもっとあり得ないのは、酒呑童子の首が入っているというんですね。酒呑童子なんか実際にいたのかという話でして、あるものないものをない交ぜにしてこの宝の蔵に入ったという。それほど宇治の宝蔵というのは幻想化されて広がってゆく。おまけに、平等院を造った頼通が龍に生まれ変わって宇治川でこの宝蔵をずうっと守っていたというんですね。そういう話まで中世の別の作品にあります。ということで、『宇治拾遺物語』の序文自体が、作られた説話の感じなんですけれども、でも、『宇治大納言物語』のような作品が実際にないと『今昔物語集』や『宇治拾遺物語』の成立は考えにくいだろう。

それで、私は『宇治拾遺物語』の研究を始めた頃は、『宇治大納言物語』が逆に言うとなぜ消えてしまったのかというふうに考えたのですね。結論としては、『今昔物語集』や『宇治拾遺物語』が作られたから逆にいらなくなって消えたんじゃないかと考えたんです。これは全くの仮説ですが、『宇治大納言物語』が見つからない限りは有効な仮説ですけれども。『宇治大納言物語』を元にした『今昔物語集』、この『今昔物語集』もまた中世には埋もれてほとんど読まれてないんですが、『宇治拾遺物語』が特に直系の作品として作り変えられて、それがよく読まれたので、元の『宇治大納言物語』は消えていったんじゃないか。つまり、古典というのは読まれないと消えるんですね。要するに、読まれるか読まれないかで価値が決まっていくわけで、読まれない作品は自然に消えてゆく。『宇治大納言物語』が消えたのは『宇治拾遺物語』ができたから、というふうに考えます。その頃は何とかこの『宇治大納言物語』が見つからないかなとよく考えていて、夢に見たんです。どこかのお寺に行って箱の蓋を開けると、『宇治大納言物語』

と書いた本の表紙が出てきた。「やったあ」と思ったところで大体目が覚めちゃうんですけれども。そういう夢を見るくらい本当にこの『宇治大納言物語』はどこかにないだろうかと、今も一方では考えています。

前置きばかりが長くなりましたが、そういう不思議な作品に昔話と重なる話がいくつか入っているということもまた非常に注目されるわけですね。以下、昔話との関連でお話したいと思います。

瘤取り爺の話

『宇治拾遺物語』に見られる昔話で代表的なのは「瘤取り爺」「腰折れ雀」。それから「博打聟入」。ここでは「瘤取り爺」と「博打聟入」の二つだけ取り上げてみたいと思います。「瘤取り爺」に関しては紹介するまでもないと思いますが、こういう話は隣の爺型と言われますね。最初のお爺さんがいて、お爺さんでもお婆さんでもそうですけど、大体善人というか真面目で正直者ですね。余り欲がない。動物を助けたりとか善い行いをしていい思いをする。それを見ていた人が必ず隣にいるんですね。隣のお爺さんなりお婆さんなりがそれを妬んで真似をして、逆にそっちは失敗してしまう。その両方の対比で話が成り立っているわけです。このパターンが非常に多い。「花咲爺」もそうですね。これは日本だけでなくて海外にもあり、世界共通の話のパターンといっていいんですが、日本に特に多いようです。しかも文献上、『宇治拾遺物語』が一番古い。鎌倉時代にはもうこの話はあったということがわかるわけで、非常に貴重だと思います。

この『宇治拾遺物語』の「瘤取り爺」の話を注意深く読んでゆくと、今のいわゆる口承文芸、口伝えのお話とずいぶん違うということがわかってきます。確かに話のパターンとしては同じなんだけれども、細かく読み比べてゆくと、中身はずいぶん違うんじゃないかということが見えてくるんですね。ということで、違うところに注目しながら以下お話したいと思います。昔話自体は皆さんご存知の話と同じですので、『宇治拾遺物語』第三「鬼ニ癭被取事」の本文の表現で注目すべきところだけ引用します。

大かた、やう〳〵さま〴〵なる物ども、赤き色には青きものをき、黒き色には赤き物をたうさきにかき、大かた、目一ある物あり、口なき物など、大かた、いかにもいふべきにあらぬ物ども、百人斗、ひしめき集まりて、火をてんのめのごとくにともして、我居たるうつほ木の前に居まはりぬ。大かた、いとゞ物おぼえず。

（新日本古典文学大系・岩波書店）

この話は瘤取り爺さんが山に入って行って、帰ろうとしたら嵐になって帰れなくなった。それで一夜を過ごすために大木のうつほ、中が空洞になっている木に籠るわけですが、鬼が集まってきて宴会を開く。すると、鬼たちのリズムがいいのでたまらずお爺さんが飛び出してゆく。そういう場面なんですが、嵐のはずだったのがいつの間にか雨が上がってるんですよね。はたして鬼たちが嵐の中でやってたとは思えず、昔話は特にそうですが、前の条件をどんどん置き去りにしてゆくわけです。次々と展開してゆくという特徴がある。ここの部分はその鬼が登場したところで、お爺さんの目から見ているわけですね。もう本当に様々な連中が、赤鬼が青い物をはいて、黒鬼が赤い物をはいて、一つ目がいるし、口が無い者がいる。もう何とも表現の仕様もない不思議な者が百人ほど集まっている。「たうさき」というのはいわゆる褌です。百鬼夜行という言葉がありますね。多くの鬼が夜中に徘徊する、動き回るというのを百鬼夜行と言います。百というのは大勢ということですね。昔は暦で決まっていて、百鬼夜行が徘徊する日というのが暦にちゃんとあるんですね。そういう暦を決めるのが陰陽師です。その日に出かけて行って殺されそうになる話とかいろいろあります。「百人斗」というのもやはり多いということを表していると思います。

それから、「ひしめき集まりて」の「ひしめく」という言葉は中世の言葉です。特に『宇治拾遺物語』に集中して現れてくるんです。平安時代まではほとんど出てこない。「〜めく」という言葉は今の日本語にもありますが、「ひしひし」という擬態語と組みあわされ、大勢集まってがやがやしているような状態をさします。そういう集団の動きに注目するのが中世の新しい時代の言葉じゃないかと思います。漢字で当てると「犇く」です。特徴的なのは、先ほど言いました六十話ほどの『宇治拾遺物語』独自の話の中に限って「ひしめく」が現れる。その一つがこの瘤取り爺さんの話で、ここでは鬼が集まるということを表現しています。

また、「大かた」という言葉が繰り返し出てきますが、口で語っている言い回しの雰囲気で、話し言葉では繰り返される傾向があり、この話はやっぱり口頭で語られていた話の痕跡を残しているんじゃないかという感じがします。鬼の描写に関しては、これは他の『今昔物語集』などを見ても大体共通してますね。一つ目の鬼とか、いろんな鬼がいる。それから、注目されるのはうつほの木。お爺さんが雨宿りをしたうつほの木の前が鬼たちの宴会をする場所だった。だから言ってみれば、うつほの木は一つの聖なる木ですよね。そこが目標になって、その木の下に集まって宴会をやる。いわば一種の神聖な場所だったことを表している。お爺さんは知らずにそこに泊まっちゃった。

「大かた」という繰り返しは口語りの、語っている表現がそのまま残っている。それから、「ひしめく」というのは中世に出てきた言葉だとすれば、時代性に関わってくる表現もあることを表しているでしょう。

翁の心理の発見

続けてまた『宇治拾遺物語』の本文を引用します。

この翁、ものの付たりけるにや、又、しかるべく神仏の思はせ給けるにや、「あはれ、走り出て舞はばや」と思ふを、一度は思ひかへしつ。それに、何となく、鬼どもがうちあげたる拍子のよげに聞こえければ、「さもあれ、たゞはしりいでて、舞ひてん。死なばさてありなん」と思ひとりて、木のうつほより、烏帽子は鼻にたれかけたる翁の、腰によきといふ木きる物さして、横座の鬼の居たる前におどり出たり。

ここが非常に注目される部分で、いわゆる口頭で語られる口承文芸の昔話と決定的に違うところじゃないかと考えます。鬼が宴会をやっているところで、お爺さんは何かモノに取り付かれたか、あるいは神仏が翁をそのように思わせたのか、ああ、飛び出して舞を舞いたい、と思った。余りに鬼たちの音楽が面白いのでもう居ても立ってもいられなくなったんですね。非常に乗り易い翁です。しかし、ここでちょっと理性が働いて、一旦は思い留まる。自制が効いたわけです。でも、鬼たちの奏でるリズムがたいそう心地よく聞こえたので、もう何とでもなれ、とにかく躍り出て舞ってやろう、死んだらそれまでよと決死の覚悟で思い切ったというのです。

ところで、この時代の成人男子は庶民でも烏帽子を付けている。先ほど名前を出した『伴大納言絵巻』を見ると、応天門が燃えている火災現場にいっぱい野次馬が集まるんですが、普通の人も髭を生やして烏帽子を被っている。それはこの時代の特徴といっていいと思います。翁は烏帽子を前にこう被せて、目を隠すようなかたちで鼻に垂れかけたということなのでしょう。これは一種の変身で、芸人に翁はなったのです。

図C　「宇治拾遺物語絵巻」
新潮古典文学アルバム９『今昔物語集・宇治拾遺物語』1991年
新潮社　p.98〜99から転載

腰に斧《よき》という、木を伐る斧《おの》を差してという説明の仕方も注目されるわけで、なぜ「腰によきをさして」と言わないのか。「よきといふ木きる物さして」と、いちいち説明を付け加えているわけですよね。ということは、斧がどういうものかわからない人に語っているのではないか。斧がどういうものかをこういうかたちで説明している、注釈していることになりますね。「〜といふ物」という言い方は、いわば道具への距離を示している。そうして横座の鬼、宴会をしている中心の鬼の前へ踊り出た。いわばこれは翁が芸人に変身した瞬間を捉えたものです。こういう細かい描写は口頭で語るいわゆる口承文芸にはなかなか出てこない。見られない語りですね。翁が逡巡する心理を捉えている。そういう何かモノが取り付いた状態を憑《ひょう》依《え》といいます。舞いたいという心の情動があって、決死の覚悟をして芸人に変身する。芸能の発生というか、誕生の瞬間を非常によく捉えているということがいえます（図C）。

ところが、昔話研究の近代の基を開いた柳田国男が、『宇治拾遺物語』の今読んだこの部分に関して、きわめて否定的な書き方をしています。これは「重苦しい説明」だ、「説話の原形であった気遣いは決して無い」、「村の踊りの興奮」を「伝えることのむつかしい興味であった」というふうに、柳田は『宇治拾遺物語』のこの話をかなり否定的に捉えている。この文章は柳田の『笑いの本願』にあります。柳田は笑いもずいぶん研究していますが、この話に関してはマイナス面の分析をしている。これは私どもの立場からすると賛成できない見方であって、今説明しましたように、翁が走り出て舞おうと思う心の揺れ動きを非常によく捉えている。確かに説話の原形であったかどうかはわかりません。原形はもっと単純なものだった可能性が高いわけですが、逆に言えば『宇治拾遺物語』はあくまでも書き言葉で、文章でこういうふうに表現していることの意味を見るべきだろうと考えます。

柳田は村の踊りの興奮を伝えることはむずかしい見方だと言ってますが、そもそも村の踊りという見方は完全に間違いだと思います。つまり、先ほど言いましたように、斧《よき》に関してそういう説明をしていることは、斧というものを日常的に知らないと意識しているからこういう説明になる。だから、やっぱり対象は貴族だろうということになりますね。結論だけ言いますと、『宇治拾遺物語』の場合はやはり鎌倉時代の貴族世界における猿楽の芸能を踏まえたものので、村の盆踊り的なものではないということです。

話が先へ行ってしまいましたが、書くことによって翁の心理をつかまえることが可能になったというふうに考えます。書くことによる深化があり、『宇治拾遺物語』の話は非常に細かく描写している。それに対して、口承文芸では天狗たちの踊りが、「天狗　天狗　八天狗　おれと天狗で九天狗」とある。これはやっぱり実際に歌ったと思いますね。そういう歌い文句まで加わって臨場感が高まって来るということだと思います。

樵《きこり》と斧に関しては『宇治拾遺物語』にも他に出てきまして、「あしきだになきはわりなき世の中によきをとられて我いかにせん」（第四十）という、樵と山守との対決の話です。斧《よき》を取られたのでどうしようもないという樵の歌。これは要するに、名もない庶民がちゃんと和歌を詠んだという話です。そういう見方自体も貴族界での発想ということになるわけです。それから、平安時代末期に後白河法皇がまとめた『梁塵秘抄』という歌謡集があります。平安時代から中世にかけて流行った歌謡、今様《いまよう》という歌の世界です。それを集めたものの中にも樵のことが出てきますが、ここでは省略します。

翁のしぐさ「すぢりもぢり」

のびあがり、かゞまりて、舞ふべきかぎり、すぢりもぢり、えい声を出して、一庭《ひとには》を走りまはり舞ふ。

これはこぶとり翁が実際の舞を舞っている様子を語ったものです。「すぢりもぢり」というのは面白い言葉ですね。身をくねらせたということです。現代語で捩るに当ります。えい声とは掛け声です。「一庭を走る」の一庭という言い方も注目すべき言葉です。この表現からみても、いわゆる村の踊りとは考えにくいわけで、柳田が言っているようには言えないでしょう。庭というのは本来、芸能を演ずる場を庭というので、現在の庭園の庭ではない。この話ではうつほの木の前。これが演ずる庭になる。それからこの「すぢりもぢり」という面白い表現ですが、似たような言い方が別の話に出てきます。第七十六話に、

二三日までは念じゐたる程に、大かた堪ゆべきやうもなければ、左右の手して、尻をかゝへて、「いかにせ

ん、〳〵」と、よぢりすぢりする程に、物もおぼえずしてありけるとか。（「仮名暦誂タル事」）

とあります。これは何の話かといいますと、ある貴族の女房が坊さんに仮名暦を作ってもらうんですね。暦とは一日の行事とか行動を書いたものです。坊さんは最初は真面目に書いていたんだけど、だんだん面倒くさくなってきて途中からいい加減に書くようになった。これもさっきの「狂惑の法師」に似たようなものですが、「はこすべからず」と連日書くんです。要するにこれはトイレのことですね。貴族は、昔は文字通り箱にしたものです。それを下女たちが川に流したんですが、まさに便をしてはいけないという意味です。それをこの女房は真面目に信じて忠実に守ろうとしたわけですね。二、三日までは我慢していたけれども、これまた大方、およそ我慢も仕様がなくなって、左右の手でお尻を抱えてどうしようどうしようとするうちに、わけもわからなくなっちゃったという話ですね。非常にふざけた話ですけれども、この「よぢりすぢり」というのが今の翁の「すぢりもぢり」の仕草とよく似ています。

先ほど出てきました『梁塵秘抄』を見ますと、これは歌ですが、「讃岐の松山に、松の一本ゆがみたる、もぢりさのよぢりさに、そねうだるとかや」。讃岐の松山というのは怨霊になった崇徳院の御霊を祀ったところなんですけれども、そこの松の一本が非常に曲がりくねっている。それを表現したものです。それを非常に恨みを持っているんじゃないかと見立てたものです。これは崇徳院の怨霊とダブらせていて、松の枝の捻れているのをこういうふうに表現している。この種の表現と近いものがあります。

それから、兼好法師の『徒然草』の百七十五段。これは酒をテーマにした段で非常に面白い段ですが、酔っ払いとはどういうものかを非常に詳しく書いていて、現在と全く変わらない。兼好は酒に酔っ払う人たちの様子をかなり批判的に見ていて、冷静に書いています。

声の限り出だして、各々歌ひ舞ひ、年老いたる法師召し出されて、黒く汚き身を肩脱ぎて、目もあてられずすぢりたるを、興じ見る人さへうとましく憎し。

とあります。大声を出して歌い、年老いた坊さんを呼び出して、袖を脱いで肩を露出する。目も当てられないほど身を捩って舞を舞っている。それをまた面白がって見ている人までもういやに思われる、というのが兼好の感想なんです。酔っ払って歌い、踊りまわっている様子をリアルに表現していますね。ここでも「すぢり」と言われていますね。だから、この時代の芸能の所作というか、身のこなし方が「よぢりすぢり」とか「すぢりもぢり」という表現で表されるということで共通しているのではないでしょうか。

ついでにいうと、鎌倉時代の仏教説話である『撰集抄』に「ももすぢりゆがみ房」というのが出てきます。お坊さんの渾名ですね。また、狂言の「大会《だいえ》」のほうは、「もぢり羽になって」とあり、これは天狗の羽のことを言ってるんです。羽が捻られちゃうわけで、芸能性をよく表している表現として面白いんじゃないかと思います。

教訓を読む

最後は教訓ですね。『宇治拾遺物語』は、話の最後にいろんな教訓がさりげなく付きます。説話というのは必ず何かを言うためにその話を語るんですね。ある種の意味付けが最後に来ます。話末評ともいいます。大体話の最後に来る場合が多いのですが、話の最初に来る場合もあります。その話末評は、教訓であったり、人物への感想とか事件への感想を書いたり批評したり、いろいろバージョンがある。『宇治拾遺物語』はこれが非常に抑えられています。抑制された批評が付く。それに対して、『今昔物語集』は非常に長い評が付く。「これを思うに」という言い方でえらい長く評が付いて、いちいちその人物のこういう行いは良くないとか、いろいろ批評したり感想を書いたりで、それは言ってみれば、語り手が前面に出てきていろいろ説教しているような感じです。それに対して『宇治拾遺物語』は余り語り手が前に出てこない。

この「瘤取り爺」の話では「物うらやみは、すまじき事なりとぞ」という教訓が付きます。これは、人のことをやたらとうらやんではいけないよという教訓ですね。つまりこれは、最初の爺さんが舞を上手に舞ったので、また次も来いというので瘤を質に取られるわけですね。そうすると、それをうらやんだ隣の爺さんがまたそこへ行って、今度は舞が下手だったのでもう用はないと瘤をくっ付けられるわけで、隣の翁の失敗を踏まえた教訓になっています。隣の翁が真似をするというのは、これまた芸能の本質に非常に関わってきます。芸能といえば一種の真似ですね、模倣です。これを「もどき」と言うわけですが、芸能というのは本来そういうもので、隣の翁が失敗するというのは滑稽な面と、逆に憐れな面と両方混じって受け止められている。人の成功をうらやんだり妬んだりするというのは、隣の爺さんだけじゃなくて我々読者自体が常にそうですよね。隣の爺というのは読者を代表している。いわば読者の影として読めるでしょう。

かつて、優れた古典研究者の益田勝実さんが、この話に関してこういうふうに言っています。「模倣者の失敗は、勧善懲悪のための対比ではなく、もどいて楽しむ想像力の遊びに違いない」と。もう一人、佐竹昭広さんは、「隣人は万人の欲望を代表する象徴的人物であった」という言い方をしています。だから、後から真似て失敗する翁はむしろ読者に近い存在であって、特に「瘤取り爺」の場合には、『宇治拾遺物語』の話を読む限りでは、後から出てくる

図Ｄ　「宇治拾遺物語絵巻」
『陽明文庫蔵重要美術品宇治拾遺物語絵巻』2008年　勉誠出版
p.70〜71から転載

爺さんは単に自分の瘤をなくしたいと思っただけであって、人相や性格が悪いとかいうことはないわけです。つまり、実は元々勧善懲悪という話にはなっていない。ただ自分の瘤をなくしたいという思いだけだったわけで、性格の良い悪いは描かれてないんですね。だから、そういうふうに見てゆくと、真似て失敗するというのが一つの芸能的な行為だったんじゃないかと益田さんは言っているわけで、確かにそうだろうと思います。

今日、お話する余裕はありませんが、これと似たような隣の爺型の話が「腰折れ雀」です（図Ｄ）。今度はお婆さんが主人公で、傷ついた雀を助ける。そうすると、ひさごですね、瓢箪の種をもらってそれを育てると、その中から金銀がいっぱい出てきて豊かになる。そうしたら、隣のお婆さんがそれを妬んで逆に雀を無理やり捕まえて骨を折ったりしてそれをわざと治療する。そしたら、今度はひさごの中から蛇だのむかでだのがいっぱい出てきて散々な目に遭ったという話ですね。

あの話を読んでいると、隣のお婆さんが非常に気の毒なのは、家族からプレッシャーを受けています。つまり、隣のお婆さんがこんなに成功したんだからあんたも何とかしろよと家族から圧力を掛けられるわけです。それで、やってみて散々な目に遭う。もうほとんど姥捨て山に近い傾きを示しているんですね。そういう意味でいろいろ面白い面があるんですが、教訓が全く同じなんですね。「瘤取り爺」の話と「腰折れ雀」の話の教訓は、『宇治拾遺物語』では全く同じ教訓が付いています。だから、隣の爺型の場合には、後で真似て失敗する側に寄り添った教訓を付けている。つまりこれは読者を代表するような存在として描かれているということになると思います。

ところで、『宇治拾遺物語』に関して興味を持たれた方にお勧めしたい本がありまして、川端善明という先生が岩波の少年文庫で『宇治拾遺物語』の現代語訳を出しています。『遠いむかしのふしぎな話　宇治拾遺ものがたり』という小さい本です。単なる現代語訳ではない。非常に創意を凝らした訳でして、面白い読み物として読めますので、興味を持たれた方は是非お読みください。面白い話が特に選ばれています。この「瘤取り爺」の話に関しては、最後に『宇治拾遺物語』では「ものうらやみはすまじきことなりとぞ」と教訓が付いているわけですが、川端さんの訳では「教訓（　　）」とだけなっているんですね。そこに言葉が入っていない。そして、

　思いついたときに自分で書き入れること、参考までに言いそえると、『宇治拾遺物語』の原文は、ぶっきらぼうに、こう書いている。ものうらやみはすまじきことなりとか―ひとのことをうらやましがってはいけないいな

（『遠いむかしのふしぎな話　宇治拾遺ものがたり』岩波少年文庫）

と書いているんです。皆さんだったらどういう教訓を入れるでしょうか。これ、クイズみたいになってますね。

それから、「腰折れ雀」の話の最後も、

だから、ひとのものをうらやましがってはいけないのさ。おや？　聞いていないの。お話の終わりにはね、おまえ、教訓というものがあるのだよ。（同）

こういうふうにしている。『宇治拾遺物語』の教訓を使いながら、またちょっと変えています。

博打《ばくち》聟入《むこいり》の話

次に「隣の寝太郎型」の話として「博打聟入」の話を取り上げます。『宇治拾遺物語』第一一三「博打子聟入事」です。その冒頭の一節を掲げます。

昔、博打の子の年若きが、目鼻一所に取り寄せたるやうにて、世の人にも似ぬありけり。二人の親、これは、いかにして世にあらせんずると思ひてありける処に、長者の家にかしづく女《むすめ》のありけるが、顔よからん聟取らむと、母のもとめけるを伝へ聞きて、「天の下の顔よしといふ人、聟にならんとの給ふ」といひければ、長者悦びて、聟に取らんとて、日をとりて契りてけり。その夜になりて、装束など人に借りて、月は明かりけれど、顔見えぬやうにもてなして、博打ども集まりてありければ、人々しくおぼえて心にくゝ思ふ。

さて、夜々行くに、昼ゐるべきほどになりぬ。いかゞせんと思ひめぐらして、博打一人、長者の家の天井に上りて、二人寝たる上の天井を、ひし〳〵と踏みならして、いかめしく恐しげなる声にて、「天の下の顔よし」とよぶ。

博打の子で、目鼻がくっ付いたような、全くこの世にいないような顔の男がいた。ある長者の娘が聟を募集しているのを聞いて立候補する。ところが、顔が余りにも醜いので、何とかしようといろいろ策略をもうける。自分の実際の顔とは逆に、顔が美しい人間だというふれこみで聟として立候補する。そして、日を決めて約束を交わして結婚させた。これは当時の結婚の形態が前提になっているわけで、最初は夜だけ通って来るんですね。聟が嫁のところに通って来る。それで、大体三日ぐらいでしょうか。数日経つと所顕《ところあらわ》しといって、今度は昼間それがオープンになり、正式に夫婦として認められる。いわゆる聟取り婚です。招婿婚とも言いますが。それが前提でないと成り立たない話ですね。

それで、まず夜中に通って行くわけですね。契りを交わす晩に、着る物は人に借りて、月が明るいので顔が見えないように隠して、博打たちが集まっていたので心憎いほど頼もしく思っていた。夜な夜な通って行って、やがて正式の所顕しで昼に対面することになった。そうすると、これはまずい、どういうふうにしようかと策略を講じて、博打仲間の一人が長者の家の天井に上り、二人が寝ている天井をぎしぎしと踏み鳴らして、たいそう恐しげな声で「天の下の顔よし」と呼ぶ。これはつまり、博打仲間が鬼に化けて天上から下にいる二人を脅すという設定なわけです。

博打のチームワーク

柳田国男はやはりこの話に関して言及していまして、「実世界に不満の多い凡人たちを楽しませるための空想」「求婚冒険談」、援助者の問題は「深い意味のあるものの痕跡」「単なる博打仲間の義理」ではないというふうに、『桃太郎の誕生』の中で言っています。これも、この捉え方には異論があって、博打仲間の共同性、チームワークこそがこの話のポイントになっていると見るべきだと思います。

その博打仲間に関する話題としては、鎌倉時代の『古今著聞集』に話があります。天竺冠者と呼ばれる博打がいろんなことを仕掛けて話題になって、天皇にまで注目されるんですが、インチキだったというのが暴露されるというんですね。これもまた博打仲間のチームワークですね。

博打八十余人同意して、諸国に分ゐて、天竺の冠者が、かく厳重なるよしを人にかたり、或は人にもいはせてわたりたりけるが、（『古今著聞集』巻第一二・博奕第十八）

つまり、博打仲間が諸国に散らばって、天竺の冠者がこれだけすばらしいという噂を広めたということですね。それで噂が広まっていった。即ち仲間のチームワークがここでもテーマになっています。

さて、それで、仲間が天井に上ってどういうふうにしたかというと、

鬼のいふやう、「此家の女は、わが領じて三年になりぬるを、汝、いかに思ひてかくは通ふぞ」といふ。「さる事とも知らで、通ひ候つるなり。たゞ御助け候へ」といへば、鬼、「いと〳〵にくき事なり。一言して帰らん。汝、命とかたちといづれか惜しき」といふ。聟、「いかゞいらうべき」といふに、しうと、しうとめ、「何ぞの御かたちぞ。命だにおはせば、たゞかたちをとの給へ」といへば、教へのごとくいふに、鬼、「さらば、吸ふ〳〵」といふ時に、聟、顔をかゝへて、「あら〳〵」といひてふしまろぶ。鬼はあよび帰ぬ。

さて、「顔はいかゞ成りたる。見ん」とて、指燭をさして、人々見れば、目鼻一つ所にとりすへたるやうなり。

鬼が、「この家の娘、つまり主人公の博打が結婚しようとしている相手は自分の相手として三年目になるのを、お前は何を思って通って来ているんだ」と非難するわけですね。そうするとこの博打は、「そういうこととも知らず通

って来ました。ただ命だけは助けてください」と言った。鬼は、「大変憎ったらしいことだが一つだけ何かやって帰ろう」ということで、「お前は命と顔とどっちが惜しいんだ」と言う。男は「どう答えたらいいでしょうか」と言うと、舅・姑、これは長者たちですね。「それが、何のための顔なんだ、命さえあればいいので、ただ顔だけというふうにおっしゃいなさい」と言うので、長者に言われたとおり、「命のほうが惜しい」と言う。「じゃあ顔を奪ってやろう」と鬼が天井から吸うまねをするわけですね。そうすると、聟は顔を抱えて「ああっ」と言って、醜い顔になっちゃった。そういう仕掛けなんですね。蝋燭の明かりを灯して顔を見ると、「目鼻一つ所にとりすへたるやうなり」というのでみんなショックを受けるんですが、これもしょうがないということであきらめて、この二人は一緒になり、たいそう富み栄えたという。まんまと博打が長者の聟に収まったという話です。これも先のことばでいえば、人をだます「狂惑」ですね。

この手の、努力しないで立身出世するというパターン、隣の寝太郎型の話というのは「物臭太郎」の話も有名ですけれども、ああいう話が非常に広まっていますね。それは確かに柳田が言うように、読者の願いというか、願望がこういう話に投影されていると見ていいと思います。それが『宇治拾遺物語』では絶妙の語り口にのせられていて、ほんのりとした雰囲気が作られています。

狂言との関係

さらに言うと、この話は中世の狂言にも作られていまして、狂言では「眉目吉《みめよし》」というタイトルになっています。

『宇治拾遺物語』の「天の下の顔よし」と同じです。狂言と『宇治拾遺物語』と昔話を較べると随分設定が変わっていて、狂言で「眉目吉」にあたる人物は小袖で顔を隠しているとか、武悪の面を付けて脅すとかです。実際醜い顔だとわかったら今度は娘が逃げ出す。後を追っかけて行って終わるというかたちで、登場人物が限られていて、博打の集団性が全くない。ただ描写でちょっと似ているのは顔を吸うところですね。これは狂言の表現です。

いや何事も命が有っての事じゃ。早う吸はれさつしゃれ。ああ、それならば、吸われませう。さらば、吸うぞ、吸う、吸う。あいた、あいた、さらば、もはや思ふままに吸うた。身どもは戻る。後は見るなあ、見るな見るな。なふなふ、恐ろしや、恐ろしや。

こういうかたちの掛け合いでゆくわけですね。この「さらば、吸う吸う」というのは『宇治拾遺物語』の表現とそのまま共通していますから、これは『狂言』「眉目吉」が『宇治拾遺物語』の「博打聟入」の話を踏まえて舞台化した、ドラマ化したとみていいんじゃないかと思います。そういうかたちで広まっています。

それで、また川端先生の『宇治拾遺物語』の現代語訳を付け加えておきましたが、括弧して博打の本音の心理を書いているのが特徴的ですね。

婿の若者も恐れた（ナアニ、オソレルフリヲシタノサ、ワルイヤツメ）。（略）

若者はふるえた（ナアニ、フルエルフリヲシタノサ、ワルイヤツメ）。（略）

若者は気が転倒した（ナアニ、……）（略）

まさにけっこうずくめというものであった（シランゾ、ホントニ）

（川端善明『宇治拾遺ものがたり』）

こういう結末なんです。これもなかなか面白いですね。騙している博打の本音がカッコで表されている。こういう特徴的な現代語訳がこの話にも付けられています。

語られる昔話を書くこと

「瘤取り爺」と「博打聟入」の二つの話を例にみると、現在にも伝わる昔話の伝承の古い姿が鎌倉時代の『宇治拾遺物語』にあり、それを比較してゆくと、『宇治拾遺物語』なりの、文章を書くことによる表現の特徴がはっきりと出ていて、口伝えで語られてきた特徴を混ぜて非常にうまく表現されているのではないか。説話の世界では、昔話もそうですが、口で語るのと文字で書くのと、双方がどういうふうに作用し合っているのか、どういうふうに向かい合い、からまり合っているのか、ということが常に問題になるわけで、普遍的なテーマとしてあると思いますが、その一つの姿を『宇治拾遺物語』は非常によく表していると思います。

『宇治拾遺物語』は二百話近くあるわけですが、その中で、昔話の話の特徴は何かと見てゆきますと、昔話以外の話題では、大体登場人物の名前が出てくるんですね。固有名詞がありますし、場所もはっきりしている場合が多い。そこに歴史性があるわけですね。固有性とか歴史性があるんですけれども、昔話と共通する話題にはそれがない。「昔」とあるだけで、どこの誰ともわからない。固有名詞がない。不特定の人と場所で話のパターンが非常にはっきりしている。説話というのは大体パターンがあるものなんですけれども、『宇治拾遺物語』はしばしばその型を崩したり裏切ったりひっくり返したりしようとするパロディ的な要素が強い。その中でも昔話は非常にパターン化しているということが言えます。

それと同時に、フィクション、虚構性が強い。片一方に瘤のある爺さん、その隣にもう片一方に瘤のある爺さんがいるという設定自体ちょっとあり得ないですね、現実には。昔話はフィクション性が強いという性格があらためてわかります。つまり、説話一般というのは事実に重きを置くわけですね。実際にあった話として語られるのが説話です。これに対して、昔話として括られるものはそういう事実性に根拠を置いていない。空想性というんでしょうか、そういう特徴があるでしょう。『宇治拾遺物語』という八百年以上も昔に書かれた作品に、今も語りつがれる昔話が生き生きと語られていることにあらためて驚かされます。

こういうお話が古くからずうっと伝わっている日本の文化は面白いなあとあらためて思います。ぜひいろいろ人生の苦みも含んだおもしろい話を楽しんで頂ければと思います。時間が来ましたので以上で終わらせていただきます。

（拍手）

〔参考文献〕

小峯和明『宇治拾遺物語の表現時空』（若草書房　一九九九年）
益田勝実「民話の思想―伝承的想像力の超克」（『伝統と現代』三八号　一九七六年）
佐竹昭広「『宇治拾遺』と『雀の夕顔』」（『瓜と龍蛇』福音館書店　一九八九年）
柳田国男『笑いの本願』、『桃太郎の誕生』柳田国男全集（ちくま文庫）
川端善明『遠いむかしのふしぎな話　宇治拾遺ものがたり』（岩波書店　少年文庫　二〇〇四年）

西行法師と「うるか問答」

――鮎の狂歌咄――

小林幸夫

はじめに

西行さんのお話を今日はしたいと思います。西行さんといえば『新古今和歌集』や『山家集』などに多くの歌が収められているほど有名であります。この中に知らない人はいない。それほど日本人に愛され慕われている歌人の一人と考えてよろしい。

例えば亡くなった角川源義さん。角川書店の社長でした。この人は有名な俳人でもあります。『角川源義全集』が出てますよ。その一冊の中に俳句を集めたものがあるのですが、こういう句を載せています。

花あれば西行の日と思ふべし

これは西行を慕う心の表現ですね。そうするとこの花というのはもうわかりますよね。もちろん桜でありましょう。

西行の歌、

願はくは花のもとにて春死なんその如月の望月のころ

これを踏まえているのは当然ですよね。それくらい源義さんも西行を慕うていたのです。西行といえば桜。日本人にはそんなかたちでこの歌は慕われておりますし、芭蕉もまた、西行の跡を慕うて旅に出た俳人であるということはみなさんよくご存知だと思います。そういう西行さんの話をすればいいんでしょうが、今日はその話はいたしません。

ここにおられる花部先生たちとこの十数年、全国の西行伝承を訪ね歩いてきました。いろんな土地にあるのですけれども、ここに西行が来た、そうして庵《いおり》を結んだ。こういう歌を残して行った。いわば、西行が来たという跡、そして、それにまつわる伝承が各地に残されております。そういう西行伝承を訪ねて、これを網羅して記録に残そうというようなことを十数年やってきました。若いころは良かったんですよ。暑い最中に年一回、夏休みに集まって花部さんたちを始めとする十数名で、夏の盛りの二、三日を歩き回るのです。西行の伝承を求めて。暑くてもまだ我慢できました。だけどもうだめです。体がついていかない。すぐにくたびれてしまう。それぐらい長い間かけて西行伝承の地を網羅的に歩こうと気宇壮大の志を掲げて始めたんだけれども、とても追いつきませんでした。代表的な所だけを歩いた。それぐらい西行伝承は全国のあちこちにあるのですね。

「こんなところに西行が来たかいな。ほんまに。そうして歌を歌うたかいな。こんな歌歌うはずがない」というような歌が残っているのです。本当は来てはいませんよ。そういう歌を求め、伝承を求めて、物好きにも僕らは夏の暑い盛りにそういうところを逐一訪ねて歩きました。今日の話はそういう話の一つです。つまり、西行伝承研究会という、みんなで共同で研究をしてきた、その成果に基づいた話と受け止めていただければよろしいかなあと思います。

『新古今和歌集』や『山家集』等の西行の歌の業績については専門家の先生方の研究書が山とあります。ただ、こういう西行伝承の研究というとほとんどないのですね。そういう研究に手を付けたのが口承文芸の研究を始めた柳田国男という方です。名前だけはみなさんご存知かと思いますけれども。『女性と民間伝承』という本の中にも西行のことについては触れられておりますし、今日お話をする「うるか問答」のこともその本の中に述べられていることであります。それを受けて西行伝承の研究をまとめられたのがここにおられる花部さんです。これは『西行伝承の世界』というかたちで、西行の実人生とは異なる、伝承の世界の西行像を取り上げて論じた初めての仕事だと考えてよろしいでしょう。

そういうかたちで西行伝承の研究がようやく始まったと言っていいのですね。そういう一つの西行の民間説話、それぞれの土地の、あるいは村々の、あんまり歌とは縁のない人たちが、「いや、ここに西行さんが来てこんな歌を残して行ったんやで。嘘やない。だってここに証拠があるやないか。短冊が残ってる、庵《いおり》が残ってる」というようなかたちの証拠まで示して、「西行さん、ここに来ました」と。そういう伝承的な話が全国に残されている。その話の一つを今日はしてみようかと思います。

みなさん、西行さんの歌には関心があるけれども、今日お話をするような歌については聞いたことがないと思います。西行さんは何しろ『新古今和歌集』に選ばれ、『山家集』を残すくらいの歌の名人ですよね。芭蕉に慕われるくらいの歌の名人。その歌の名人が咄の世界では女、子どもの歌に負けるんですよ。女、子どもに手もなくやっつけられるんです。「こりゃかなわん」と言って逃げて行くのです。そんな話はあんまり聞いたことがないかもわかりません。しかし、民間説話の中では大変有名です。その話を少し取り上げながら、そんな話の持っている意味を考えてみようというのが今日の話のテーマです。こういう話は和歌や連歌の世界と繋がる、あるいは俳諧の世界と繋がるといってよろしいでしょうか。

一　歌人と「うるか問答」

「うるか問答」とはどんな話か、紹介してみたいと思います。うるかというのはご存知ですよね。鮎の腸《はらわた》です。それを歌の題とした話です。いろんな土地に同じような話があるんですね。ここでは三つ挙げておきました。

（1）神奈川県厚木市「西行もどり橋」の伝説。

昔、西行法師が修行中にここに立ち寄りました。そばに地蔵堂があり、その地蔵堂に法師が目をやると、一人の老婆が熱心に真綿をかけていました。そこで法師は、

「おい、ばあさん、その綿をこの僧に売ってはくれまいか」

とたずねました。すると老婆は、小鮎川の鮎を歌題にして

「この川を鮎取る川としりながら綿（腸）を売るかと染井法師」

と短歌をよみました。この老婆の歌に法師かえす言葉もなく、すごすごとこの橋を渡ってもどったので、その後、西行のもどり橋と呼ぶようになり、近隣の花嫁はこの橋を渡らず民家の中を通って嫁いで行ったとの事です。

老婆は小鮎川の鮎を歌の題にして歌を歌ったんですね。「染井法師」なんて意味がちょっとわかりませんけれどもね。真綿の「綿」と鮎の「腸《はらわた》」を掛けて「売るか売らぬか」という。いわば「綿」と「腸（わた）」、「売るか」と「うるか」を掛けた狂歌になっている。こんな歌を老婆が西行さんに返した。すると、西行さんは返す言葉もなくすごすごと逃げて行ったということなのです。何もこんな歌を返されて逃げることはないだろうと思いますけれども。そこから戻って行ったから「西行もどり橋」とこの橋を呼ぶようになったという、そんな話なのです。これが「うるか問

答」です。

つまり、鮎の腸を歌の題にして、「売るか売らぬか」と言い掛けて、その問答に負けたのが西行さんなんですよ。歌の名人、歌の聖であるところの西行さんが負けた。こんな歌に何も脱帽しなくてもいいじゃないかと思うんですけれども、脱帽するんですねえ。そういう話が、何も西行さんだけじゃないのですね。他の有名な歌人にもくっ付けられて様々に言い伝えられていくのです。

次の話は大島建彦さんが記録された岐阜県美濃市の「うるか問答」です。
（2）大島建彦「狂歌咄の伝承」（『ことばの民俗』所収）岐阜県美濃市
猿丸は、生まれつき、はなはだ賢く、その才は今に伝えられています。少年のころ、アユを釣っての帰り道で、そのアユを売ってくれと言われ、
アユのハラこそウルカなれ、わたしゃおやじの子でござる
と、即座に言い返したといいます。おやじにやるのだから売れないと言った程度の意味でしょうが、おもしろいことには、アユのウルカということばは、この時から使われるようになったと、土地の人々は言います。
猿丸太夫の少年のころの話です。この猿丸大夫に大人が言い負けたわけですね。歌は少し動きますけれども。これが言い伝えられてきた話の特徴です。歌は少し違うが大元は変わらない。つまり、「売るか売らぬか」の問答がおやじさんと少年猿丸の間に交わされて、大人が負けてしまう。即座に言い返されて戻ったという一つのかたちです。
猿丸大夫といえば、僕らは百人一首でよく知っているでしょう。「奥山にもみぢふみわけなく鹿の声聞くときぞ秋はかなしき」という歌で有名な人であります。その猿丸大夫が少年の時から歌が巧みだったと言いたいんでしょうが、

その少年の猿丸大夫にいわば歌で言い返されて逃げて帰った。歌に何も負けることはないんだろうけれども、とにかく負けて逃げて行く。「うるか問答」の歌が、こういうかたちで猿丸大夫にくっ付けられたりするんです。

それからまた一つ、今度は京都府亀岡市に伝わる「うるか問答」の話。

（3）『新編　桑下漫録』京都府亀岡市小泉村の清泉寺（臨済宗妙心寺派）

（小式部が都へのぼる）途中、峠地蔵堂で、小式部の頭に綿帽子をきせてあったのを、丹波の魚商人が頭をなでて、「このわたうるか」と言ったので、小式部は、

早川の瀬にすむ鮎の腹にこそうるかといいしわたはありけり

と詠んだ。商人は大いに腹をたて、「ここな子めが」と言うと、すぐに

あの山の萩やすすきの本にこそこめかといいし鹿はありけり

と詠んだので、商人も、ただ人ではないと恐れて行過ぎてしまった。

これは和泉式部の娘、小式部内侍《こしきぶのないし》との問答です。これも西行さんではなくて魚商人との問答になっていますね。小さな小式部に魚商人が手もなくひねられる。だけど歌はやっぱり「うるか問答」ですね。小式部が都へ上る途中に魚商人と出会って、頭に被っていた綿帽子を、「その綿売るか」と言われて小式部が歌を返して、大人の魚商人を手もなくやり込めた。さっきの猿丸少年が鮎を売ってくれと言われて手もなく大人をやり込めたのと同じですね。こんなふうに、西行の話じゃなくて、小式部の話として伝わったりもするのです。

小式部といえば僕らはよく知ってますね。これも百人一首の、「大江山いく野の道の遠ければまだふみも見ず天の橋立」という歌を口ずさんできました。それほどの歌の巧み、上手であった人です。いわば小さな猿丸や小式部が歌

でもって大人をやり込めてしまうという、そういう話のひとつにこの「うるか問答」が引っ張り出されてくるのです。だから西行だけではない。西行はやられるほうでしたね。こちらはやっつけるほうとして有名な歌人にくっ付けられて、この「うるか問答」の話が伝えられてきているんですね。

わたしはこの亀岡市小泉村の清泉寺に物好きにも行ってきたんですよ。亀岡市の山の中の小さなお寺ですが、ちゃんと宝篋印塔《ほうきょういんとう》があるのですよ。つまりお墓です。こんなところに小式部は来ていない。来ていないけどもあるんですね。「ここで亡くなったんや。ここで葬ったんや」と。で、小式部にまつわる話として、亀岡のこの清泉寺の境内に小式部の墓が、宝篋印塔の墓があって、こういう話が伝わっているんですね。神奈川県、岐阜県、そうして京都府。こういう「うるか問答」の話が西行だけではなくて有名な歌人の逸話として残っているというのは一体どういうことなんだろうと思いますね。どうしてこんな話が全国のあちこちに残っているんだろうか。実はもっとあるんですよ。これはほんの一部です。みなさんどう思われますか。どうしてこんなことが起こったんでしょうかね。

どこか東京のほかに故郷があれば訪ねてごらんになればよろしい。そうすると、こういう話の一つぐらいはもしかしたら見つかるかもわかりません。あるいは西行さんの伝承がもしかしたら見つかるかもわかりません。それぐらい西行さんの伝承はあちこちに残されている。「うるか問答」もその一つなんです。しかし、なぜそれが西行だけではなく、こういう歌人の話として伝わってくるのか。これがわからないのです。簡単に説明がつかない。

二　西行戻しと宗祇戻し

歌争いに敗れて西行が退散する話は昔からいろんな書物に記録されています。次の（4）の話もその一例です。

（4）『肥後国志』巻九「西行帰岩」

熊川耳ニ絶景ノ懸崖アルヲ云。里老ノ説ニ、往昔西行法師諸国ヲ行脚シテ此ニ来リ球磨ニ往クトテ此処ヲ通ル。崖下河辺ニ一婦綿ヲ洗フ。西行、「此向キニ人家アリヤ」ト問。答ヘテ「有」ト云。西行又「洗フモノハ何ゾ」ト問。婦答テ「綿」ト云。西行又「売ルカ」ト問ヘバ婦答テ

「白石の瀬にすむ鮎の腹にこそウルカと云へるワタはありけり」

ト云ケレバ西行甚ダ感ジ、「斯ク艶シキ体ナレバ奥深シ。恥ルニ堪タリ」トテ、此所ヨリ球磨へ行ズシテ立帰リタルヨリ名ヅクト云。一笑ニ堪タリト雖モ里俗ノ口碑ニ存スルヲ以テ載之。鮎ノ腸ヲ里俗ウルカト云ヘル故ナリ。

『肥後国志』という江戸時代の地誌に記録されている、これもやっぱり「うるか問答」の話です。これは西行法師が諸国を行脚して肥後の国に来たというのです。球磨川に行く途中でこの村を通った。河辺で綿を洗う婦人に、西行はまた「その綿売るか」と聞いた。そうするとその婦人が歌で答えるんです。例の「うるか問答」ですね。西行はえらい感心をして、こんな山奥の村にこんなに歌がうまい女がいるとは思いもせなんだ。恥ずかしいといってここから引き返して行った。言ってみれば「西行戻し」ですね。こんな歌に感心せんでもいいのに。しかし、何度も言いますけど感心するのです。そういう話が江戸時代の地誌に見えているのです。それも、肥後熊本県の記録に残されている。

これもまた同じように西行さんばかりではありません。今度はあの連歌師の宗祇です。宗祇もまた芭蕉が慕った連

歌師でしょう。その宗祇もやっぱり負けるんですね。

（5）『宇治昔話』（天保十年写本、神宮文庫）

西行法師新橋を渡り給ふ折節、綿売人を見て夫《それ》は何ぞと尋たまへば、売綿にて候と答たれば

五十鈴川の瀬にすむ鮎の腹にさへうるかといへる綿は持けり

その狂歌奥州白川の御城下宗祇返しといふ所の大熊《あぶくま》明神の狂歌と同じ。宗祇此白川に来り給へば、明神老婆に化して綿を持行給ふ。宗祇見たまひてうるわたかと尋給へば、老女答は無くして

あふ熊の川瀬の年魚《あゆ》のはらにさへうるかといへるわたは持けり

と答ければ宗祇驚老女さへ如此里人は思ひやられしと直様京へ立帰りしより此処を宗祇返しと云由聞伝ぬ。皆同じ世上はなしなり。

『宇治昔話』という、江戸時代の伊勢の記録で、神宮文庫にあります。同じような歌が奥州白河のご城下に残っていますよといって、宗祇の話を記録しています。宗祇が白河に来た時、阿武隈明神がお婆さんに姿を変えて綿を洗っていた。それを見て宗祇は同じように「この綿売るか」と尋ねると、お婆さんは歌で返した。すると宗祇もまたびっくりしてここから立ち帰った。宗祇もやっぱり同じなんですね。その土地の女の人の返歌に感心をして帰ってしまう。そういう言い伝えが残されているのです。宇治の地誌に記録されているんだから、これはどうしたことかなと思いますけれども。それはともかく、歌争いに敗れて逃げて行くのは西行さんだけじゃない。連歌の名人である宗祇もまた逃げて行くのです。何も逃げる必要のない歌に感心して逃げて行くんです。そんな馬鹿なと思われるかも知れませんが、これが咄の世界なんです。「ああなるほど、こんなふうにして西行法師は土地の人に負けて退散して行ったんや

なあ」と言って笑っていたのかもわかりません。しかし、こういう類の話はまあたくさんあるんですね。それも昔から。

次に『曾良随行日記』をあげておきました。この曾良という人は、芭蕉の『奥の細道』の旅について行った人です。その記録を旅日記に残しているんですね。その中にやっぱり「宗祇もどし」の話が記録されているんですね。

（6）『曾良随行日記』（元禄二年）

宗祇もどし橋、白川の町より右、鹿島へ行く道、ゑた町あり。其のきわに成る程かすかなる橋なり。むかし、結城殿数代、白河を知り給ふ時、一家衆寄合、鹿島にて連歌ある時、難句これあり。いづれも三日付る事ならず。宗祇、旅行の宿にてこれを聞きて、その所へ赴かるる時、四十ばかりの女出向き、宗祇に「それは先に付け侍りし」と答えてうせぬ。

月日の下に独りこそすめ

付句　かきおくる文のをくには名をとめて

と申しければ、宗祇感じられて戻られけりと云ひ伝ふ。

この話の内容は「うるか問答」ではないんだけれども、この手の話も多いんです。つまり、宗祇が土地の女の人に感心して逃げて行ったという話です。宗祇が白河の町から鹿島神宮へ行く道の橋でのこと。白河の城主である結城氏が連歌をやっていた。ある時一句出されたが、それがどうやらわけのわからぬ句なんですね。「難句これあり。いづれも三日付る事ならず」とあるでしょう。だから難しい句が出されたんですね。それにどういう句を付けたらいいのか、連歌の座にいた人たちが付け悩んでいたということなんです。それを聞いた宗祇が、「それじゃあ、わしがちょっと出張って付けてやろう」と鹿島神宮へ出向いた。その途中に橋の所で女の人と出会ったので、鹿島へ赴くわけを言うと、女は「それやったらもう私が先に付けてきましたよ。あんた行く必要ないわ」と言うて消えうせた。消えたんやからこれは神様なんですよ。人ではないのです。これは鹿島明神が女の人に姿を変えて出てきておるんですね。

その句というのは謎のような句です。「月日の下《もと》に独りこそすめ（月日の下に独り住んでますよ）」。何のことかようわかりませんね。これにみんなどういう句を付けたらいいか付け悩んだというのです。これに、鹿島明神に姿を変えた女の人が「かきおくる文のをくには名をとめて」と付けたんですよ。これはその謎を解いたということなんです。連歌というのは謎ですよ。謎解きの遊びなんです。一句の前句は謎のような句だ。それはこういう意味ですよと解いたのが付句なんです。

これは手紙なんですね。「かきおくる文」だから、手紙に名を書き留めてあるんです。それは、ふつう手紙の下に、月日の下に名が書いてある。そういう手紙のことですよ、という意味を込めた句を付けたのです。言ってみれば謎解きなのです。女は前句の謎を解いてみせたと考えてもらえばよろしいでしょうか。「もう私、これ付けてきたから」と答えた。そうすると宗祇は感心してもうそこへ行かないで戻った。これもやっぱり「宗祇戻し」ですね。曾良という弟子がこういう話を書き留めているんです。これも「西行戻し」と同じような型の話です。

恐らくそういう俳諧師たちがこういう話に興味を持っていた。だから、西行の「うるか問答」も、西行の話だけ見ていてもようわからんのです。全国にあるいろんなかたちに伝わっている話の中で、この西行の「うるか問答」を考えないと、何のためにこんな話が、つまり、西行が歌に敗れて逃げて行く、宗祇が問答に敗れて逃げて行くというような話が出来上がってきたのかわからない。

そういう意味では和歌や連歌や狂歌、あるいは俳諧という、言ってみれば歌ことばですね。歌の歴史の中にこの西行の話を置いてみると何が見えてくるか。それがこれからの話の大きな柱になるわけです。

三　桂女と鮎の歌

鮎は古来、歌ことばとして多くの歌人に歌われてきています。鮎ですよ。うるかじゃないです。これは歌ことば、歌語なのです。この鮎を歌題にして歌が作られてきている。それは『万葉集』の昔から。『万葉集』の話は後でしますので、ここでは南北朝から室町のころまでの鮎を歌題とした歌を少し挙げておきました。「桂女と鮎の歌」です。これは「鮎」を歌った連歌です。

（7）『金葉和歌集』連歌・十「鮎を見て」

なにゝあゆるをあゆといふらん
鵜舟《うぶね》には取り入れしものをおぼつかな

ちょっと意味がわかりにくいかもわかりません。これは鮎という言葉が一つのポイントなんです。「あゆ」にはこぼれおちる、したたるという意味があります。そのこぼれおちるという意味の「あゆ」に魚の鮎を掛けた。掛詞に遊んだ連歌なんです。その次の句はまさに飛び跳ねている鮎を歌っているのです。つまり、捕まえた鮎を取り入れようとしたら、鮎が逃げてしまったようだ。その元気な鮎の姿を付けたわけですね。それは「あゆる」、こぼれ落ちたのです。つまりここに入れるべき籠の中からこぼれ落ちた。それが「あゆる」ということです。こういうかたちで、鮎を歌の題として連歌を付けている。

それから次、源三位《げんざんみ》頼政という人が歌った和歌。

（8）『源三位頼政集』

桂女や新枕する夜なよなはとられし鮎の今宵とられぬ

桂女《かつらめ》については後で説明しますからちょっと置いておいてください。こういう歌はわかりにくいかも知れません。これは男と初めて枕を交わす桂女を、鮎漁で鵜に取られる鮎に言い掛けた歌。桂女は鮎を売る女の人なんです。桂女は京都の桂に住んでいる鮎を売る女。その鮎を売る桂女が初めて枕を交わす男。その一夜を詠んでいるんですね。男と初めて枕を交わす桂女を、鮎漁で鵜に取られる鮎に言い掛けた。そういう意味では、今宵初めて寝取られるというそんな意味もあるんですよ。今宵初めて鵜匠に捕られる鮎と、男と初めて枕を交わす桂女。だからこれは恋の歌です。桂の鮎といえば名物です。その桂の鮎を売る桂女に引っ掛けて、鵜匠に捕られる鮎を歌った。しかしその裏には、男と初めて新枕する桂女の姿を歌っているのだということです。

鮎が新枕する女に見立てられて歌われているというのもおもしろいですねえ。それが歌の世界の面白さです。鮎はこのようにして和歌や連歌の世界で歌われているんだということです。それを頭に入れておいてください。

（9）『東北院職人歌合』（十一番）「桂女」

こひわびて瀬にふす鮎の打さびれ骨と皮とにやせなりにけり

これは室町時代のもので、やっぱり桂女を詠んでいる。これも恋の歌なんです。鮎は海から川へ上ってきますよね。

海から遡って瀬に臥す鮎。瀬に臥すというのは死ぬということです。その荒鮎《さびあゆ》です。子どもを生んで死んでしまう。はかないですよね。ほんの短い寿命しかないのです。海から遡ってきて子どもを生んで死んでしまう。その荒鮎《さびあゆ》の姿を、恋やつれする女、つまり桂女ですよ、ここは。恋やつれというのは、骨と皮とに「やせなりにけり」ですからこれは掛詞ですよ。八瀬とははるばる瀬を越えてやってくるということです。京都に八瀬がありますね。あれはまさに八瀬です。川をいくつも越えて来る。越えて子どもを生みに来て、そうして痩せやつれて死んでしまう。その鮎の姿を詠んでるんですけれども、その後ろには恋やつれした桂女の姿が歌われているんだというふうに考えてもらえばよろしい。ということは、これもやっぱり恋の歌なんですね。

桂川は鮎の名所だったのです。だから、桂女といえば鮎を売るんですね。大原女《おはらめ》というのをご存知でしょうか。頭に柴や何やらを頂いて売りにはるばる京都まで、今でも出て来はりますよ、大原女さんは。それと同じです。桂女ですから桂の里の桂川で取れた鮎を売るのです。その女性はまた色も売ったんです。つまり遊び女、遊女だったということです。そういうことを踏まえればこの二種の歌の意味がわかりますね。つまり、男と新枕する桂女。それから、恋やつれする桂女ということなんですね。鮎に託して歌われているということです。そうすると、鮎は昔から和歌に詠まれる美しい言葉だったんだと考えればよかろうと思います。

桂女についてもう一度整理をしておきます。これはもう研究があるんですね。柳田国男と網野善彦の仕事を少しだけ紹介しておきます。今言ったことをもう少し詳しく書いてあります。

(10) 柳田国男「桂女由来記」(『定本柳田国男集』第九巻)

山崎の船津の繁昌に誘はれて、鵜を飼ふ技能ある女たちが、何れかの地方から、川筋に沿うて上つて来て、此附近の大きな御社に、贄《にへ》の魚を奉進し、更に禁裏の供御人《くごにん》として、特段の庇護を受けたこと、桶に鮎の鮓を入れて都に出た、物売女の生活には、尚其蔭に、かくれた宗教上の力のあつたこと、それから京道が南へ徙り、桂川の流れも変化して、舟との縁が漸く薄くなり、（以下略）

これは鮎を売る女たちなんです。桂川の付近というのですから石清水八幡宮ですね。そこに取れた鮎をまず神様の贄《にえ》としてお供えする。それで更に禁裏、つまり御所にもお供えする。そういう女たちとして、桂川で取れた鮎をまずは初物として大きな神社に、あるいは宮中に差し上げるのです。で、特別の保護を受けていた。そういう女の人たちが桂の里にはいたのです。桶に鮎の鮓を入れて都に出て来たとあるのはそういうことです。

最後のプリントに絵を挙げておきましたからイメージしてみてください。桶みたいなものがありますね。その上にちょっと跳ねているものがあるでしょう。これ、鮎ですよね。桶を持ってますね。この桶の中に鮎を入れて売り歩いていたんです。住まいは桂です。ですから桂女なんです。

大原女が大原に住んでその柴を売りに来たのと同じように、桂女が鮎を京都の街中に売りに来たのですね。

それからもう一人紹介をしておきます。これも亡くなられましたが、網野善彦さんという歴史家が、次のように言っています。

（11）網野善彦「鵜飼と桂女」（『日本中世の非農業民と天皇』所収）

以上の事実は、江戸時代における桂姫の「諸国勧化」の直接の源流が、室町期に遡ることを示しているだけでなく、「勝浦姫之由来」「桂姫調事」「桂姫先祖書」など、各種の由緒書として文書にされた桂女の職能起源伝説――前述したように、「伊波多姫」と名のる桂女の先祖が、神功皇后の侍女として、いわゆる「三韓征伐」のさいに皇后に従い、懐妊した皇后に白布を献じ、皇后はこれを兜がわりに帽子とし、また腹帯に用いて、勝利を収め、無事、皇子を出産したという伝承が、室町時代には確実に成立していたことを物語っている。

この桂女は伊波多《いわた》姫と称しています。自分たちの先祖は昔、神功皇后に仕え、「三韓征伐」に赴いた際、この皇后に従ってついて行った。それで、神功皇后が懐妊したとき、白い布を桂女が差し上げた。皇后はこれを兜代わりに帽子とし、また腹帯として巻いて、戦から帰って無事皇子を出産しましたという伝承をこの桂女たちが持って歩いていたんだと。要するに岩田帯の由来ですよ。この桂女は神功皇后の出産の折には、自分が巻いていた白い布を腹帯代わりにして差し上げた。それで無事出産したという伝承を桂女が持っていたというのです。なるほど、さっきの絵を見ると頭に白い布を巻いているでしょう。これが桂女のトレードマークです。

桂女『東北院職人歌合』

桂女は鮎を売り歩いていた。その桂女を歌う時には鮎を歌い、恋の歌として歌われた。鮎は歌語として、古来から歌い継がれてきたということは前に申しました。さらに桂女は岩田帯の由来を語っていたらしい。ここに桂女と鮎、そして綿《わた》の縁がうまれてきます。

四　神功皇后と松浦の鮎

歌語としての鮎のことを『万葉集』の時代にもう少し遡って見てみます。今までは中世の南北朝から室町時代に至るまでの歌の世界でしたが、それだけじゃないんです。むしろ古代の『万葉集』の時代から鮎は歌の世界に歌われていたのです。それも神功皇后の故事と結び付けているのですね。それが神功皇后と松浦の鮎であります。

(12)『万葉集』巻五

松浦川川の瀬光り鮎釣ると立たせる妹が裳の裾濡れぬ

松浦なる玉島川に鮎釣ると立たせる児らが家道《いへぢ》知らずも

大伴旅人の歌を二首挙げておきました。松浦川に鮎釣る乙女を歌っているんです。鮎といえばこういうかたちで、古代の万葉の時代から歌われておった。それは美しい鮎釣る乙女の姿として、裳裾を濡らして鮎を釣っている乙女の姿を歌う。そんなかたちで鮎は万葉の時代から歌われてくる。

それから、次の資料。

(13)『詞林采葉抄』(巻第四)

(神功皇后) 火前国松浦ニヲハシマシテ針ヲカゞメテ鈎トシ裳ノ糸ヲ貫テ釣ノ緒トシテ水ニナゲ入テ誓テ曰、我西ノ宝ノ国ヲ得ベキナラバ此針ヲノメトテ棹ヲ挙《あげ》玉ヘバ鮎ト云魚ヲ得玉ヘリ。珍物也トテ其所ヲメヅラシト名付玉フ。今ノ松浦也。今世ニモ此河ノ鮎ヲバ男ノツルニハツラレヌト申。

ここには神功皇后と鮎の話が載せられています。これは、神功皇后が三韓退治に赴いた時に松浦川にて鮎を釣った。

そういう故事を説明しているものですね。『詞林采葉抄』というのは『万葉集』の注釈書で、歌ことばの注釈をしているんです。皇后が鮎を釣る時に、私が「三韓征伐」に見事成功するならば、鮎が釣れろと言って糸を垂れたら鮎が釣れた。これは占いなんです。そしてその通りになった。そういう故事がこの注釈書に出ている。「松浦川の鮎」というのは、神功皇后の故事と結び付けて古代から有名だったのです。永正十年の『藻塩草』という、これもやっぱり歌ことばの辞典にも出ています。

(14)『藻塩草』巻十三「鮎」(永正十年)

わか鮎　鮎こさはしる　まつらの鮎　神功皇后始て釣給也。此事は異国退治の時まつらの海にてつり針をくだし給ひて異国退治あるべくはすなはち魚をつりえんとて直に釣をくだし給に則つり給ぬ。その魚これ鮎也と云也。

占てつり給ひし也。　鮎はしる　鮎つり(つともわかあゆつるとも)かつら鮎

これも神功皇后の鮎占《あゆうら》の故事です。そうしたら鮎が釣れた。こういう話が『藻塩草』に載っている。それぐらい鮎といえば松浦の鮎、松浦の鮎といえば神功皇后。これは一つの連想として連歌の世界では有名なのです。これは次の資料でも同じです。

(15)『連珠合璧集』(文明八年以前)

鮎トアラバ、　わか鮎　さび鮎　をち鮎　あゆ子　釣　めづらし　松浦　玉嶋河　あかもたれひき　西川

かつら河　鵜舟　瀬にふす

これは連歌の付合《つけあい》辞典です。歌ことば辞典です。鮎という言葉には次のような言葉を付けなさい。すなわち前句に鮎があったら例えば松浦、玉嶋河、かつら河ということばを付けるのです。それぐらい鮎といえば松浦の鮎であり、

玉嶋河であり、神功皇后が連想される。それが和歌や連歌の世界の伝統であり常識であったわけですね。それが⒀⒁⒂番の和歌や連歌の歌ことば辞典に出ている。これは江戸時代の『産衣《うぶきぬ》』という辞書でも同じです。

（16）『産衣』（元禄十一年刊）

松浦　　註ニ松浦の名ハめづらといふ事也。神功皇后つくしの川にして鮎を釣せ給て、初てめづらしと宣しより、其所をめづらと云しを、後ニ松浦といへると也。

松浦川に鮎釣乙女　　是ハ神功皇后にも、佐用姫にも非ず。是ハ万葉集五ニ山上の憶良が松浦の玉嶋川に遊て、あまた釣する美き乙女をミて、あやしミ何《いず》くの人ぞと問けるに、さだかにもこたへず、皆々笑てわれわれハ家もなく、里もなし。只釣をして山澤に遊ぶもの也とこたへける。憶良あやしミて歌を読みてやる。其中ニ

○憶良　あさりするあまの子共と人ハいへどミるにしらえぬこま人の子を

○乙女かへし　玉嶋の此川上に家ハあれど君をやさしミあらはさず有き。

山上憶良と、松浦川に鮎釣る乙女の歌の説明をしているのです。つまり松浦川といえば鮎。その鮎を釣るのは乙女だ。美しい少女だという伝統が既に『万葉集』の時代から中世の連歌の時代に至るまで受け継がれてきたんだということがわかるわけですね。『万葉集』の時代から連歌の時代に至るまで、鮎は歌ことばとしてつかわれてきた。それは、松浦川に鮎釣る乙女として松浦川、玉島河、そうして神功皇后の故事。松浦川で鮎釣りをして戦に勝つかどうかを占った神功皇后の故事として、いわば和歌の世界で歌ことばとして受け継がれてきているのです。和歌や連歌を作る者はそういうことを勉強して知っておかなければならないのです。初めてそこで歌が作れる。勉強がいるんですよ。僕は俳句結社に属しているんですが、あんまり俳句を作りません。俳句を作る人たちは短歌のこともよく勉強してい

ます。連歌を作る時には歌ことばの知識は必要だったんです。『万葉集』の時代からそんなふうに鮎について詠まれてきたし、鮎にまつわる故事についても、和歌や連歌の世界に携わる人たちはそれぐらいのことを知識として知っていたんだというふうに考えていただければよろしい。従って次の資料の中にも、鮎と言えば松浦川が出てくるのです。

(17)『類船集』(延宝四年)

鮎　かつら川　松浦川　玉しま川　国栖　神功皇后

これは俳諧ことば集です。この中にも鮎といえば松浦川が出てくる。玉しま川、神功皇后が出てくる。俳諧を作る者たちにとっても、こういう歌の世界の知識は必要だったのです。

要するに、鮎は歌語であった。歌語として万葉の時代から長い伝統を持って中世の連歌、あるいは近世の俳諧の世界に至るまで歌い継がれてきたのです。その歴史を、歌ことば辞典を引きながら説明をしてみました。

少しまとめておきます。「鮎」は大事な歌ことばなんです。歌語というと難しいですね。鮎はまさに歌ことばとして長い歴史と伝統を持っているのだ。それは、こういう歌ことば辞典というものにずっと載せられてきている。松浦川、玉しま川、神功皇后。それは万葉の時代にまで遡る。それを歌ことば辞典を引いて勉強していたというふうに、現代風に考えてもらいたい。それが、和歌、連歌の雅《みやび》の世界なんです。鮎は恋の歌にも歌われてきてるんですから。あるいは、鮎釣る乙女の姿が、美しい姿として歌われてきているわけでしょう。それが雅なる和歌や連歌の世界なのです。

五　鮎の狂歌咄

さて、歌ことばの歴史を遡ったのは「うるか」ということを知ってもらいたかったからです。「うるか」は歌ことばではないのですよ。これは和歌や連歌の世界の言葉ではありません。鮎は歌語です。だけど鮎の腸《はらわた》なんぞは俗なるものです。雅なるものではありません。和歌・連歌の世界には使わない言葉。使うのは狂歌・俳諧の世界なんです。ですから「うるか問答」になるのです。狂歌・俳諧の世界であるからこそこういう「うるか」などという俗語を使うんです。それが狂歌・俳諧の世界です。それが「鮎の狂歌咄」。例えば江戸時代初期の『犬子集《あのこ》』には次のように出ています。

(18)『犬子集』巻第三「鮎」

水色に染てうるかや鮎のわた　　良徳

うるか(腸)と売るかを掛けているんですね。さっきの「うるか問答」と同じです。俳諧だからこそ鮎の腸《はらわた》を詠むのです。つまり「雅」ではない、「俗」なる世界を扱う俳諧ならばこそこういうものを取り上げるのです。

(19)『七十一番職人歌合』十五番

かつら鮎とりてうるかとやみまたば月の価はなく成ぬべし

これは和歌ですけれどもまるで狂歌ですね。縁語と掛詞に遊んでいるわけですからね。鮎漁は夜ですからね。それを踏まえて「うるか」と「売るか」。掛詞と縁語です。「かつら」と「月」、「売る」と「価《あたい》」。そういうかたちでいわば掛詞と縁語に遊んでいる。これはまさに狂歌であります。言葉遊びの歌である。

（20）烏丸光広『職人歌仙』「左桂女」

立ち寄りて眺むる月のかつら鮎子はうるかとぞいふべかりける

これも「月」と「かつら」、「鮎」と「うるか」の縁に遊ぶ歌ですね。いわば狂歌に等しいものであります。狂歌や俳諧であるからこそ「うるか」が詠めるのです。雅なる和歌や連歌の世界とは違う。「うるか」は俗なる言葉なんです。つまり、和歌や連歌が取り上げなかった、歌ってはならぬ、使うたらあかん言葉なんです。だけど遊びですから。狂歌や俳諧は座興ですから。これが終わった後は肩ほぐしに遊ぼうかと、お酒も出るような席で遊んだ。そういういわば座興なので、こういう「うるか」という俗語を使って俳諧や狂歌に遊んでいる。それは「うるか、売らぬか」の言葉のしゃれに遊ぶ。そういう戯れがこういう歌を生んできたんです。

そうすると、「うるか問答」のあの歌はいつごろから出来上がってきたんだろうということが知りたくなりますね。それが次の資料です。

（21）『庭訓往来抄』（静嘉堂文庫本）

鱁《うるか》ニツイテ物語在リ。或時、西行法師、藍染川ヲ渡玉フ時、女房ノアルガ、綿ヲ手ニ懸テ渡ル。西行ノ見テ、其綿ヲ売カト問ヒ給ハ、女ノ云フ歌ニテ返事スル也。歌ニ曰、

此川ヲ鮎《あ》イ取ル川ト知ナガラ綿ヲウルカト云フハヲロカヤ

此時西行返歌ニツマル。

西行法師の「うるか問答」の話が出てきます。さっきの「西行戻し」ですね。こういう狂歌が既にもう室町時代に記録されております。つまりそれは、和歌や連歌の世界とは異なる座興の話として書き留められたうるかにまつわる

話ですね。「鮎」という歌ことばじゃなくて「うるか」について物語る。
こういう話は恐らく鮎が和歌や連歌の世界、雅なる世界で歌い継がれてきたということを知っている連歌師たちが持っていた話だと思うのです。従って、次の俳書にも「宗祇戻し」という話が記録されている。俳諧集です。さっき見てきた話ですね。

(22)『宗祇戻』(宝暦三年に版行)「宗祇戻し」

延徳の頃宗祇法師行脚の砌《みぎり》、白河の鎮守鹿島宮におゐて近城の大守達万句興行ありしに、宗祇野州の辺にて聞つたへ面向《おもむ》けるとぞ。鹿島の神、仮に賤女と現じ給ひ、百会にほうれひと云へる綿を戴《いただ》き行過給ふを、「其わた売か」と宗祇問れしとなむ。女房、

阿武隈の瀬にすむ鮎の腹にこそうるかといへるわたはありけり

と詠みければ、宗祇黙々として是より引かへされしとなり。此所今に宗祇戻と云つたえて、風流の名なれば此書の魂とはなしぬ。

さっきの話と同じです。それがこういう俳書の中に出ておるということは、俳諧師たちもまたこういう「うるか問答」の話を興味を持って書き留めていたんですね。つまり、狂歌や俳諧の世界がまさに「うるか」という俗語を取り上げてこういう話を記録した。その背後には当然、「鮎」の歌語がある。つまり美しい言葉、和歌、連歌の世界が歌い継いできた雅なる伝統があってこそ「うるか」は発見された、俗語に遊ぶ「うるか問答」が生まれてきたんだろうと思います。従って、連歌師たちがこういう「うるか問答」の話を持ち伝えてきたのだと思われる。彼らはそういう鮎についての知識をもっているのですね。その一例がつぎの資料です。

（23）『慈元抄』室町期
又或時西行道を行くとて物染る藍と云ふ草、植ゑたる中をすぐ路にして通るとて、一本引切りてもてり。藍主見付けて、僻法師の振舞かな、藍を踏みそこなふのみならず、折取るべしやとて搦《からめ》取て、手に持ちたりける藍を押へて食せけり。食いながら詠める。

西行は鵜といふ鳥に似たるかな縄をかかりて鮎をくらへば

と詠めりければ、面白し。扨は西行にておはしけるよとて免《ゆる》しけるとなむ。是歌故に難を遁れたりける。

これもやっぱり鮎の話です。こう詠んだ西行は、「私はまるで鵜やな。縄を掛けられて鮎を食うておるんやから」と。こう詠んだから、面白いといってこの主人は許してくれた。あんまり巧みな歌を詠んだからこの主は感心して許してくれた。巧みな歌とは思えないけれども、まあ、歌の手柄を語る。

これはしかし、もう少し説明がいる。まず、鵜は縄を掛けられていますね。歌の世界にもちゃんとあるんです。『竹馬集』という連歌の歌語辞典です。「鵜舟」のところを見ますと「つかふ鵜縄」とある。鵜の漁に使う鵜縄です。鵜を縄で繋ぐ。こういう知識を連歌師たちは持っていたんです。こういう歌ことばをきちんと踏まえているんだと思います。

それからもう一点、安原貞室という俳諧師が『かたこと』という辞典を編んでいますが、「鮎」を「あい」と発音するんだと。

鮎（あい）を　　あゆ
金葉集には、「何あゆるをあゆといふらん」とよみたれど、たゞごとにいふ時は、「あい」と唱ふべしとぞ。

「藍」と「鮎」とは同音だということです。同じく「あい」と言うんです。だからこの歌が生きてくるんです。「西行は鵜といふ鳥に似たるかな縄をかかりて鮎をくらへば」。その「あい」は藍泥棒の「あい」といっしょなんです。だからこの狂歌が生きてくる。「鮎《あゆ》」を食う鵜と、「藍《あい》」を食う西行。つまり言いたいことは、こういう歌ことばの知識を持っている人がこんな馬鹿な話を作った。「鮎の狂歌咄」を。

そこで、もう時間も来ましたから結論を言います。こんなふうにして見てくると、歌ことばと故事の知識を持っていたのは連歌師だったのだといえます。鮎についてもそうです。うるかについてもそうです。それは歌語の知識であります。美しい歌ことばの知識を持っていた。和歌や連歌を作る時にはそういう歌ことばの知識を持ってなければ作れないのは当たり前です。それとともに、こういう俗語の知識も持っていたんです。つまり、歌語の「鮎」と、俗語の「うるか」を笑いとする狂歌咄を、連歌や俳諧の席で提供したのが連歌師なんだというふうに考えたらよろしいのです。そういう意味では連歌師は、和歌や連歌の知識を教えるとともに、こういう狂歌咄を地方へ持って歩いたのだ。それは次の資料によってもわかります。そこにはこんな狂歌が載っている。

(24)『醒睡笑』(落首、巻之一)(元和九年)

祇公　周防の山口へ下向ありつれば、

都よりあきなひ宗祇下りけり言《こと》の葉《は》めせといはぬばかりに

祇公とは宗祇のことです。「あきなひ宗祇」と言ってるんですよ。言葉を商いに来た。それは「言《こと》の葉《は》一ついかがですか」というふうに、言の葉を商って京の都から遥々この山口まで旅に、行商に来た。この「言《こと》の葉《は》」とは言葉じゃないですよ。違う意味があるんです。歌ことばです。「歌ことば一ついかがですか」と言って京都から下って来たということなんです。歌ことばを持って、和歌や連歌の知識を地方に伝えて歩いた存在だということが、こういう話の中でもわかるわけです。

そんなふうに考えていくと、彼らは、神様に負けたというふうに話をして笑いを誘っていたりもしたんでしょうね。それが先ほどの（5）と（6）の例です。神さまが老婆に姿を変えてという話がありましたね。つまり、これは神様に負けて宗祇が退散して行った。そういう話なんです。だからこれ、神様との歌争いに負けて戻って行った連歌師宗祇、あるいは西行だったんです。連歌師は、そんなことを話しながら笑いを誘ったというふうに考えてもいいのではないか。

そんなふうに、いわば話の上手であったわけです、連歌師は。連歌は窮屈なうるさい決まりごとがあったんです。和歌でもそうです。だから終わったらやっぱり宴をするんです。今でもそうでしょう。何か集まりがあったら二次会をやるようなもんです。そういう時には連歌師がこういう話をして座を和らげ、笑わした。だからそれは和歌や連歌とは違う、こういう俗なる狂歌、俳諧の「うるか」の話をして笑わせるというのが連歌師たちの役割だった。そうして、「やっぱり連歌はええで」と宣伝し歩いた。それがさっきの（23）の『慈元抄』の歌ですね。そういう歌を詠んで「面白し」と言って、この歌ゆえに難を遁れた。歌は素晴らしいということを宣伝しているわけです。西行さん難に遭うたけど、こんな歌を歌うて難を遁れた。歌とはええで、ということをいわば宣伝して歩いたのが彼ら連歌師だったのです。そういうかたちで連歌師は地方を歩いていたのだということです。

おわりに

ちょっと辛気臭い話をしましたね。これは今でも続いているんですね。和歌、連歌、俳諧。それはやっぱり俳句を作る人たちが歌の勉強をすることと繋がっている。俳句だけ勉強してもあかん。短歌も勉強したほうがよい。そうするともっと俳句の世界が豊かになってくる。少なくとも芭蕉はそうでしたね。

宗祇を慕い、西行を慕い、和歌や連歌の伝統を踏まえて新しい俳諧の革新をしたのが芭蕉です。ですから、俳句を作るからと言うので俳句だけ勉強してもあきませんよ、と偉そうなことを私は言えません。俳句結社に属していながら一句たりとて作ってないんですから（笑い）。和歌や連歌や俳諧は面白い。何で面白いかと言うと、今日言った話です。ちょっと長くなりましたけれども、どうもありがとうございました。（拍手）

〔参考文献〕
柳田国男『女性と民間伝承』（『定本柳田国男集』第八巻　筑摩書房　一九六九年）
大島建彦『ことばの民俗』（三弥井書店　一九八六年）
花部英雄『西行伝承の世界』（岩田書院　一九九六年）
小林幸夫『咄・雑談の伝承世界―近世説話の成立―』（三弥井書店　一九九六年）

お伽草子《とぎぞうし》と昔話

徳田和夫

短編の物語《ものがたり》草子《そうし》

学習院女子大学の徳田和夫と申します。宜しくお願いいたします。日本中世の、特に室町時代のお伽草子を中心にして、説話文学、絵巻、芸能史などを研究しております。私は、この國學院大学の出身です。大学院時代に臼田甚五郎先生にお教えをいただき、それ以来、昔話・伝説などの民間説話や民俗文化も専門としています。それもあって、勤務先では信仰や俗信を軸とした比較文化論もあつかっております。

室町時代といいますと、いわゆる南北朝時代が終わって足利政権が始まった頃の十四世紀後半から、織田信長や豊臣秀吉の桃山時代までの十六世紀までです。しかし、これからお話いたしますお伽草子はそれ以降も作られています。徳川氏の江戸幕府が始まって半世紀ほどたった、十七世紀半ばあたりまで創作されていました。

さて、平安時代からの物語文学は、中世後半の室町時代に入っても連綿と続いています。しかし、それは新しい題材を取り込むようになり、面貌を異《こと》にしました。いわゆる「お話」、つまり物語ですね、それを本に仕立てあげたものを物語草子《ものがたりそうし》といいますが、鎌倉時代までの物語草子は公家の恋愛物語だけでした。それが室町時代になると実に多様な内容、テーマをもつようになります。作品数も非常に多い。これを総称して、お伽草子といいます。読みは「おとぎぞうし」あるいは「おとぎそうし」です。なお、「お伽草子」の「お」を「御」と漢字で表すこともおこなわれていますが、わたくしは、いくつかの理由から「お」を使っています。

お伽草子は、また室町物語と呼ばれたりしています。そして、江戸時代に入ると、現代で使うのとほぼ同じ意味の「小説」ということばで括られる読み物がしきりに創作されるようになります。仮名草子《かなぞうし》です。お伽草子は、その仮名草子における「小説」の前形態のものと考えて、中世小説とのように呼んだりすることもあります。色々な呼びかたがありますが、通常は、お伽草子で通《とお》っています。

そうしたお伽草子と呼ばれる物語草子の、形態面での特徴とは何でしょうか。それは、短編ということです。文庫本でいえば、短いもので数ページ、長くて数十ページほどです。短時間で読むことができます。だからといって、内容がないということではありません。ところが、かつては短いことから物語文学の衰退であるとか、この時代の人びとは長編を読みこなせなくなったなどとされていました。これは皮相な受けとめかたです。お伽草子は、新たな物語形式を取ったのです。だいたいに、すでに平安末期から鎌倉時代の物語草子にも、『堤中納言物語《つつみちゅうなごんものがたり》』のように短編の作品があります。この流れが室町時代に顕著になったとみれば、お伽草子はその短編物語というスタイルを完成した世界ということができます。

たとえばまた、お伽草子には声に出して読みあげることを求める作品もあり、それを聞く場合、相応の時間がかかったはずです。音声といえば、この時代に流行した芸能に能《のう》（謡曲）や、幸若舞曲《こうわかぶきょく》と呼ばれる語り物があります。これらの作品とお伽草子は、その分量はおおよそ似通っています。『平家物語』などの軍記物語を例にしますと、この長編の作品は章段を並べて構成されています。その章段には、ひとつの物語として、独立性の強いものがいくつもあります。それらはお伽草子の分量とほとんど同じです。実際、それを物語草子化したお伽草子に『祇王《ぎおう》』『小督《こごう》』『あやめの前《まえ》』『恋塚物語《こいづかものがたり》』『木曽義仲物語』などがあります。こうしたことを踏まえますと、短編性は、中世文学全体のひとつの特徴なのです。

さらに、後ほど述べますが、お伽草子は絵を用いて場面を表現しています。当時の人びとは絵を楽しみながら見入り、したがって描かれた事柄を「読み取る」ようにしていました。私たちもそのように接するべきです。絵をゆっくりと見ていくと、物語の流れが確認され、場面のイメージ化がたやすくなります。また、お伽草子の絵巻の絵には、しばしば登場人物の会話が記載されています。これを画中詞《がちゅうし》といいます。それ以前の物語草子にはほとんど例をみないもので、お伽草子の特徴のひとつです。画中詞も読み込んでいきますと、人物の心情がいきいきと伝わってきます。場面に奥行きが生じます。

そのように体裁が短編であるということと関係して、お伽草子は題材、表現面で説話文学の方法を取った物語草子と評価できます。言い換えれば、物語文芸における説話性の獲得です。

では、あらためて「説話」とは何でしょう。やはり、「お話」です。物語なのです。出来事を叙述する散文の文芸です。この点では、物語文学と変わるものではありません。それを、あえて「説話」「説話文学」と使うのは、物語文学とされてきた作品が比較的長編であり、その文章はとぎれなく続いていくという形態でして、これと区別しようとしたところからです。『今昔物語集』のような作品を説話集と呼ぶように、そこに収められる一話一話は短くて、簡潔明瞭な文章で出来事を端的にまとめあげ、主題を直截に提示しています。また、民間説話ともいうように、口頭で語り伝えられてきた短い物語もあります。そうした古典や民間説話での小編は、しばしばその展開がよく似ていたり、話の構成要素、つまり主要な場面やモティーフが共通しあっています。つまり、物語の成り立ちがよく似ているものがたくさんある。一定の物語の展開を指して話型《わけい》といいますが、これも「説話」によくみられることです。

そうした特徴とかかわって、人びとは、話の内容に引き付けられると、それを語り継いでいきます。また、写していきます。伝承していくのです。そっくりそのまま伝えることもあれば、部分を変えながら受け継いでいくこともあります。短い物語が伝承という営みの中で生き続けていく。「説話」には伝承性が付きまとっています。それはまた言い換えれば、内容が特異な出来事であったり、傑出した人物のエピソードであったり、大いに笑いあうようなことであったりして、話題性があるからです。非凡性といってもよいでしょう。お伽草子の諸作品には、こうした「説話」の様ざまな特徴が指摘できます。お伽草子は物語文学の系譜に連なるものですが、同時に、説話文学の世界と重なっているのです。

こうした短編の、また文体もほぼ同じような物語草子の作品の層は、江戸時代の初期まで広がっています。室町時代の後期は、各地の守護大名たちが大変大きな力を持ってきます。武力はもちろんですが、とくに経済的な力が強くなります。その国その地域の名産品を都に運び込んでいってお金を得る。そのお金でもって武器を調達する。十六世紀末期には種子島と呼ばれたヨーロッパ伝来の鉄砲が日本中に広まりました。そして、守護大名の経済力が文化面での発展をうながします。時を同じくして、連歌・俳諧を専門にする連歌師が輩出していますが、彼らは諸国を旅して、大名のもとに書物を運んだり、都のうわさを語って聞かせたりしますし、逆に地方の珍しい話を持ち帰ったりしています。大名は連歌師から和歌、連歌を学んでいます。これは、いうならば文化交流です。これが活発に行われるようになった。文化は一極集中ではなくなってきています。こうした社会の多極化と、物語草子に多様な作品が出現してくることとはつながっているとみてよいでしょう。

本日は、ここに二〇〇二年に東京堂出版から出しました『お伽草子事典』をもって参りました。お伽草子とは何か、どんな作品があるのか、今日のテーマの「お伽草子と昔話」についても解説していますし、各作品のあらすじ、参考文献なども載せています。ご利用下さると、幸いです。

私がお伽草子を勉強し始めたのは三十年以上も前のことになります。当時、お伽草子をあつかう研究者は老練と中堅で十人余りといったところで、若手は私だけでした。研究者層は薄かった。それが徐々に増えてきて、とくにここ十数年は専門とする新進、若手で賑わうようになりました。研究は盛んとなり、海外の研究者も増えています。それは、やはり題材やテーマが多岐にわたっていて、室町時代の様ざまな文芸、芸能、美術、信仰、風俗とつながっている多面的な世界であり、だからこそ多方面からのアプローチを可能としているからです。また、ひとつの作品には普通、複数のテキストが伝わっています。諸本《しょほん》といいますが、本文を比べてみますと、大小の異同が見つかることがあります。作品はいくつもの顔をもっている。物語が色々と味付けされている。学者って、こういった現象に黙ってはいられません。（笑）

では、いったいお伽草子作品はいくつあるのでしょうか。現在知られている作品は優に四百種を超えています。大変な数です。この事典には四百二十種ほどを収録しています。実のところ、これで尽きているわけではないのです。お伽草子と見なしてよい物語草子は、この三十年間を均《なら》してみますと、三年に一回ぐらいの割合で新たに出現しています。それまで知られていなかった作品の発見です。こうした動きは、これからも暫くは続くと見込まれます。古典文学の世界で、現在でも新しい作品に接しえる、あるいは、すでに知られている作品でも特異な本文のテキストと出会えるという分野は稀です。私どもは新出の作品や、文章が変わった伝本《でんぽん》を見出すと、小躍りどころか万歳をしてしまいます。（笑）

絵草子《えぞうし》、奈良絵本《ならえほん》

お伽草子は、多くの作品が絵入りの本で作られ、また読まれてきました。絵巻です。また絵入りの写本《しゃほん》でして、これは奈良絵本と呼び習わされています。また江戸時代には絵入りの版本《はんぽん》がたくさん出まわっています。そのひとつに、十八世紀に「御伽文庫《おとぎぶんこ》」（渋川版《しぶかわばん》）と名づけられた横型の絵入り本の叢書《シリーズ》が出版されています。二十三種類のお伽草子を集めたもので、横に長い体裁は十六世紀後半から十七世紀初期にかけての小形の絵巻を模したとみられています。このように物語草子に絵を付けるのは、平安時代のからのことでして、そもそも物語文学は基本的に絵とともに提供され、享受されてきました。およそ、場面をつなぎ合わせてできあがっている物語は、絵と結び付くものなのです。例の国宝の十二世紀後半の『源氏物語絵巻』は、現存絵巻では最古のものです。有名な十一世紀初めの『源氏物語』。これも早くから絵と付けられて、貴族たちに読まれていました。

物語草子は、王朝時代は女性や年若い子女が読むことが多かったのですが、お伽草子にもそうした面は認められます。ただし、内容、題材が多岐にわたるようになったことと関係して、公家、武家の、そして富裕な町人層の成人男性も読むようになっていました。ですから、絵が付いているからといって、文字の読めない人びとや年少者向けのものとみるのは誤りです。たとえば、昔話などは子どもが聞いても理解できますし、同時にご存じの通り、大人もそれを楽しむことができる。同じように、物語は年齢を超えて人びとを引きつけ、心踊らせるものなのです。その上で、絵を付けてパワーアップしているわけで、若年層なりの、また大人なりの読み取りに応じることができました。

絵は、宮中や寺社の絵所《えどころ》に詰めた土佐派、狩野派の専門絵師による本格的なものもあれば、街の絵草子屋《えぞうしや》に属した絵師による画一的なものや、絵心のある公家やその女性が描いた思われる素人風のものまで様ざまです。それぞれは各様に物語に彩りを添えています。室町時代に入って、言い換えるとお伽草子によって、ことばと絵で成り立つ物語世界が多様になったといって過言ではありません。物語の「場面」を「画面」に置き換えているのですから、あたかも演劇のステージを見るようなものといってもよいかもしれないですね。装飾と意匠に工夫を凝らした視覚化によって、物語世界はいよいよ生彩に富んだのです。今日はまた、十七世紀半ばごろに作られたお伽草子作品と思われる絵を持参しました。軸物になっています。これから、皆さんと一緒に絵を読み取ってみたいと思います。

この掛け軸には、六枚の「奈良絵《ならえ》」と呼ばれる絵が貼ってあります。奈良絵とは、十六〜十七世紀前期ごろに描かれた絵をいいます。泥絵具《どろえのぐ》と呼ばれる濃い絵具で彩色がほどこしてあります。時おり、その画面には金箔を切って貼ったりもしています。また、天地に、画面の上下ですが、そこに霞をたな引かせていて、あたかも場面を枠取りするかのようになっています。そうした絵を、筆でもって書き写した冊子に入れこむ。その本を奈良絵本といいます。つまりは、大体、十六世紀を中心にして、その前後の間にたくさん作られた濃彩の絵入り写本です。奈良絵本は、当時の京都の絵草子屋で制作されました。十七世紀の後半になりますと、画一的な構図となり、その本じたい大きさや形が決まったものとなります。

なお、「奈良絵」はわりと新しい言葉です。明治時代の中ごろから古美術商の方々が使い始めました。ご存じの奈良県の奈良市。古くは南都と呼ばれていた奈良です。そこで作られた絵という意味合いで、この言葉は使われました。奈良には興福寺、東大寺といった大寺院があり、そこの絵所で絵仏師《えぶつし》が仏さまの絵や、経典の教義を描いていました。古美術商は、十六世紀前後の絵巻や冊子の絵を、絵仏師が描いた絵の色調や構図とよく似ているところから、奈良絵と呼ぶようになりました。また、奈良名産のいわゆる赤膚焼《あかはだやき》の茶碗などの彩色を思わせるところから、奈良絵と呼ぶようになったともいわれています。

ご覧いただいているこの奈良絵は、十七世紀中頃に制作されたものです。今から約三百六十年も前のものです。私は「お伽草子の時代」を初期、前期、後期と分けていますが、これは後期におけるひとつの作品の挿絵だとみてよいでしょう。ただし、絵だけで、文章が付いていません。当初はあったと思われます。その物語内容をとくに昔話の方面から考えてみましょう。

様ざまなお伽草子――分類――

それに際しまして、お伽草子全般をその内容面から簡単に把握しておきましょう。四百有余の作品は、題材や登場人物、物語の展開場所の点から、大きく六つに分類できます。それは、①公家物語、②武家・英雄物語、③僧侶・稚児・寺社縁起物語、④庶民物語、⑤異類物語、⑥異国・異郷物語です。この六つそれぞれはさらに細かく分けられるのですが、今は時間の関係で簡単な説明にとどめておきます。

①は平安時代からの物語文学の流れを継ぐもので、貴族の恋や歌人のエピソードを綴るものです。そして、②以下のグループが、まさに中世という時代の様相とかかわって、新たに登場したものです。鎌倉時代までの物語草子にはみられなかった題材、テーマであり、物語文学史において特筆すべきものです。②は武士の世を映しだしておりますし、英雄讃嘆の世相が反映しています。③は仏教が強く浸透した時代でしたから、人びとに強く求められた物語としてよい。ここにはまた、本地物《ほんじもの》といって、主人公たちが苦難や冒険の果《はて》に神仏に転生するというユニークな物語もあります。④では様ざまな庶民が主人公となっています。物語文学は、ようやく庶民を中心にすえるようになりました。室町時代の後期になると、庶民でも経済力を有する者や、技能・職芸面で秀でる者も出て、公家や武家は彼らを無視することはできなくなっていました。⑤の「異類」とは、動物・植物などのことです。その異類が人間同様に恋や発《ほっ》心出家《しんしゅっけ》、合戦などをするという物語です。擬人物ともいいます。⑥は天竺や中国を、あるいは蓬莱《ほうらい》、極楽浄土、地獄といった想像上の世界を舞台にしたものです。

いかがでしょうか。およそありとあらゆる物語が集まっています。譬えていえば、古くからの、また新しい花が咲き乱れて花園を作り上げている。あるいは、古木、若木が寄り集まった林がいくつもあって、それが隣接しあって広大な森を形成している。また大小、高低の山塊が幾重にも重なったり、連なったりして、山脈を作りあげているといったような、まさに豊穣な物語世界です。これを以前は「物語のカタログ、見本市」などと言ってみたりしましたが、この頃は「物語のテーマパーク」と呼んでいます（笑）。しかも、⑤と⑥は、現実の実社会の出来事ではないのですから、まさに室町人《むろまちびと》の奔放な想像力が立ち現れています。

このように、ひとまずは分けることができるのですが、一作品が複数のグループにまたがっていることもあります。たとえば、①の公家物語には仏教の教理や無常観が強く表れているものがありますし、②の武家物語にも貴族世界の恋物語のように仕立てた作品もあれば、やはり主人公が最後に発心出家するものもあります。そして、こうした分類に先ほどの「説話」「モティーフ」「話型」「伝承」といった観点を導入しますと、さらに組み換えることが可能です。『お伽草子事典』では、「モティーフ」「話型」という面から同類の作品をまとめてみるという試みもしています。

伝承と創作

ところで、お伽草子の四分の一近くは、百種類ほどと見積もっていますが、室町時代までの民間説話や、当時の口承文芸、民間伝承の物語を利用して物語草子化したものなのです。これも、お伽草子の特徴のひとつです。おおかた十五世紀から十七世紀初めごろの民間説話をそのまま物語草子に仕立あげたものと、民間説話の主要なモティーフを取り込んで仕立てたものです。また、民間伝承に直接よったケースと、間接利用といいましょうか、民間伝承性を帯びた説話素材を使ったケースに分けられます。

いうまでもなく、この「お伽草子の昔話性」は、近代・現代の昔話に照らして、その話型やモティーフが共通していることから、当時にも同様な昔話があり、それをお伽草子が利用したと見なすわけです。この場合、現行の昔話などの民間文芸は古くからのものであるとの前提に立っています。では、その歴史性の保証はどこにあるのでしょうか。それは、やはり古い本における記載から推断されることです。たとえば、中世の説話集や古文献には現行の昔話と一致するものが見出されます。この事例がたくさんあります。古代から近世までの古典や随筆類にわたると、大変な数になります。ここがポイントです。偶然の一致だとはとてもいえない多さです。そこから、現代の昔話に相当する民間説話は古くからたくさんあったと論理づけられます。昔話は思いのほか古い歴史をもっている。ですから、お伽草子の時代にも現行のものと同様な昔話が存在したと考えるのが妥当です。

お伽草子は、諸作品に現行の昔話に相当するものをたくさんとどめています。民間説話の歴史を知る宝庫だといってもよいでしょう。そこに、注目してきた学者が柳田國男以来、大勢います。ともかくも逆にいえば、お伽草子は民間説話と交錯することで、その物語世界をいっそう豊かにしたということになります。

先ほど取りあげた「御伽文庫《おとぎぶんこ》」には庶民物語の『一寸法師』や『物くさ太郎』が、また公家物語として『鉢かづき』が入っています。ぜひ読んでいただきたいですね。これらは明らかに室町後期から江戸初期ごろの民間説話の「一寸法師」「隣の寝太郎（三年寝太郎）」「鉢かづき（姥皮《うばかわ》）」に拠ったものです。現行の昔話と比べながら読みますと、物語草子の独自性や文芸性が浮かびあがり、また室町人が物語に何を求めていたかも分かります。ついでながら、『一寸法師』『物くさ太郎』と主要モティーフが共通するお伽草子に『小男《こをとこ》の草子』があります。これは十六世紀の絵巻や横型の奈良絵本が伝わっています。『鉢かづき』の仲間には、『姥皮』や『花世《はなよ》の姫』という作品もあります。

「御伽文庫」にはまた、『猫の草紙』と名づけられた作品もあります。お伽草子の中でも後出の作品で、江戸時代の極初期、十七世紀の初めごろにできたものです。こんなあらすじです。慶長八年、一六〇三年のこと、猫を綱から解きほどいて、放し飼いにせよとのお触れが出た。——これは歴史的な事実です——さあ困ったのは鼠どもで、餌探しがまともにできなくなった。そうした折、ある僧侶の夢の中に老いた鼠が現れて、窮状を訴える。次の晩には猫が現れて、鼠は穀物を食い荒らす悪い連中であり、猫はそれを追い払う由緒ただしい動物だと主張する。僧侶は、猫の剣幕を収めようとしたけれど、うまくいかない。その日の夜の夢に再び鼠が現れる。寄り合いの結果、一族は危機から逃れるために、いったん都を離れて近江の国に行くと伝える。それ以来、洛中から鼠がいなくなって、天下太平の世となった、という物語です。猫と鼠の言い分には工夫がなされていて、滑稽味があります。ストーリィを縮めていえば、猫と鼠が争いを続けている。最終的には猫が勝った。その経緯《いきさつ》を、僧侶の夢の体験というかたちで物語ったものです。

　この作品について、以前に私は次のように指摘しました。二種類の敵対する動物が、人間の夢に現れて、それぞれ自分の立場を主張して、最後には人間の仏道修行によって両者とも救済されるとの説話が、平安時代前期の『大日本《だいにほん》国法華《こくほっけ》経験記《きょうげんき》』（『法華験記《ほっけげんき》』）にあり（第125話）、また類話が『今昔物語集』（巻一四第二）や鎌倉時代の『雑談集《ぞうたんしゅう》』（巻七「法華事」）にあるので、『猫の草紙』はそうした古くからある説話をもとにして作られた、と。しかし、これだけで済ませると、作品の特質を完全に把握したとはいえません。つまり、右の説話からこの物語草子ができあがるまでの過程に、もちろん創作意識が働いていたはずですが、民間での伝承的な営みを想定してみることも可能だからです。

　簡単に申しますと、素材（＝説話）の伝承性についてです。つまり、物語草子として完成するまでに、その素材は口承による語り伝えの段階を経ていた可能性があります。民間で流布していた伝承説話です。というのは、作品の物語展開が〔日本昔話通観〕が「猫の鼠退治─化け鼠型」（387B）と名付けて掲げている昔話と一致しているのです。この昔話は「むかし語り」のグループに入っていて、いわゆる「本格昔話」に相当します。同・研究篇2『日本昔話と古典』からその骨子を引用しておきます。

①和尚の夢枕に飼い猫が立ち、旅僧に化けてあなたの命をねらってくる大鼠と戦うと告げて、声援を頼む。

②猫は、寺に泊まった旅僧姿の大鼠と、和尚の声援のもとに戦い、鼠を倒して死ぬ。
③和尚は、猫の足と鼠の足をかたどった経机を作り、猫を弔う。

この昔話は、同・資料篇の第7~9、13、17、21、27巻に収録されています。採集数は多いほうではないのですが、広く伝承されていて、決して一部地域だけの孤立したものではありません。各地の伝承は同様の展開であり、だからこそ話型として認められています。話型は、形成され始めて、やがて固定化し、それが保持されてくるという、大変長い時間を経たものです。

僧侶の愛猫が恩返しで化け鼠を退治する。しかし、猫は力つきて死んでしまう。そこで、僧は両者を供養する。僧侶つまり人間が主人公です。タイトルは、動物だけが登場して物語が展開するという「動物昔話」を思い起こさせますが、そうではなくて、「本格昔話」です。まず、二種類の敵対する動物がいる。ここでは猫と鼠です。そして、①には、僧侶が夢で猫〈動物〉の言い分を聞くという場面があります。②では、鼠は死ぬ。すなわち退散しています。いかがでしょうか。『猫の草紙』には、猫が最後に死んでしまい、そこで僧侶が供養するという場面こそありませんが、両者の基本的な構造は極めて似ています。

そこで、『猫の草紙』はこの「猫の鼠退治―化け鼠型」の民間説話を利用したのかと想定することも可能になってきます。ただし、その関係はもっと突き詰めておく必要があります。

〔日本昔話通観〕は、「猫の鼠退治―化け鼠型」と同展開の話をとどめる〔国書〕、つまり日本の古い文献として『閑窓瑣談《かんそうさだん》』の記事を抜粋して掲げています。『閑窓瑣談』は有名な浮世草子《うきよぞうし》作家の為永春水《ためながしゅんすい》の随筆で、奇談や狂歌話などを載せています。天保十二年、一八四一年の刊行でして、日本随筆大成〈第一期〉第12巻で読むことができます。その巻一第七話の「猫の忠義」が、それに相当します。ストーリィは確かに一致している。挿絵がありまして、遠州、今の静岡県の西林院《さいいんりん》というお寺の住職が、海におぼれた子猫を救う場面を描いています。

この昔話をめぐって〔国書〕を挙げるのであれば、類話として先の『法華験記』や『今昔物語集』などの説話も紹介しておくべきです。もちろん、お伽草子『猫の草紙』もそこに掲げておくべきです。すると、昔話「猫の鼠退治─化け鼠型」は、話型の面ではもっと古い歴史もっていると分かります。おそらく、古くからの仏教説話が、僧侶の説教に使われたりして民間に流れでて、伝承説話になったのでしょう。それが、やがて西林院固有の物語ともなるように、伝説の性格を帯びるようにもなった。民間説話となったのは、いつごろなのかは不明です。しかし、他の昔話の歴史的な存在に照らして、また他のお伽草子と民間説話との関連から考えると、やはり室町後期から江戸初期には口承文芸ともなっていたと思われます。

このようなことから推し量ると、『猫の草紙』は当時の昔話から作られたとみることもできます。ただし、この見通しは断定にはいたりません。先の古典説話に直接拠ったとの想定が否定されたわけではないですから。確実にいえるのは、素材とした説話じたいに伝承性があることから、『猫の草紙』を伝承的物語という面から読み取らなければなりません。その物語は「猫の鼠退治─化け鼠型」の仲間、親戚なのです。

絵から復元する『ねずみ物語』

さて、この掛け軸には、絵を上中下の各段に二枚ずつ張り付けています。全部で六面です。やや保存状態が悪い奈良絵です。皺のよったところがあります。全体に絵具は色あせています。それでも部分の赤や緑はまだ鮮やかです。表装じたいも日に焼けて痛んでいますね。ある時期、掛けっぱなしだったようです。六面は、奈良絵本の挿絵を取り外したものと思われ、それをこのように軸の「本紙」に貼っています。配布プリントに書誌を書いておきました。

『ねずみ物語』（仮題）（古書目録掲載名による）一軸。桐箱入り。
表装、絹地（江戸後期〜近代か）。裏書《うらがき》、「古畫「単」」とある（現代の筆）。
寛文《かんぶん》・延宝《えんぽう》頃の奈良絵六枚を、左右二枚、上中下三段にして貼付。各、縦28・2㎝、横22・0㎝。いずれも、天地に金泥で霞を引き（上段・左図のみ中央部にもあり）、そこに金切箔を散らす。詞書《ことばがき》なし。

「寛文・延宝年間」とは、十七世紀中頃の年号です。絵の縦横の大きさはそのころの奈良絵本の大きさに一致します。「詞書」とは、本文つまり文章のことです。軸には絵だけが貼られ、詞書はありません。

なぜ奈良絵本の挿絵だといえるのでしょうか。それは、この六面から物語の流れを作ることができるからです。そこで、物語草子の挿絵だと判断されるのです。では、果たしてどんな物語だったのでしょうか。お伽草子には、鼠を主人公とする作品が数種類ありまして、それも利用して、絵の表現を読み取って物語を構築してみるというわけです。昔話にも鼠が出てくるものがありますね。どちらも猫が出てきたりしている。それも参考にすると、物語が復元できます。仮に、この物語草子を『ねずみ物語』と呼んで進めていきます。

上段の二枚には、たくさんの鼠を大きく強調して描いています（図Ⅰ）。右の絵①では、家屋とその内部が描かれています。屋根の上には杉玉が置いてありますから、造り酒屋だとみてよいでしょう。その蔵の内部の様子だと考えられます。米俵があったり、お酒、味噌を入れたと思しい甕、桶、瓶があったりする。そこに鼠が出没しているので

図Ⅰ

②　①

すから、餌を求めてたむろし、食い荒らしている場面とみてよい。左の絵②は台所と土間ですね。板の間に海産物が置いてあり、それを鼠が食べています。大きな貝、魚、蛸が描いてあります。鼠は食欲旺盛ですし、昔は食べ物も少なかったから何でも食べたようです。ここには白く丸いものがたくさんあります。お餅です。やはり鼠が引いていこうとしている。鼠にとって、こんなありがたい場所はない。人間にとっては、迷惑なことです。この二面は、鼠が大挙して出てきているので、夜の出来事を描いたものと思われます。

　中段の二枚に移りましょう（**図Ⅱ**）。二面とも鼠の絵で、鼠は人間の服を着ています。直垂《ひたたれ》、内《うち》掛《か》けですね。つまり、鼠を人間と同じように描きだしています。これは擬人法による描写といってもよいです。右の絵③では、鼠どもはこのように宴会を催しています。盗み取ってきたものを肴にでもしているのでしょうか。上部には月を描いていますから、これも夜の光景とみてよいでしょう。ところが、急に

図Ⅱ

④　③

大騒ぎして逃げ始めている。川だか池だか、そこに飛び込んだ鼠もいます。どうしたことでしょう。これこの通り、猫です。大きな猫が鼠を咥えて出てきています。鼠どもはそれと知って逃げ惑っています。この猫と鼠は服を着けていません。動物としての猫と鼠です。つまり、古今東西の、鼠といえば猫、猫といえば鼠という普遍的な組み合わせでして、自然界での敵対する動物同士を描いています。なんだか、昔話の「鼠浄土」や、イソップ話の「猫と鼠」「猫の首に鈴を付ける話」が浮かんできませんか。

左の絵④では、鼠どもは車座になって座っています。物語絵画では、車座の表現は寄り合いや宴席の場面と決まっています。実際、私たちも車座だと皆の顔がみえて、和《なご》むにも相談するにも都合がいい。鼠には、今まさに話しているような顔つきのものがいて、面白い描写です。いったい何を話し合っているのでしょうか。それは、③の絵に描かれた衝撃的な出来事についてでしょう。猫の出現に困った鼠どもが車座になって相談しているのです。そのように解

図Ⅲ

⑥　⑤

せるのも、座の真ん中に丸く小さい物がたくさん置かれているからです。これは何でしょうか。そうです、鈴です。鈴を持ち寄って何か相談をしているのです。この鈴をいったい何に使うというのでしょう。③の絵に続く場面とすれば、やはり恐ろしい猫に備えるもののようです。

下段の二面です（**図Ⅲ**）。右の絵⑤は、がらりと変わって人間の屋敷内の生活を描いています。座敷には、このように猫が三匹います、そして、庭には犬が二匹います。室町時代末期から江戸時代の初めごろの風景です。現代と同じように、猫と犬はペットとして飼われています。とくに猫に注目してみましょう。人間の膝に乗っていて、可愛がられているのもいます。我が家も猫を二匹飼っています。二匹とも毛がふさふさとしていて抱っこするのにはよいのですが、部屋は二日ほどで毛だらけになってしまいます(笑)。猫は中国から渡ってきました。日本に棲みついて長い歴史を経てきています。『源氏物語』にも猫が登場しています。当時は、紐をつけて飼っていました。

この猫をよくみて下さい。首輪をしています。それから、近づいてみると分かりますが、首輪の下に丸い物があります。これは、さきほどの鈴だと思います。現代でも、飼い猫に鈴を付けたりしますね。そして、この絵にはもうひとつポイントがあります。右上の端に、鼠がいます。服は着ていませんから、動物としての鼠です。何か食べ物を引いてきて、食べようとしています。座敷には猫がいるので、隅っこのほうで悪さをしているといったところです。いちおう作者は、あるいは絵師は、鼠の居場所も設けてあげたようです。

左の絵⑥は、また鼠ども宴会です。やはり服を着けています。桜が咲いていて、花見の宴を開いている。のどかな風景です。鼠は安心しているのです。どうやら、猫を恐れなくてもよくなったようです。つまり、元のように安住できるようになって、お祝いをしている。右の絵⑤から判断すると、鼠と猫は棲み分けができたということでしょうか。なぜ、そのようになったというのでしょうか。ここで、先ほどの鈴が浮かび上がってきます。鼠は、猫の不意の出現に備えて、鈴の音がしたら、さっと逃げればよいとしたと考えられます。

六面の絵から、おおよその物語の流れを作ることができました。となると、この六面はやはり物語草子の挿絵だったと断定してよいでしょう。奈良絵の制作期からみて、お伽草子の後期の作品だと思われます。しかし、これまでこうしたお伽草子作品は聞いたことがありません。時期的に仮名草子のひとつとみてもよいですが、やはり同様な作品はないようです。お伽草子には鼠物《ねずみもの》と呼んでもよい作品が数種類ありますが、どれもこの六面に描出されているところとは一致しません。鼠の穀物荒らしについては、先の御伽文庫本『猫の草紙』にも語られ、また十六世紀の『鼠の草子絵巻』(『鼠の権頭《ごんのかみ》』)などにもその絵はありますが、ストーリィは一致しません。本作品は別種の物語とすべきです。となると、これは新出の作品とみるべきです。『ねずみ物語』と名づけておきます。この物語草子は一冊本であったでしょう。挿絵六面は、一冊の場合、よくみる数です。

イソップ話の日本流入

この『ねずみ物語』の面白いところは、他の鼠物と比べて、一点目は鼠が鈴をもち出して相談していること(図Ⅳ)。二点目は猫を恐れていたのに、最後は祝言の宴で終わっていることです。ちなみに、お伽草子では、末尾にお祝いの場面を置いて、物語を閉じるというかたちが割と多いです。これも、お伽草子の物語世界の特徴といってよいです。昔話にも「めでたし、めでたし」で終わるものがたくさんありますね。それにしても『ねずみ物語』は、その鼠、猫、鈴の三点セットから考えていくと、どうやら外国種の説話に取材しているようです。そこで想起するのはイソップ話です。イソップ物語とも、またイソップ寓話集、イソップ動物寓話などと呼ばれていますね。

イソップ話は、ヨーロッパでは長い歴史をもっています。はるか昔、エーゲ海の近くに暮らしたという知恵ある人物が—彼は奴隷でした—、主人に面白い話を、それも動物にこと寄せた説話を語っていた。そのいうならば咄《はなし》の者こそ、古代ギリシャの歴史家ヘロドトスがその著作『歴史』(紀元前五世紀作)で「寓話作家アイソポス(=イソップ)」と引いた人物です。そのイソップの伝記と彼が語ったとされる動物寓話を一書にしたのがイソップ物語です。その本が、時代が降るとともに、ヨーロッパ諸国でもてはやされ、しかも新たに編まれるたびに動物寓話を増やしてきたと考えられています。

私たちは、このイソップ話に早くから親しんできました。一個人として小さいころにその絵本に接していましたし、民族としても十七世紀の極初めには読み始めていたのです。その時期は、いうならばお伽草子の「前期」時代の終わりごろに当たります。

まず、ポルトガルのキリスト教宣教師が、当時ヨーロッパで広く読まれていたイソップ物語を日本にもたらしました。その本から抜粋して、日本語に翻訳して刊行したものが、キリシタン版『伊《い》曽《そ》保《ほ》物語《ものがたり》』（『エソポのハブラス』）です。文禄二年、一五九三年のことです。これは、日本における西洋文学の最初の翻訳です。まさしくヨーロッパとの文化交流が始まったのです。ただし、日本語に訳しているといっても、文章じたいはポルトガルで行われていたアルファベットによるローマ字表記です。そこで、ローマ字本とも呼んでいます。これは宣教師たちの日本語学習用の教科書として出版されました。宣教師はまた、日本人に伝道する際に、その動物寓話を披露していたとみてよいでしょう。

図Ⅳ

⑦

そして、慶長七年、一六〇二年ころ、別の系統のイソップ物語が今度は日本語表記で出版されました。これを古《こ》活《かつ》字《じ》本《ぼん》『伊曽保物語』といいます。この本は寛永十六年、一六三九年まで七種類の版を重ねています。先人たちはすぐにこれを読んだようです。このころの、あるいは直後のあれこれの書物にイソップ話が引用されているからです。非常に人気を博した。さらに、この本に挿絵を付けたものが出版されました。万治二年、一六五九年のことです。これは刊行部数が多いし、しかも絵入りですから、より多くの読者を獲得したはずです。ちなみに、現代の私たちが親しんできたイソップ物語は、明治時代に初めに入ってきた書の翻訳です。

十七世紀初めころの日本人は、この『伊曽保物語』を遠い西洋の国の話だと意識して接したのでしょうか。たしかに動物の物語がたくさん入っていますから、それを好む人にはもってこいの本です。しかし私は、当時の人びとは珍しい異国の話だと身がまえることはしなかったと考えています。イソップの伝記のところには聞き慣れない地名があったりしますが、動物寓話については日本の物語のそれのように読んでいたとみるべきです。なぜならば、それ以前から、日本では種々の説話集に様ざまな動物説話を載せてきていますし、また民間ではたくさんの動物昔話を伝えてきています。お伽草子に限ってみても、十六世紀までに数々の異類物語が作られています。こうした動物の物語とイソップ動物寓話はよく似ています。同じとみてもよいです。つまり、イソップ話はもともとは外国の説話ですが、すでに日本には動物の物語に親しむ土壌があったので、違和感なく享受したということです。だからこそ、たび重なる版行がなされたのです。

こうしたことは、異文化の定着過程を表すものです。ある国に外国の異文化が入ってくる。それが独自な味付けをされて広まるという、その動き、推移ですね。本来、異文化は簡単には定着しない。だからこそ「異文化」であるわけです。しかし、その国にもともと類似の文化形態がありますと、それと習合するようにして根付いていきます。イソップ話はそのようにして受け入れられたとみてよいでしょう。

たちもどって、古活字本・絵入り本『伊曽保物語』に鼠・猫・鈴の三点セットの話が載っています。下巻第十七話の「鼠、談合《だんがう》の事」です。よく知られている物語で、いわゆる〔猫の首に鈴を付ける話〕です。鼠どもが集まって相談をしている。怖い猫に邪魔されて、食べ物にありつくことができない。どうしたよいだろうか。そこで古老の鼠がいうことには、猫の首に鈴を付ければ、現れてもすぐに分かるはずだ、と。皆がそれは良いことだと賛同するのですが、はたと困ってしまう。では、いったい誰が鈴を付けにいくのか、と。鼠どもは押し黙ってしまい、そのうち全員が退散してしまったという物語です。これは、ご存じの通り、良い考えでも机上の空論で終わってしまう、勇気を奮って実践する者が出ない、といったことを教える例え話ですね。

昔話「猫と鼠」

さて、すでに亡くなられた関敬吾、野村純一先生のお二人が編まれた『日本昔話大成』の第一巻「動物昔話」に「猫と鼠」と題するものが入っています。これは、もともとイソップ動物寓話です。日本で生まれた独自の伝承ではありません。しかし、その歴史は大変古い。日本では早く十七世紀の初めにはもう読まれていたのです。もちろん、それは文字の読める人たちだけに限られていました。大多数の人がこの「猫と鼠」を知ったのは明治時代以降のことです。それがさらに、昔話になり変わりました。日本の民間説話となったのです。

『日本昔話大成』の企画の時、当時、大学院生であった私は野村先生からその裏話を聞いております。関先生と野村先生のあいだで、議論のやりとりがあったと。『日本昔話大成』は、それまで知られていた昔話はもちろん収めていますが、また新たに採取・報告された伝承説話をも昔話の新話型として収録しようという方針でした。その新話型について御意見が分かれた。

昔話の中には、この他にも明らかにイソップ話が口承文芸化したものがあります。それは実際、囲炉裏端で語られていたのですから、語り手も聞き手も昔話として認識していたわけです。それを、新話型として入れるかどうかで、随分と議論をなさったそうです。関先生は、昔話として語りがなされる場での伝承説話という面を重視されたようです。ほかの動物昔話といっしょに語られているのだから、すでにこれは日本の動物昔話と見なすべきだと。野村先生はどのようにお考えだったのでしょうか。そこは聞き洩らしたのか、私自身、忘れてしまったのかはっきりしませんが、恐らくは、イソップ話は明治時代以降に広まったものである。従って民俗社会での本来の伝承とすぐに認めてよいのだろうかといった観点でいらしたようです。ともあれ、『日本昔話大成』はイソップ話に始まった昔話を入れることにしました。野村先生はおっしゃっていました、「いやあ、関先生は頑固なんだよ」と。

「猫と鼠」（動物新話型一二—猫の首に鈴【AT110】）を読んでみます。

冬、穴ごもりしった鼠《ねずみ》が、白いもの見《め》けでかじってみたれば、お刺身と同じだったど。うまくて、だんだんかじっていったりして、こんど一人ばりかじっても多《うか》いもんだから、みんなしてかじって、鼠の村では、はいつ一冬かじって、ずうっとかじっていったれば、そいつぁ蛇《へび》の頭だったど。ほうしたら、はいつ聞いた蛇村では、ごしゃえで、「んだら、鼠の野郎べら、みなのんでしまえ」ていうわけで、片っ端から、こんど鼠が蛇の仇討《あだう》ちにあったんだど。で、鼠だ相談したど。「ほんじゃ、鼠ども絶えてしまう。なぜかうまい方法ないか」ていうたれば、蛇は蛇行するわけだ。右さ行ったときには左さ、左さ行ったときには右さ飛ぶ方法がええがんべていう相談になっただど。ほしたれば一匹も蛇に食《か》んねぐなったんだど。飛び方によって横っとびすっど蛇に食んねがったど。ほんで大成功した。ところがまだ困ったこと一つあったど。蛇に食んねげんど、猫にやらっで何とも仕様ない。「これ、何かええ方法ないか」て、話になったって。いろいろ相談したげんどええ話出ねくて、一匹の鼠が、「ええことある。猫の首さ鈴つけっどええんだ」「はいつあ、ええ」て、みな賛成したんだど。「んでは、その猫の首さ鈴つけ、だれが行く」ていうたんだそうだ。して何とも、「ほんでは、わかんねなぁ」ていうて、鈴結わえつけ行く鼠いねがら、今も猫に鼠は、やらっでいんなだど。どんぴんからりん、すっからりん。—山形県上山市—

このお話は二部構成になっています。前半では、鼠は、蛇に仇討ちをされて困った。しかし、相談の結果、蛇の習性を利用してその難から逃れることはできた。後半では、天敵の猫にどうやって対処するかと相談する。それは、例の通り、猫の首に鈴を付ければよいだろうということになる。しかし、誰もそれを実行しないというわけです。最後には、「今も猫に鼠は、やらっでいんなだど（今も猫に鼠はやられているんだと）」とあります。鼠は猫が大の苦手であるという由来話です。昔話にはこうした由来話がたくさんあります。動物同士の関係、動物の生態・習性を説明するものです。

私は、昔話が行われる場で、ごく自然に語りだされているこの「猫と鼠」は、イソップ話が元であったとしても、伝承の歴史がそれほど長くなくても、やはり昔話として認めてよいのではないかと思っております。「猫と鼠」の大元はヨーロッパの動物寓話でした。それがめぐりめぐって、現代の日本で民間説話として語られています。

ひるがえって、今日お見せした奈良絵本の『ねずみ物語』は『伊曽保物語』の「鼠、談合《だんがう》の事」の話を使ったものとしてよいです。ただし、そのまま用いるのではなくて、一工夫を加えた。鼠を知恵者としてあつかった、猫の首に鈴を付けることに成功した。ここは作者の創意です。なぜそのように作り変えたのでしょうか。それは、お伽草子によくみる物語の運びかた、つまり最後での祝意場面の設定を重んじたところからだと考えられます。『ねずみ物語』は昔話「猫と鼠」を利用したのではありませんが、両者は時を越えて共通の話題をもっているのです。言い換えますと、「猫と鼠」のモティーフの発想は『ねずみ物語』とも重なるわけです。ですから、この「猫と鼠」を考える時には、お伽草子『ねずみ物語』にも配慮しておきたいものです。逆もまた然りです。

日本の古典文学の中でも、お伽草子はそういう昔話や伝説、あるいは口承文芸や民間説話とされる物語世界と大変深いつながりがあります。直接に民間説話に依拠した作品もあれば、間接的に取り込んだ場合もある。また、お伽草子から民間伝承へと流れたものもある。さらに、両者は物語の類同性という面で仲間でもあるということです。今日取りあげた事柄は、これに相当します。

昔話や伝説に関心をお持ちの皆様、ぜひともこうした民間説話と関わる古典説話の数かずをまずお読みになって、さらにお伽草子へと幅広く接して下さると、大変嬉しく思います。時間を超過して申し訳ありませんでした。ありがとうございます。（拍手）

〔参考文献〕（講義内容順に沿って掲げました）

徳田和夫編『お伽草子事典』（二〇〇二年九月、東京堂出版）
同編『お伽草子 百花繚乱』（二〇〇八年十一月、笠間書院）

同「古典説話と昔話」（日本口承文芸学会編・ことばの世界2『かたる』、二〇〇八年一月、三弥井書店）
同編『お伽草子　伊曾保物語』（新潮古典文学アルバム16、一九九一年九月、新潮社）
同「シンポジウム説話と意匠―『鼠の談合』説話の草子化と絵画化」（『説話文学研究』43、二〇〇八年七月）

異文化の昔話

南島の民間説話
――創世譚の周辺――

松本孝三

はじめに

松本孝三と申します。私は、南島には昭和四十九年、大学院に入った頃から二十数年間調査に行ってまいりました。その中で私が体験したことや実際に調査で聞き取ったものをなるべく皆さんに提示していこうと思っております。ここにいう南島とは、鹿児島県の奄美諸島から沖縄県の本島、先島の宮古島、八重山諸島におよぶ琉球列島のことを指します。

さて南島というと、この後にお話をされる北海道もそうですが、皆さん基本的にご存知と思いますが、いろんな意味で中央政府から抑圧を受けてきた地域でありまして、南島には「離島苦」と書いて「しまちゃび」と言う言葉があります。文字通り南の島に生きる人々が背負ってきた苦しみです。それは一つには自然の厳しさです。ご存知のように南島は台風銀座であります。それもこれからがんばってひと暴れしようかという台風がやってまいります。最近は本土でも地球温暖化とかで雨なども激しくなってきましたけれどもね。それと慢性的な水不足。今は水道が完備していますが、かつての生活を見ますと、人々は水を手に入れるために大分苦労している。そういう自然の厳しさがあります。

もう一つは人為的なもので、琉球王府が宮古諸島とか八重山諸島といった先島《さきしま》を支配するのに、人頭税といって人間の頭数で税を割り当てるのです。作物があろうとなかろうと、年寄りであろうと子どもであろうと頭割りでこれだけの税を出せという。先島の人々にとっては大変過酷な税であったといいます。それから、十七世紀初頭の薩摩の侵略というのが琉球列島のその後の三百年近い搾取の始まりであります。その後、長く続いた薩摩の支配が終わり、明治新政府による琉球処分がありまして、幕藩時代の収奪とは違いますが、やはり被抑圧という体制の中で生きることを余儀なくされます。また、日々の生活の中で食べるものがなくて、蘇鉄の実、赤いピンポン玉を少し小さくしたような実ができますが、あれは普通食べられないのです。それを粉にして毒を抜いてまで食べなければいけなかった時代もあったということを聞きました。これを蘇鉄地獄といいます。あるいは奄美大島で聞いたのは、砂糖地獄といって、薩摩から黒砂糖を作れと命令されますが、これを勝手に売買しますと死罪なんです。収穫物は薩摩が全部取り上げて行く。で、薩摩はそれで潤って行くんですね。そういうふうなことで、「〇〇地獄」とかこういう「離島苦《しまちゃび》」というのが人々の長い生活の中に重く圧し掛かってきたという歴史を抱えております。

それと、忘れてならないのは六十三年前のあの第二次世界大戦末期、昭和二十年三月末から六月の終わり頃までのおよそ三ヶ月間、沖縄は米軍の激しい攻撃にさらされました。鉄の暴風と言われますが、そのために住民の四人に一人の尊い命が奪われてしまいました。兵隊だけではなくて、むしろ日本の兵隊よりも住民の犠牲者の方が多かったという、苛烈な戦禍の時代を潜り抜けてきております。

そういう長い歴史上の幾多の壮絶な困難を乗り越えて、人々が一生懸命に生きてくる中で、今日取り上げる民間説話も育まれ、人々の心の支えとして大変豊かに語り継がれてきているのです。

一　南島の民間説話―真実に傾斜した伝承―

民間説話という言い方はまだ皆さんには馴染みが薄いかもしれません。昔話と言ってしまうと私たちは普通、あのメルヘンチックな、子どもに聞かせたらいいようなものだけを考えてしまい勝ちですが、私は最近それをもう少し広げて、人々が語り継いできた話の世界というものをトータルに考えて、この表題にもあります民間説話という言葉を使うことが多くなりました。

ところで、南島の民間説話といっても膨大な量のいろんな話がありますので、笑い話を取り上げようか神様の話をしようかいろいろ迷っていたんですが、たまたま読んでいた私の若い後輩の南島神話に関する論文が大変面白かったので、それじゃあ神話的なお話をしようということにいたしました。それは大いなる神々の営みを語るものです。

まず最初に、南島の民間説話の特徴について、私の恩師でもある福田晃氏の見解を紹介しておきましょう。

奄美・沖縄に昔話を尋ね歩いた第一の実感は、その伝承がきわめて真実に傾斜していることであった。すなわち、その昔話は、虚構の世界に羽ばたくことが希薄で、随所に伝承の真実性を主張する。あるいは、その伝承は、「神の声」なる「親の声」とされ、「親の遺言」として継承されている。つまり、その心意は、伝説のそれにきわめて近いものであった。

右の昔話伝承の性格は、実は南島説話の伝承世界を象徴するものと言える。つまり、長く共同体の祭祀儀礼を堅持してきた村落社会における民間伝承は、当然、真実を重んずるそれが中心となるものであり、神話を含んで伝説の伝承が主流をなすことであった。あるいは、虚構を愉しむ昔話も奇異に驚く世間話も、その伝承は伝説の心意に傾斜するものとなるのであった。（傍線は引用者が附した。）

（『日本伝説大系』第十五巻「南島編」解説。平成元年、みずうみ書房刊）

いきなりこういう文章を読むと少し分かりにくいかもしれませんが、つまり、南島の民間説話の伝承は、どちらかというとメルヘンチックな虚構を愉しむというよりもやや、信ずべきものという意識が強いということなんですね。その伝承は、神の声であり親の声であり親の遺言であった。しかしながら、必ずしもそうとばかり言っているわけではありません。次の文章も同じく福田氏のものですが、このようにも述べておられます。

しかし日本に昔話がないかと言えば、もちろんそうではありません。それは伝承を現実の生活に引きつけて語り、真実に傾斜して伝説に近づいた叙述を見せるのであって、丁寧にみてゆくと、それはやはり虚構を許す伝承世界を維持しているのです。すなわち南島の昔話も同じことで、やはり伝説とは相違した「あったかなかったかは知らぬ」叙述をみせています。が、それは日本本土以上に真実に傾斜した伝承の傾向を見せているというものです。（傍線は引用者が附した。）

（「南島の昔話」『シリーズ　ことばの世界』第二巻「かたる」。平成二十年、日本口承文芸学会編、三弥井書店刊）

これを私なりに理解しますと、南島は信仰に厚い地域であり、生活が神とともにあり、神への祈り、神祭りの儀礼がさかんである。そのような風土の中で民間説話は真実を伝える傾向にある。しかしながら、それらはまた、虚構を楽しむ伝承世界を持っており、人々は豊かな昔話の世界を享受しているといえる、ということなのです。

南島における民間説話の調査資料として、これまで私の所属する大学の研究会が三冊ほど報告書をまとめてきましたが（立命館大学説話文学研究会編『奄美・笠利町昔話集』、『沖縄・佐敷町の昔話』、『沖縄・糸満市の昔話』）、それらを通して、じゃあ南島にはどういう傾向の話があるのかというと、基本的には私たちのいる本土での調査結果と比較しても大きく変わるところはありません。やはり本格昔話といわれるものが主であります。柳田国男の『日本昔話名彙』では完形昔話、関敬吾の『日本昔話大成』では本格昔話といいますが、そういうので分類してみると、本格的なものがやはり南島の場合でも比率としては多い。あと、笑話あり鳥獣草木譚あり因縁化物譚あり世間話ありというようなことで、基本的には南西諸島のものも本土のものも大きな違いはないというふうに認識することができます。ただ、そこには本日のテーマでもある、真実に傾斜した話としての神話的伝承が多く確認できるということなのであります。

二　語りの形式

ところで民間説話には語られる際の一定の形式が見られます。一般に「昔話の形式」とされるもので、昔話の呼称・語り始めの句（発端句）・語り収めの句（結末句）・相槌といったものです。昔話の呼称について見ると、南島には次のようなものがあります。

チテーバナシ（伝え話）／ンカシバナシ・ンキャンバナシ・ンカチハナシ（昔話）／フルムンガタリ（古物語）・ムカシムンガタリ（昔物語）／ユガタイ・ユガタリ・ユガタズ（夜語り・世語り）／トゥーバナシ（唐話）

（『沖縄・佐敷町の昔話』、『沖縄・糸満市の昔話』、『沖縄の昔話』参照）

昔話の呼称としてはチテーバナシ（伝え話）やンキャンバナシが割りと一般的なもののようです。ただ、地域的にそれぞれの呼称があり、包含する範囲にも多少の差異も見られるようで、大雑把な言い方ですが、本土で育った我々が考えているような昔話をはじめ、それよりもう少し幅広い伝承の世界を含んでいる感じがいたします。

それに反して発端句はあまりバラエティーに富んでおりません。本土の調査でもそんなに種類があるわけではありませんが、「昔々」「昔あるところに」「そんなことあったかなかったか知らないがね」といったような、本土でよく聞かれるものと基本的にはそんなに変わりません。

次は結末句です。先の昔話集を見ますと次のようなものがあります。

・ウッサマリヤサ（これで終わり）（『沖縄・佐敷町の昔話』より）

・昔のお爺ちゃん、お婆ちゃんから聞きました／こういう話聞きました。これは昔話／こういうお話がありますがね／この話もあったんだって／そんな話もあったんだがね／そういう話だ／その話もあったんですよ／そんだけの話です／ニフェーデービル（ありがとうございました）／ニフェーヤイビータン（ありがとうございました）／ワカイビタンデー（わかりました）

（以上、『沖縄・糸満市の昔話』より）

こちらは少し種類が増えているようです。佐敷町のほうは一例しかありませんが、糸満市のものを見ると種類も増えており、しかもみんな非常に真面目な感じですね。それを伝えてきた先祖の人たちへの思いがうかがえるようです。

結末句については、我々も本土の調査では関心を持ってよく聞くんですが、本土では、それだけを取り上げても面白いほどに表現が成熟しています。例えば高知県へ行きますと、昔話を語り終え、これで話は終わりだぞというのに

「むかしまっこう猿まっこう、猿のつびゃぎんがりこ」などと言う。何でしょうね、これは。要するに、昔話はまあこれくらいだということなんでしょうが、それで終わればいいのに、猿のつび（尻）を引き合いに出して、だんだん言葉遊び風になっていきます。響きもリズミカルですね。

あるいは私の出身地の石川県の南加賀のほうではこんなのがあるんですよ。「そうろんべったりかいのくそ、かいてくたらうまかった」。「そうろん」とは「そうろう」とも言い、「～に候」ですね。「昔話はこれでおしまいですよ」というぐらいの意味でしょう。ところがさらにそこに「べったり」とくっ付いたのが「かいのくそ」。汚い話ですがウンコが連想されます。この後がちょっといやですね。「かいてくたらうまかった」というんですから。このように言葉の遊びやリズム感が非常に成熟しているのが本土の結末句なんですね。言葉遊びが成熟しておりまして、地域ごとにそれこそ個性的なものがたくさんあります。

それに対して繰り返しになりますが、『沖縄・糸満市の昔話』の例を見ますと非常に真面目で、それを伝えてきた先祖への畏敬と感謝の気持ちがそこには表現されています。しかし、言葉遊びの様相はみられませんね。面白さの点では本土の勝ちであります。

相槌もですね、これは本土で我々が身近に聞いてきたものでも「ふんふん」とか「ふうん」とかいうのが一般的です。「ふうん」などとやるとお婆ちゃんは次また言葉が出てくるんですね。語りのリズムを緩やかに作ってゆくのが相槌です。南島の例を掲げると次のようなものがありますが、本土と同じであまり種類はありません。

・ヤー／ニー／フンフン　（以上、『沖縄・佐敷町の昔話』より）

・アンヤイビーナー（そうですか＝目上の人に対して）／アンヤンナン（そうですか＝目下の人に対して）／アンヤンドー

（そうですか＝目下の人に対して）

（以上、『沖縄・糸満市の昔話』より）

ここで特徴的なのは、目上の人に対する相槌と目下の人に対する相槌とでちょっと使い分けをしていることです。これは沖縄へ調査に行って初めて知りました。そこには、昔話を聞く時の厳粛さをやや匂わせるものがあります。老幼の差と言うか、お年寄りを大切にするという思いがより強いのかもしれません。お年寄りを大切にするということは、お年寄りから聞かせてもらう話というのは大変大事なんだという意識に通じます。文化というものは何百年何千年の積み重なりのものですから、南島ではそういうことをとても大事にしてきたといえます。

三　南島の民間神話の世界とは

本日話題にする民間説話の中でも、神話的伝承というのを私たちは「民間神話」というふうに言っています。南西諸島、奄美諸島なども含めて沖縄のほうの島々は特にこの神話的な伝承が民間に割りによく伝えられているということで、民間神話という言い方が研究者の間では使われているのです。これは鹿児島国際大学におられる山下欣一氏などによって定着されてきたと思いますが、大変うまい言い方だなと思いますね。神話というと我々は書かれた神話しかイメージしませんでしたが、お年寄りの人たちが語り伝えてきた話の中にそういうものがあるということで、それを民間神話というのです。

そういった民間に伝承される神話・伝説についての福田晃氏の見解がありますので紹介しておきます。

神話はおよそ大自然から人文に至る宇宙の営みの始原を求め、それを超自然の霊格の行為として説くものであり、その思想の根底には、大いなる自然の営みを畏怖する心がある。一方、伝説は、生活共同体の小宇宙なる自然の変異に心を動かし、それを歴史的に実在した聖者・英雄の営みとして説明するものであり、その伝承にはやはり自然を畏怖する心が内在するものであって、その思想は神話の系譜のなかにあると言える。（中略）

実際の伝承としては、その社会の展開のなかで、かならずしも明確には判別できないものとなっている。つまり、現実社会にあっては、それぞれを定義づける条件が十分に整わぬものとなって、神話の伝説化が生じ、あるいは伝説の神話化が生じるのである。そして、そのような変貌は、ひとり神話と伝説との間にのみ生ずるものではなく、昔話・語り物・世間話など、他の散文伝承を含めておこるものである。（傍線は引用者が附した。）

（『日本伝説大系』第十二巻「四国編」の「あとがき」）

引用が長くなりましたが、言ってみれば南島で語られる神話・伝説には、その伝承の中に大いなる大自然の営みを畏怖し、その始原を求め、また、その崩壊・終末を恐れる意識が見られる。そして、その思想が神話の系譜の中にあるということなのです。これがいわゆる真実性をもって伝承されるということなのでありますが、さらにその各々を明確に区別することは難しいし、そのことは他の散文伝承にまで及んでいるというのです。

ところで最近、私の友人の真下厚氏が南島の民間神話についてわかりやすく分類をしてくれていますので、まずそれを紹介して以下の話を進めていきたいと思います。

〇創世神話……宇宙または世界の起源、人類の起源、文化の起源を説くもの。

・島の起源（天からの土砂による島造り、巨人神の天地分離、漂える島など）

・人間の起源（原夫婦天降、人種子天降、兄妹婚姻など）

・文化の起源（鳥の穂落とし、穀種盗み、火の起源、家の起源など）
○神々の神話……神々の闘争などをテーマとするもの。
・始祖神話（日光感精、天人女房、蛇聟入、犬祖など）
・神々の神話（神々の土地争いなど）
（「沖縄の民間神話」（日本口承文芸学会編『シリーズ　ことばの世界』第一巻「つたえる」）

今日は、この中の全部を扱うわけにいきませんので、いくつか主要なものについて例話を示しながら進めていこうと思っております。それから、始祖神話のところに「卵生」というのを付け加えておきたいですね。卵から我々の先祖は生まれたんだと語る伝承があるのです。これも南島の民間神話の大事な要素になります。

四　沖縄本島の兄妹婚神話

これからそうした創世譚といわれる民間神話をいくつか紹介しながら解説してみましょう。まずは沖縄本島の話を見てください。これは私たちの調査した資料で「アマミキヨの島作り」と題する話です。

【例話1】「アマミキヨの島作り」（語り手、佐敷町外間《ほかま》　知念《ちねん》盛吉）

アマミキヨ、天から降りて来て沖縄を上から見下ろしたらね、上から見下ろしたら、沖縄という島はね、東の風が来たら東の波で覆われる、西の風が来たら西の波に覆われる。まだ陸地にはなっていないと。そしたら、天の神よ、神様が、

「あんた方は潮と土を持って行って、これ、降りたらね、立派な島ができる」と。島ができた。その島ができた暁にはね、そしていろんな木を持って来た、草を持って来た。で、そして、誰もいないもんだから、兄妹二人が降りて来た。男と女。その兄妹二人から生まれたのが沖縄の民族だという。

（『沖縄・佐敷町の昔話』）

これは非常に短い話ですが、天から使わされた兄妹神による国土の創世を語るものです。まず国作り。国土ができたら天の神は、兄と妹を地上に降ろして、お前たちは人間を作れという。人間の起源を説くのですね。こういう資料の一つ一つの積み重ねが我々にとっては大事になるんですね。そういうことで、兄妹による創世譚になっております。沖縄の始まりはこれなんだということをいうのですね。

ここに言う島作りの「シマ」について、確かに沖縄は海に囲まれておりますから島と認識してもいいんですが、より本質的には自分たちが共有する共同体としての区域を「シマ」というのです。ですから海に囲まれてなくってもシマなんです。これが今日やくざの世界で縄張りのことをシマという言い方にまで落ちぶれて残っているんだろうと思います。でもこれは、伝統的な意味では大事な言葉なんですね。自分たちの共同体社会をシマと表現することで、神様を中心に自分たちもともに生きている。その地域社会を、あるいは沖縄全島を初めて作ったのがこのアマミキヨという神様なんだという、信仰に近い伝承と見ることができます。真実に近いというのはそういう意味なんですね。

次に同じ報告書から「アマミキヨの子孫」を紹介します。今度はその子孫の話になってまいります。

【例話2】「アマミキヨの子孫」（語り手、佐敷町外間　知念盛吉）

知念の斎場御嶽《せいふぁうたき》にね、男と女と降りて来て、天から降りて来てそれがね、久高島《くだかじま》に種を持って来て、五穀を持って来て、そこで豊饒して。天から降りて来たということでね、一人は百姓になって、一人が侍になったと。一人

久高島《くだかじま》の伊敷浜《いしきはま》
どこまでも白く続くこの浜には、穀物の種子の入った白い壺や、昔話「黄金の瓜」につながる瓜が漂着したという言い伝えがある。（松本孝三撮影）

が何になったと。まず、女の初めがノロになったとか、そういうものになったということはね、知念がよく知ってますよ。

（『沖縄・佐敷町の昔話』）

これも内容はよくわかると思います。天から男と女とが五穀を持って降りて来て、久高島で農耕を始め、その子孫が百姓・侍・ノロに分かれたというのです。ここでは国土の創世のことは詳しく語らず、文字通り、神が五穀を将来して農耕が始まったという文化的起源と、人間の階級の起源を説くことに主眼があるのです。そこで面白い言い方をしますね。人間に三者できた。一つは百姓。土地を耕す人々です。もう一つは侍。侍というと支配者です。それとノロという神祭をする神女。琉球王府では支配をする王様とセットになって、神を祀るノロが大変重要な役割を果たします。祭政一致の政治形態ですね。そういうものがこの語りの中に反映していると見られます。

斎場御嶽についてはちょっと説明しないと分かりませんね。沖縄本島東南の海岸沿いを佐敷町といい、その南に知念村があります。今は両町とも南城市になっていますが、斎場御嶽というのはその知念にあるのです。神が祀られているところを御嶽《うたき》といいますが、南西諸島は御嶽信仰が大変強く、この斎場御嶽は琉球王府にとっての聖地であり、ここで自分たちの神を祭祀するのです。そこから数キロの真東の海上に久高島があり、今はもう行われなくなったようですが、イザイホーという祭儀が十二年に一度行われ、民俗的にも大変重要な島でした。その島が沖縄の始まりの島である、あるいは大切な穀物の起源を説く島でもあるというのです。そういう意味では琉球王府の王権の存在が大きく影を落としており、祭政の上でも重視され、このような文化的起源の説かれるべき大切な場所であったといえます。

次に紹介するのは「人の始まり」という話で、やはり同じ報告書からの引用です。

【例話3】「人の始まり」（語り手、佐敷町佐敷　平良貞）

兄妹二人しかいないわけさ。だからもう、着物はつけてないしね、はだか世《ゆー》になってからにね、もうあれしてる時にね、海岸端でね、夫婦ともあれして、もうこれはどんな話か分からんけど、いつも天から食べもん下りてきて、ひもじい時は何でも天から下りてきて。餅が欲しい時は餅が落ちてくるし、何でも落ちてきよったですよ。だからもう、何も不自由なく食べてるわけさ。

だから、後、海の魚がね、大きい魚、鯖、大きい魚来てから夫婦関係してるわけさね、海の動物が。それから、その兄妹二人ね、寝たわけさ、兄妹二人。

それから（天から食べ物を）拾っているんだけどね。また、あれから二人、こっち恥ずかしくて隠すでしょう。もう、着物着てないからこっちだけちょうど土人みたいに隠してからにね、それから子孫ひろげていった。あれからまたもう、神の伝え守ってないから言うてからに、天から落ちてこないといってね、自分たちで働いて生活したという話があるんです。

（『沖縄・佐敷町の昔話』）

これもまた兄妹でありまして、身に何も着けていない「はだか世」。これは文化的なものがまだないという、要するに原初のかたちをいうのでしょう。その兄と妹が天から降りてくる食べ物を食べて暮らしていた。そして、ある時魚の様子を見て男女の営みをやる。これも面白いですね。神話には時々エッチなものが出てきます。何か別の生き物から夫婦の営みを知るというのは、例えば『日本書紀』の「一書《あるふみ》」にも鶺鴒の様子を見てイザナギ・イザナミがとつぎの道を知るということが出てまいりますが、こういうふうに早く文献にも出てまいりますし、この後の資料でも、白い鳥が交わるのを見て、というのもあります。その結果、この二人から子孫が増えてまいります。これは兄妹の結婚による人間の始まりを説いているということになりますね。しかし、その行為は実は神の意思に背くということになるのでしょうか、天から食べ物が下りて来なくなった。それで初めて働くようになったというのですが、これも農耕という文化的営みの始まりを暗に言っているのだといえます。

五　奄美・与論島の兄妹漂着神話

次の資料は沖縄本島よりも北に位置する奄美大島与論島の「島の始まりの話」と題されたものです。長いのでここではその梗概を示しておきましょう。

【例話4】「島の始まりの話」（語り手、与論町麦屋西区　栄 喜次郎）

大昔、仲の良いフナキー（兄と妹）がいた。二人が小舟に乗って海上を行くと小舟のハジ（かじ）が引っかかる。兄が舟から降りるとそこは瀬になり、見る見るうちに海水が引いて大きな浅瀬から島になった。兄妹はテントーさまを仰いで天の神様に感謝した。兄は妹に「よい島にしましょう」と答え、兄妹はその島に家を建て、そこを国垣《くにがき》と呼んだ。ある日、二羽のホートィ（白鳥）が二人の目の前に舞い下り夫婦の契りを結ぶ。二人は驚いたが、それを真似て仲睦まじく暮らし、たくさんの子どもが生まれた。島は海産物に恵まれ、畑作物も豊かに実り、子孫がいっぱいに栄えた。

（栄喜久元編著『奄美大島与論島の民俗語彙と昔話』、昭和四十六年）

これは舟による漂着伝承を思わせますね。このように、神が天から降りてくるのではなくて、海の彼方から海上を漂って来るという言い方もあるのです。舟が止まったところから海水がさあっと引いて陸地になった。いわば国土ができたということなんです。国垣とは自分たちの領有する世界ということでしょう。それから二羽の白鳥が契りを結ぶのを真似て子どもがたくさん生まれ、島は栄えたということで、この話は兄妹の漂流・漂着、国土の創世、兄妹婚による人の始まりといった要素が語られています。兄妹が掛け合いのように「よい島でございます」「よい島にしましょう」と言うのもいかにも神話的な感じがしますね。

ところで、南島の民間の宗教者には地域によって呼び方も多少異なりますが、たとえばユタと呼ばれるようなシャーマン、すなわち、神に仕え、神の言葉を受ける役割の人たちがいて、文化的にも大変大事な仕事をしておられます。そういう立場の人が、祭儀の場において神懸りし、呪詞というかたちの長大な神の物語を唱えるという世界があるのです。これは我々の身近にはもうほとんどありませんが、その呪詞の中には、壮大な国土の創世とか人の始まりとかが語られるものもありまして、この話の場合などはどうもそのようなシャーマンといえる人たちの唱える呪詞と関わりがあるようだというふうにも言われております。

六　八重山・波照間島の洪水終末神話

次に沖縄の南、八重山諸島の波照間《はてるま》島のものを示しておきます。文字通り我が国の南の果てに位置しますが、これも元の話が大変長いものですから、あらすじだけを掲げます。

【例話5】「波照間島の新生《あらまり》」（語り手、竹富町波照間　登野城寛広）

昔、波照間島には牛馬のような生き物で体中毛いっぱいの人間がいたが、心掛けが悪く道徳心も全くなく繁殖力だけが旺盛であった。それで神様は天から油雨を降らせ、島中の人々を皆殺しにした。その時、心の優しい男の子と女の子の二人だけは鍋を被せて生き残らせた。この二人が成長し、どうすれば人間が生まれるかと模索したあげく、やっと性交の方法を知り子ができた。ところが最初にショウジョという毒魚、次に百足が生まれた。これじゃいけないと、秋の夜空の四つの星から四つの角の家を造ることを思い付き、茅で屋根を葺いて初めて人間が生まれた。長男、次男、三男をあちこちに分けて波照間島は栄えたという。島にある新生《あらまり》ぬパー墓は最初に人間として生まれた人の墓か、生みの親である女の墓であるかはっきりしないが、現在まで信仰が寄せられているという。

（福田晃・岩瀬博・遠藤庄治編『沖縄の昔話』。昭和五十五年、日本放送出版協会）

これは油雨と言っていますが、いわゆる洪水によって人間が全滅する洪水終末神話といわれるもののひとつです。津波や火雨《ひさめ》（氷雨）によるものなど、言い方にもいろいろありますが、ここでは神様の怒りで油雨を降らせて人間が全滅する。ただ、その中で必ず生き残る者がいるんですね。男女二人の子どもが鍋を被って生き残った。ちょっとふざけてるんじゃないかと思いますね。でも、この鍋を被ってというのには意味がありまして、実は神様の入れ物を象徴的に表している。現代の言葉で言うとカプセルです。これは神話の世界で言えばウツロ舟とかウツボ舟とかいうものに当たるであろう。旧約聖書のノアの方舟と同様です。そういうものをここでは象徴的に鍋と表現しているのだろうと思います。とにかく男女の子どもがたった二人生き残るわけです。あとはわかりますね。神に選ばれた男女によるあらたな国作りと子作りの始まりです。世界的にも創世神話というのは、洪水とか津波とかいった人知を超えた大自然の巨大なエネルギーによって、一旦は全滅という劇的な終末を迎え、そこから、選ばれた男女による国土と人間の再生がなされるというのがある程度普遍的なかたちではなかったかと言われております。

さて、生き残った二人は男女の交わりの方法を恐らく何かを見て学んだのでしょう。そして最初に毒魚が、次に百足が生まれたというのですから、例の『古事記』『日本書紀』のイザナギ・イザナミの国作りの時の水蛭子《ひるこ》と淡島《あわしま》と同様ですね。つまり、子作りの失敗がまずあります。それから家を造り、茅で屋根を葺いてから人間が生まれますが、もし屋根を葺き終えないうちに人間が生まれると、例の豊玉姫のウガヤフキアエズノミコト出産の話になります。海幸山幸神話の最後がそうですね。後に紹介する例話にはそういったものも出てまいります。そういうことで人が増えて島が栄える。これが八重山の波照間島の一例であります。

七　宮古島の卵生神話と日光感精神話

今度は宮古島のものを紹介しましょう。今は宮古島全体で宮古島市となっています。神話的な、神様の息吹きの特に強いのが宮古島でありまして、これも長い話なので要約して掲げることにいたします。

【例話6】「卵から生まれた十二神」（語り手、城辺町　狩俣恵理）

昔、池間島にウハルズという金持ちがおり、その人に狩俣のニヌファマテダという女が使われていた。主人に豆を取りに行けといわれて畑に行くと豆が実っている。豆を取っている最中に白い鳥が降りて来て女の頭に触る。もう一度取りに行くと今度は腹痛で取ることができず、畑の畔で坐っていると卵が十二個生まれた。それらを大切に草を被せて置く。三度目に行くと卵から子どもが十二名生まれて口を開けていた。親だからと思って育てていた。子供たちが七歳になった時、神様になって島を守るようにと十二支の方位に子供たちを分けて置いた。十二方位の神様は天の神様が白い鳥になって女に触り、与えたもので、宮古島はその神々から成り立っているという。

（『沖縄の昔話』）

これはいわゆる卵生神話といわれるものです。白鳥と人間が接触して卵を産むなんてと思うかもしれませんが、これはそう信ずる世界があるのですね。そのところを尊重してください。天の神様が鳥の姿になって降りて来て、選ばれた女と交わることで宮古島の神々を創り出すのです。そして、七歳になった時に神の子どもたちを宮古島の十二方位にそれぞれ派遣して島を守らせる。これは宮古島の神々の起源を説いている話です。話がすっかり大きくなりました。時間がなくて触れられませんが、朝鮮半島の始祖神話には卵生神話がいくつか見られます。新羅建国の始祖である赫居世《かっきょせい》や高句麗建国の始祖である朱蒙などが著名ですが、朱蒙の母親は日光に感精して卵を生んだとされています。それらは『三国史記』や『三国遺事』などに記されております。最近BS放送で「朱蒙」という韓国のテレビドラマが放映されてましたね。また、女が畑に三度ゆくというのは昔話のパターンとしてもよく見られるものです。

次も同じく宮古島のもので、日光感精譚といわれるものです。その梗概を示してみましょう。

【例話7】「太陽神の嫁」（語り手、伊良部島前里添　池間ヤマ）

比屋地《ぴやあず》の神様はたいへん美人で、朝起きて便所に行くと太陽の神様の手が差し込んで妊娠した。上の兄は、父親のわからない子を身ごもったと家から出す。二番目の兄は「お前を助ける」といっしょに家を出る。茅葺きの家を造り、屋根に茅を載せないうちに子どもが生まれた。七日目に天からきれいな着物やご馳走が落ちてきたので天の神様の子だと確信する。翌年の誕生日にきれいな人が馬に乗って家の庭に降りると子どもは馬に乗ると言ってきかず、乗せるとそのまま いなくなる。翌年のその日に神様がおいでになり今度は女も天に上って行った。神様は自分が父親であることを名乗り、母子に伊良部島に降りて行って土地の主として暮らすように言う。だから島の神様を拝むとユタにその神様が憑いているそうだ。

（『沖縄の昔話』）

南国の日光の強烈なエネルギーゆえに、女がそれに感じて妊娠してしまう。生まれた子どもは太陽が父親ですから太陽が子どもを天へ連れて行くんです。翌年には今度はその母親も連れて行くという、何とも不思議な話であります。その後母子で伊良部島に下り、土地の主として現れる。これはいわゆる日光感精による始祖譚といえますが、ユタが島の神を拝むとその神が憑くという。宮古島も非常に神様の霊力の強い島なので、御嶽の神を祀るユタといわれるような民間宗教者がこのような呪詞を唱えていたのではないかと思われます。また、茅で屋根を葺き終える前に子どもが生まれたといっているのは、先程の海幸山幸神話の最後の部分にきわめてよく似ているといえます。

さて、これまで口承世界の民間神話についていくつか紹介してきましたが、このような神話は、その一方で記載された文献としても沖縄には存在しています。江戸時代になってからですが、例えば『琉球神道記』というのが割りと早い時期に作られます。袋中上人によって慶長十年（一六〇五）に初めて執筆されたもので、薩摩が来襲するのはその数年後です。出版はずっと下って慶安元年（一六四八）になりますが、その第五巻「きんまもんのこと」には、天からしちりきゆとあまみきゆという男女二人の神が下りてきて、波に漂う島に草木を植えて国土を創出し、往来の風を縁として女神が三人の子を生む。一人は所々の主《あるじ》の始め、二人目はノロの始め、三人目は土民の始めになったという。そして、火を竜宮から獲得した。その後人間が成長し、きんまもんと称する守護の神が現れたというものです。主とノロと土民の三者の始まりを説くのは先程の例話2の「アマミキヨの子孫」の場合と全く同じですね。これもやはり琉球王府というものの存在が大きいようです。

文献はこれだけではありません。沖縄には琉球王府の命によってまとめられた文献がいくつもあり、それぞれに神話が書きとめられております。『中山世鑑』、『中山世譜』、『球陽』、『おもろさうし』とかいったものです。それらは、文献があって民間に流布したというのではなくて、広く民間に伝わっていたものを、琉球王府という権威と権力を持った者の立場から、自分たちの王統を神聖なものとしてきちんと位置付けようとしてさまざまな伝承をまとめ、編纂していくという営みがあったのだろうと思います。

八　本土の創世神話

目を転じて、それでは本土のほうにそういう民間神話的なものがあるのかと言いますと、それなりにあるんですね。ただ、本土ではいわゆる文献に記されたものが多い。早い時期、中世の南北朝から室町時代にかけてまとめられていくものもありますし、江戸時代になって地誌類などに記録されてくるものもある。本土の場合には比較的早い時期にそういういわゆる文字化されていくという傾向が強いですね。

次の資料は、私たちが四国の高知県西土佐村で実際に聞き取り調査したものです。これは語られたままに示しておきます。

【例話8】「ハンガイ森の兄妹」（語り手、西土佐村大宮上　岡山テル）

昔、大きな津波が来てなあ、もう人間は二人ぎり残っただそうだ、そこのハンガイ森かな。そこに兄妹が残って、そして櫛と鏡とを投げ合わせて、夫婦になって、それでできはじめた人間がずうっと増えたがですと。そんで、日本中の人が血を引いておらんことはないそうな。

（『高知・西土佐村昔話集』）

今度はいきなり津波です。それで二人きり残ったと言えば、もう男と女とわかりますね。しかも兄妹と言っている。これは洪水終末神話といわれるものです。そしてその兄妹から人間が増えたというのです。大きいでしょう、話が。四国の土佐の小さな地域で聞いた話が、何と日本人はここから始まっているんだというんですから。これは普通に古老のお話として伝わっていますから、やはり民間神話といえるものです。ただ、この場合にはいわゆる信仰の要素が希薄になっているようです。

次の例もやはり同じ高知県幡多郡大月町のもので、これは簡単にあらすじを示しておきます。

【例話9】「沖ノ島のはじまり」

伊予の海岸で畑を作っていた人の伝馬舟が、潮が満ちてきてもやいが解け沖に流された。舟の中にいた兄妹が漂流し、沖ノ島の母島に漂着した。舟には農具や種子が積んであったので沖ノ島の海岸を耕しながら、やがて二人は結婚して子孫が増え、今の母島《もじま》の村を作った。

（『日本伝説大系』第十二巻「四国編」。伝承地、幡多郡大月町）

四国は漂着伝承が大変多い地域です。この場合には漂流したのは兄妹でありますが、農耕の始まりと兄妹婚による子生み、すなわち人間の始まりを述べております。これも文字通り民間神話といえるもので、母島という地域にとっての創世伝承とも言えるものです。

ところで、実はこの伊予の話とほぼ同じ話がすでに平安時代末期の『今昔物語集』とか鎌倉時代の『宇治拾遺物語』といった説話集に「妹背島事」として記載されていました。だから大変古い伝承であることがわかります。今は紹介している余裕がありませんが、一方に文献があり、また一方には口頭伝承として今日までこうして残っているという、大変面白い伝承なんですね。よほど珍しく注目された話だったようです。こういうのがあるということも一つご紹介しておきましょう。

それから、次の資料は東北地方の文献ですが、山形県の伝承を書き留めたもので、『出羽国風土《ふど》略記《りやつき》』というものの中に見える話です。進藤重記という人の書いたもので、成立は江戸時代中期の宝暦十二年（一七六二）です。この人はおそらく鳥海山に関わる神官だった人ではないかと思いますが、何かの冤罪事件のために不遇な半生を送っているようです。その彼がいろんな古伝承を記録しておりまして、その中の、恐らくは中世の縁起類からではないかと思われる一節があるのです。原文は長いものなので、とりあえず今必要な箇所についてだけその梗概をお話いたします。

【例話10】

古記に記すこととして、大鳥が日本に飛来、左の羽に二個の卵、右の羽に一個の卵を持って鳥海山に降りて来た。左の二個の卵からは両所大菩薩、右の卵からは丸子氏の元祖が生まれる。その大鳥はこの国で人間の子孫を儲け、再び元の鳥の姿になって鳥海山の北嶺の池に沈んだ。人々はこの鳥を神として尊敬し、鳥を食しないとい

（『出羽国風土略記』）

う。

これは、中世の頃にこの鳥海山あたりを支配していたとされる、丸子親王を元祖とする丸子氏に関わる始祖伝承のようですが、その誕生の仕方が卵生神話のかたちをとっているのです。不思議ですね。出羽国の古記録に、丸子氏の先祖は卵から生まれたんだということを胸を張って主張する言い伝えがあるのですね。別の伝承を見ますと、左の卵から生まれたのは日光菩薩・月光菩薩、右の卵からは薬師如来が生まれたとするものもありますが。今の我々は何でも記録しますけれども、昔の人はある意図とか価値があると思うから記録をするので、その意味では記載文献というのはそれなりの重きを成しているといえます。これは恐らく鳥海山の神社間の争い事か何かがあって、自らの正当性を主張するために書き記されたものだったろうと思われますが、その中で、卵から生まれたのがおれ達の先祖だということを堂々と主張しているわけです。現代人の我々からすればちょっと理解できません。これは先ほどの宮古島の卵生神話ともどこかで関わってくる話です。

このように、自分たちが神様とつながっている、あるいは天から遣わされたということを主張する方法として、卵から生まれたとか、日光に感精して生まれたとか、あるいは他にも、ある動物から生まれたとかというような言い方なども見られるのですが、こういう世界観があるということを我々はきちんと理解しておく必要があるだろうと思います。それも含めての大切な人類の文化的財産ということなのです。

ところでこの話の続きを見ますと、その後、その大鳥が人間世界で人間の男と結婚し、子孫を生み残して再び鳥の姿になって飛んで行き、鳥海山の池に飛び込んだということが述べられているのです。これは、かたちとしては天から神が降りて来て、子を成して去って行くのですから「天人女房」譚と同じですね。鳥となって人間界へ降りて来ている。卵生という部分を除けば、『近江国風土記』逸文の「伊香連《いかごのむらじ》」の始祖伝承では天人が白鳥となって湖に降りて来ますし、沖縄のほうでも、銘苅子《めかるし》や察度王の王位伝承が天人女房譚として伝えられているのです。

さて、先程の鳥海山の氏子の人たちはこの神様を尊敬して鳥を食べないという。「〇〇を食べない」というタブーは伝説にはいろいろ見られますが、この場合も、自分たちは鳥は一切食べないというタブーを守っているとわざわざ書き留めているわけです。右の本文ではその後も丸子氏の話が延々と続き、このことによってそこが鳥海山と呼ばれたというふうに、最後は地名由来で締めくくっています。

こういった始祖伝承が江戸時代の文献に書き留められているのです。その元になったのは恐らく中世以降の神社の縁起とか由来伝承といった、いわゆる中世の神話伝承というべきものであっただろうと思われますが、民間神話を調べながら、その一方でこういった文献伝承を見ると面白いし、かつてはこういった神話世界がいくらもあったのかと思うと不思議な感じがいたします。遠い昔の我々の先祖の、どういう世界観があったのかということが仄見えてくるような気がします。今の人間の目は却ってやせ細っているように思えてきます。もっと大きく豊かな価値観というものを、先人の文化の積み重ねの中から学んでいく、あるいはお年寄りの話から学んでいくということはやはり大事なことなんだろうと思います。

最後にもう一つ、岐阜県荘川村の話を紹介してみましょう。これは修験の山の信仰がかつての洪水終末神話を取り込んでいると思われる例です。これもあらすじでの紹介になります。

【例話11】「帰雲城」

白山の神様は金の神様である。郡上《ぐじょう》の猟師衆が水沢《みぞれ》という所で鋳るために白山様を盗み出そうとするがびくとも動かない。ある老婆が褌を白山様に被せると動くと言う。盗み出して七日七晩煮るが溶けない。その夜、白山様は空へ舞い上がり白山へ帰ってしまったが、途中、山が足に引っ掛かり山崩れが起きた。また水沢の山を踏み込んで湖になり、人々はみんな池の底へ沈んだ。ただ、一人の老婆だけは白山様を鋳潰すことに反対したので茶釜を一つ持って岩の上に座っていて助かった。

（『荘川村の民話』「伝説・世間話編」（荘川村口承文芸学術調査団編、荘川村教育委員会）

白山の神様が金の神様で、猟師衆がそれを盗んで鋳潰そうとしたがいくら煮ても溶けない。神様が怒ってボーンと飛んで行くのですが、その時、こんな小っちゃいはずの神様が、地面を蹴るとズーンと沈み込んで大洪水が起こり、そこが湖になった。そして、自分を鋳潰そうとした人間がそこにはまって全部死んだというのです。そこには山崩れを起こしたり、山を踏み込んだりという巨人伝説との絡みも見られますが、これもやはり洪水終末神話なんですね。ここでも面白いのはたった一人だけ、この場合は若い男女ではなく、年老いたお婆さんが一人茶釜を抱えて生き残ったというのです。例話5の鍋を被って生き残った男女と同じかたちです。ただ、この話の場合には始祖神話とかいったものとは違い、白山様のお力でお婆さんが生き残ったというだけで話が終わっております。たぶん、山の宗教の中で、白山の神様の霊威を示すためにこういう大力譚や創世譚が取り込まれていったということではなかったかと思います。ということは、このような創世譚ともいえる伝承が本土にもかつては存在したと言うことでしょう。

また、この老婆の姿からは、白山修験と比丘尼といわれる女性宗教者の関係がうかがえるのではないかと思います。時間が来ましたのでこれ以上申し上げられませんが、山の宗教と関わり、白山様の霊威を称揚する様々な話を持ち歩く登宇呂《とうろ》（融）の尼とかいった人たちが、この伝承の形成に大きな影響を与えていたような気がいたします。

おわりに

このように、民間神話の中にもいくつかのバリエーションがありますが、偉大な神の力によって国を作る、人を作る、穀物の起源を説くといった創世神話が南島を中心に今日まで豊かに伝承されておりました。あるいはまた、様々なモチーフによって神の系譜に連なると信ずる神話も豊かに伝承されておりました。神々の大いなる営みは、洪水や津波や油雨などといった大自然の強大なエネルギーで世界を滅亡に追いやりもし、その中で選ばれた、たった二人の男女に新生・再生の創造の役目を担わせたりもするのです。また、太陽の光も鳥の卵も、天の神の偉大な力を象徴的に表現したものなのでしょう。そのような中で南島の創世神話は、人々の信仰心と深く交感しながら語り継がれてきたと言えます。そして、それらは世界につながる伝承の広がりを持っているのです。

振り返って、我々の周りにも口頭の伝承として伝えられるものがわずかながら見出され、あるいは早い時代に文献に記されて定着してきたものもいくらもありました。まだまだ探してみれば、かつての豊かな神話伝承が仄見えてくるのではないかというのが今日の私の話の趣旨であります。それが「創世譚の周辺」と言うことなのであります。どうもありがとうございました。（拍手）

〔参考文献〕
大林太良『神話学入門』（中央公論社　一九六六年）
福田晃『南島説話の研究―日本昔話の原風景―』（法政大学出版局　一九九二年）

福田晃・岩瀬博編『民話の原風景―南島の伝承世界―』（世界思想社　一九九六年）
『岩波講座　日本文学史第十五巻　琉球文学、沖縄の文学』（岩波書店　一九九六年）
山下欣一『南島民間神話の研究』（第一書房　二〇〇三年）
真下厚『声の神話―奄美・沖縄の島々から―』（瑞木書房　二〇〇三年）
松本孝三『民間説話〈伝承〉の研究』（三弥井書店　二〇〇七年）

ウエペケレ

――アイヌの散文説話――

中川　裕

アイヌ人の現在とアイヌ語

中川と申します。今、千葉大学でアイヌ語とアイヌ文学の授業をやっております。最近、アイヌ人は先住民族であることを国会が認める決議がありまして新聞の紙面を賑わすことも多いので、ちょっとは今までより目に触れる機会が多くなったかとは思いますが、それでもアイヌ人とアイヌ文化についてあまりご存知でない方が多かろうと思います。

たとえば、アイヌ人は今何人いると思われるかちょっと聞いてみたいと思います。北海道では大体七年おきぐらいに、アイヌ人が今どういう生活状況にあるかという実態調査が行われています。北海道の中でアンケートに答えてくれた人の数は大体ここ三十年ぐらい一定しているんですが、今から皆さんにアイヌ人口が何人ぐらいかということで五択問題を出します。

①　千人以下（四人）

②　千人から五千人（十二人）

③　五千人から一万人（五人）
④　一万人から二万人（二人）
⑤　二万人以上（一人）

では実際はどのくらいかといいますと、約二万四千人ということになっています。この質問はいろんなところでやってみるんですけれども、ここ二十年解答の割合はほとんど変わらない。①と②で七割というのが平均的な答えですので、皆さんの知識というのは一般日本人の平均的な知識であるということになるわけです。結局、アイヌ人がそんなにおおぜいいるとは皆さん思っていないということになりますね。

しかも、これはアンケートに答えた人の数であって、アイヌ人全体の人口じゃありません。普通アンケート調査って、例えば国勢調査でもそうですが、みんながみんなちゃんと答えるということはないですね。半分もいけばいいほうです。それを考えると倍はいるということになります。しかし倍でも済まないだろうと思うのは、アイヌ人であることを隠している人が非常に大勢いるからです。なぜ隠しているのかはお分かりだと思います。差別されるからですね。差別というのは今でも北海道では非常に大きな問題としてありまして、そうすると隠している人を含めれば最低でも五万人。あるいはもっといるということになるわけですね。

もう一つ、これは北海道の調査なのであって、北海道にしかアイヌ人がいないわけではありません。この東京周辺、首都圏にアイヌ人はざっと見積もって三千人ぐらいはいるだろうと思われます。

東京駅の八重洲口のすぐ近くにアイヌ文化交流センターという施設があります。私は月に一回そこへ行ってアイヌ語の授業をやっています。受講生はアイヌ人に限る。アイヌ人以外は受講資格なしということで、アイヌ人だけに対してアイヌ語を教える講座です。僕より少し上の世代から下の人はアイヌ語はしゃべれませんから、そういう人たちに対してアイヌ語を教えているわけです。もう十年以上やっていますが、毎年新しい人がどんどん入ってきます。その他にも、例えば千葉大学の大学院を出て、北海道の白老にアイヌ民族博物館というところがありますが、そこで研究員になっている人がいます。彼はお婆さんが樺太出身の人で、その孫なんですが、自分がアイヌ人であるということを強く意識していて、アイヌ文化の研究をやっています。といっても彼自身は埼玉県生まれで、大学に入って初めて北海道に行ってるんですね。こういうふうに、関東地方にもアイヌ人がたくさんいるだけじゃなくて、そもそも関東で生まれたという人も大勢います。そういう人たちが、自分はアイヌであるという意識を持っていろいろ活動しているわけです。

ということで、実はアイヌ人というのは北海道のどこかにいる、私たちとは違う暮らしをしている人たちでは全然なくて、もしかしたらみなさんがこの渋谷ですれ違っているかもしれない人たちなのです。そしていろんな活動を最近若い人たちが首都圏でやっていますが、そういう話をしはじめると、これで一時間半が終わっちゃうので、またの機会にいたしましょう。

アイヌ人は、アイヌ語という言語を元々しゃべっていました。そのアイヌ語は日本語とは全く違う言葉です。後で例をお聞かせしますから違いはすぐわかると思いますが、全く日本語とは関係のない別の言語です。日本語の方言だと思っている人が結構いるんですけれども、たとえば沖縄の言葉も聞いてすぐにはわかりませんが、一つ一つ単語を見ていけばこれは元々日本語と親戚なんだな、我々が普段使っている言葉と沖縄の古い言葉というのは、つき合わせていけばもとは同じものなんだなとわかるわけですね。ところが、アイヌ語の場合はそうはいきません。例えば、風という言葉はアイヌ語では「レラ」と言います。ラリルレロで始まる言葉はそもそも日本語にはありません。今、ラ行音で始まる言葉は漢語、つまり中国起源の言葉か、じゃなければヨーロッパ起源の言葉、要するに外来語ですね。ところが、アイヌ語にはこのラ行音で始まる言葉が山のようにあります。まずこういうところからして全然違う言葉だと思っていただければよろしい。

アイヌ口承文芸の分類

今日は昔話の話ということなので、まずアイヌの口承文芸の話から入ります。アイヌ人は伝統的に自分たちの言葉を文字で書き表すという習慣がごく最近までなかった人たちなので、ほとんどのものが口伝えで伝わってきています。それを口承文芸と呼んでいるわけですが、我々が一般に口承文芸という言葉で考えるものと、アイヌ研究で口承文芸というものとはちょっと違っていて、アイヌの口承文芸といった場合には、普通、非常に広い範囲のものを含みます。これも文芸なのかなというようなものまで含めて文芸と呼んでいるんですが、左に掲げたものがアイヌの口承文芸の分類です。

(一) ことばあそび……早口言葉、鳥の鳴き声、数遊び歌
(二) となえごと………おまじない、祈詞、死者への引導渡し……
(三) うた………………即興歌、座り歌、踊り歌、子守唄……
(四) ものがたり………散文説話、神謡、英雄叙事詩……

金田一京助という人の名前はご存知だと思います。彼の時代からいろいろアイヌ文芸の分類というのがあります。しかしこれは私の分類なんですけれども、それらとは全然違う分類の仕方をしてありまして、どういう目的でそれを口にするかという、目的別に分類したものです。

ことばあそび

これはその言葉を口にすること自体を楽しむもの。早口言葉、鳥の鳴き声、数遊び歌のような類のものがこれに含まれます。一つ例をお聞かせしましょう。キジバトの鳴き声を言葉で表現したものです。

クスウェプ　トイタ　　キジバトが畑を耕す
フチ　ワッカタ　　おばあちゃんが水を汲む
カッケマッ　スケ　　奥さんが料理する
ポントノ　イペ　　若殿が食事する
フチ　ワッカタ　　おばあちゃんが水を汲む
フチ　ワッカタ　　おばあちゃんが水を汲む
ポントノ　イペ　　若殿が食事する
カッケマッ　スケ　　奥さんが料理する

「クスウェプ　トイタ」のクスウェプというのがキジバトという鳥の名前です。トイタというのは畑を耕すことで、キジバトが畑を耕す。それから「フチ　ワッカタ」のフチというのはお婆ちゃん。ワッカタのタとトイタのタとは実は同じ言葉なんですけれども、何か詰まっているところから一部分すくい取るのがタです。トイというのは土なのでトイタは土を掘り返すこと。これが畑を耕すことを意味します。ワッカというのは水。水を一部取り出すということは、水を汲むということで、日本語で「掘る」、「汲む」というと全然違う訳になりますけど、アイヌ語では同じ言葉なんですね。お婆ちゃんは水を汲む。カッケマッというのは奥さんと訳してありますが、この場合の文脈でいうと一家のお母さん、主婦。それが何をするかというと当然料理をするんですね。スケというのは料理をするということです。ポントノのポンというのは若い、小さいという意味で、トノというのは、これは日本語起源の言葉で殿様、若殿様。で、要するにアイヌ人と区別されたところの日本人ですね。和人と言っておきますが、イペというのは食事をすることで、アイヌ人のお母さんが作ったものを日本人がやって来て横取りして、掠奪して食べるんだとか、そういう解釈をする人がいます。でもそれだとこの長閑な雰囲気がぶち壊れてしまいます。素直に解釈すれば、お婆ちゃんが水を汲んでお母さんがご飯を作って、食べるのはその家の息子と考えるのが自然で、若殿様というのは特に和人を指すわけではなくて、その家の息子がご飯を食べる。こういうことを指しているんだと思います。

キジバトというのはそこら辺にいる鳩ですね。土鳩じゃなく家の周りとかにいるやつです。鳴き声はどういうふうに聞こえますか。「デデッポッポ」ですか。そう聞こえるのは皆さん日本人だからだけど、アイヌ人はこれをどう聞いていたかというと、「フーチ　ワッカータ、フーチ　ワッカータ」って聞いていたんです。そう言われるとそんなふうに聞こえるでしょう。私なんかこれ、もうどうやっても「フチ　ワッカタ」にしか聞こえない。毎日家の裏で鳴いてますから、毎日アイヌ語聞いているようなもんでね。

たぶんこれは「フチ　ワッカタ」ってキジバトが鳴いてるというところから出発したんだと思う。「お婆ちゃんが水汲んでいる、お婆ちゃんが水汲んでいる」ってキジバトが鳴いているというところから想像が広がっていって、じゃあキジバト自身は何をしているかというと、キジバトというのはご存知の通り、あんまりそこらじゅうびゅんびゅん飛び回ったりしないですね。普通は地面を突っついて歩いている。この、地面を突っついて歩いているのがまるで畑を耕しているみたいに見えるということで、お婆ちゃんが水を汲んでいるとキジバトが言い、そう言っているキジバトは畑を耕している。じゃあお母さんは、じゃあ息子は、というふうに発展してこういう話が作り上げられていく。でも、話といっても物語になっているわけじゃなくて、これは要するにキジバトの鳴き真似から発展した一連の言葉の遊びなんです。それを言ったから何だということはなく、ただそういうふうにキジバトの鳴き声を真似して面白がる。こういうものが「ことばあそび」というものの一つで、鳥の聞きなしと言ってもいいと思います。

となえごと

となえごとというのは誰かに何かをしてもらう、誰かに何かを頼んだり謝ったり叱りつけたり、そういう目的のために口にするもの。これをとなえごとと言っておきます。これにはどういうものがあるかというと、祈詞——神様へのお祈りの言葉が一番重要なものなのですが、おまじないとか死者への引導渡し——お葬式の時に死んだ人に向かって言う言葉。これも昔は、アイヌ人には伝統的にはお坊さんとかそういう宗教的な職業の人はいませんので、昔は誰でもこれができなきゃいけなかった。人が亡くなったらその周りの人で一番弁の立つ人が死者に向かって、お前は死んだら迷わないでどこそこへ行けよということを言うんですが、これをちゃんと節をつけて朗々と語るわけです。その時に、死んだ人間が生前どんな立派なことをしたかというようなことを周りの人間に知らせるように言いながら、お前はこれだけのことをしてもう人生を全うしたんだから、この世にうろうろしてないで、ちゃんとあの世へ行きなさいというようなことを言うのが引導渡しというものですね。こういうものがいろいろあるんですが、ここではなるべく短いものを紹介しようということで、おまじないのうちから一つ聞いていただきたいと思います。夜、水を汲みに行く時のおまじないです。

ワッカ　モーㇱモㇱ　　　水よ、起きてください。
カムイワッカ　モーㇱモㇱ　　　カムイの水、起きてください。
ワッカ　カフㇷ゚カㇻ　クス　ケㇰ　ナー　　　水をいただきに来ましたよ。

ワッカは水という意味です。モーㇱモㇱというのはアイヌ語では起きる、目覚めるという意味なんで、起きてくださいと言っています。カムイワッカのカムイはとりあえず神様と訳しておきましょう。後で詳しく説明します。カムイワッカ　モーㇱモㇱとは、神様の水起きてくださいという意味。カフㇷ゚カㇻというのは私が水を貰うという意味です。カフㇷ゚カㇻの一言の中に「私が」と「貰う」の両方入っています。貰うだけですとアフㇷ゚カㇻと言うのですが、私が貰うと言うときにはカフㇷ゚カㇻと言うんですね。クスは何々するために、ケㇰは私が来た、ナーというのは何々ですよの「よ」に当たるものです。

これはどういうことかというと、夜、水を汲みに行く時のおまじないで、まあ昔の北海道のことですから夜になると真っ暗で何も見えない。そんな夜に水を汲みに行かなければいけないということになると大変恐ろしいわけですね。

後で説明しますが、水というのは神様です。この神様というのは人間と同じような生活をしているので、夜になると眠ります。夜、水を汲みに行った時にいきなり手桶をじゃぼんと突っ込みますと、寝てますからびっくりするわけですね。びっくりするとどうなるかというと、ばあって水が濁っちゃうわけです。そこでまず起こしておいて、水をいただきにまいりましたと頼んでそっと上のほうだけ汲むと、全然濁らないきれいな水が汲めるということなんですね。それもありますし、夜は怖いですから、水の神様を起こして守ってもらえば、周りに何か悪いものがいるかも知れないけど、それに化かされないでちゃんと水を汲んで家へ帰ることができる。このように自分の心を安心させるためにもこのようなおまじないを唱えて昔は水を汲んだものなんだそうです。こういうものがとなえごと。こういうふうに、何か相手に頼んだり訴えたり、いろいろするためのものがとなえごとです。

うた

うたというのはアイヌ文芸の場合、節回しを聞かせるもの、メロディーだけじゃなく喉から出る音そのものを聞かせることが一番重要なものなんですね。それを楽しむのがうたです。ですから発声法が今までの二つと全然違います。いろいろな技術があっていろんなうたの種類があるんですけれども、ここでお聞かせしますのは座り歌というもので、お聞きいただくといままでのふたつとの違いがわかります。

チュプカーワー　カームイラン　　東の空から、カムイが降りてきた。
イワニテッカ　オーレウー　　アオダモの枝の上にとまった。

山の傍らに
ながながと羽音が聞こえた。

イーワートゥイサㇺ
エータンネーマウ　アーヌー

こんな感じで、テープを聞いていただくと声の出し方が大分違うというのがお分かりになると思いますが、それだけじゃなくて、要するに複数の人間が輪唱してますね。この輪唱するっていうのが座り歌の特徴で、アイヌのうた全体がこういう形式で歌われるわけじゃないんですけれども、座り歌というものの一つの歌い方として輪唱があります。「チュㇷ゚カーワー　カームイラン」と歌うんですが、最初の人がチュㇷ゚カーワーと言うと次の人はチュㇷ゚カーワーから入るんじゃなくて、次のカームイランと言ったところからカームイランというふうに入ります。これは実は一曲だけやるんじゃなくて、いろんな種類のものが何十曲もあって、それを次々にやっていきます。どこで次に替わるかというと、誰かがもう飽きたなと思ったら次の歌に入ります。そうすると、誰かが違う歌を歌い始めたら、その違う歌の頭のところを聞いて次の人がそれに付けて歌います。だから、みんなといっしょに歌ってるんだけど、終わってから、「わたし、あの歌初めて聞いた」とか言うことがよくあるわけで、要するに誰かが先に歌ったのを聞いてそれをそのまま真似してくりかえしていくわけですね。そういうかたちでやるということが多い。

今のこの座り歌のチュㇷ゚カとは東、ワーというのは～からということで、東からという意味になります。それを補って東の空からと訳しました。カームイランというのはカムイが降りてくる。イワニテッカのイワニというのはアオダモという木の名前。テッというのは手という意味なんですが、木の場合は枝ですね。カは上。だから、イワニテッカでアオダモの枝の上。オーレウーというのは鳥などが止まることを言います。イーワートゥイサㇺのイワは山のことを指し、トゥイサㇺはそのそば。エータンネーマウ　アーヌーはちょっと解釈がややこしいんですが、簡単に言うとタンネは長い、マウはこの場合は羽ばたきの音。長々とした羽ばたきの音ということです。アヌは聞こえる。東の空から神様が降りて来て、アオダモの木の上に止まった。山のそばにその羽ばたきの音が長々と聞こえたという内容です。

このカムイは鳥なんですけれども、この場合たぶんシマフクロウという日本のフクロウ類の中で一番大きなものです。羽を広げますというと二メートルぐらいになる巨大なフクロウですが、これは非常に偉い神様ということになってまして、それの歌であろうと考えられています。

ちょっと予定外なんですが、シマフクロウの声をお聞かせしたいと思います。「ンーンーンーンン」と聞こえると思いますが、これは実は一羽じゃないので二羽の鳥が鳴いている。ンーンーとンンは別の鳥です。ンーンーと先に鳴いているのは雄の鳥、ンンとそのすぐ後に付けているのが雌の鳥。これは番《つがい》の鳥で、亭主のほうがンーンーと鳴くと、奥さんのほうが間髪を入れずにンンと、要するに確認し合っているんですね。非常に太い声の鳥です。胴体の大きさがこのぐらいあります。これは森の中に棲んでますので、森の中でこれに出くわすと、やっぱりすごく偉い神様という感じがするんだという話ですけれども、この鳥が降りてきたという歌です。こういう歌がいっぱいあります。

カムイと伝統的世界観

ところで、カムイという言葉が何回も出てきました。このカムイという言葉がわからないと実はアイヌの口承文芸はほとんど理解できない。何を言っているのかさっぱりわからないということになりますので、まずその話を先にしておきたいと思います。

カムイというのは何かといいますと、今出てきた水やシマフクロウもそのひとつ。神様とさっきは訳しました。シマフクロウが神様というのは何となくわかる気がしますが、水が神様というとちょっとわからないかも知れない。まあ、水神様《すいじん》というのがあるから水の神様もあるかと思うかも知れませんが、水の神様じゃなくて水が神様なんです。「カムイワッカ　モーシモシ」（カムイの水よ、起きてください）と書きましたけれども、カムイの水って何かというと、神様が所有している水じゃないんです。水イコールカムイなので、これは水に神様と呼びかけている。「起きてください、神様であるところの水」と言ってるんですね。

アイヌ人の伝統的な世界観では、この世界というのは人間とカムイの二つによって動かされている。人間とカムイというのはそれぞれが意思を持っていて、自分の精神の力でいろんなものを動かしていく。逆にいえばそういう意思を持ったものが人間とカムイの二種類に分けられるんですね。

人間とカムイと、実はもう一つ、人間でもカムイでもないものがあって、それは例えば食べるものとか。お饅頭でも何でもいいんですが、これには意思がない。意思を持って世界を動かしているとは言えない。ただし、これらにも魂がある。あらゆるものには魂があるのだが、その内で意思を持って活動しているものに二種類あって、人間とカムイに分かれているということになります。そのカムイとはたとえばどういうものかというと、簡単にいうと動物、鳥、虫、木、草。全部カムイです。動物というのは、そこら辺に歩いている犬とか猫とか。あるいはカラスがたくさん電線に止まっている。それらは全部カムイです。カラスのカムイと言ったらカラス自身がカムイなのであって、カラスが十羽ぐらいそこら辺にいたら、そこに十人の神様がいるわけです。

ただしそれらの動物や植物にはランク付けがある。蛙などはあまりカムイとは言わない。なぜならみんな嫌いだから。物語の中では蛙はたいがい悲惨な目に遭う。何でかというと、蛙があんまりいい者じゃないと思われているからです。蛙はジメジメしたところに棲んでいるでしょ。アイヌの世界観の中にも地獄というのがあります。地獄というと、我々は地獄の業火とかいって火がすごく燃えているようなところを思い浮かべるわけですが、それは仏教的な地獄。アイヌ人は寒いところに住んでいますから、火が燃えているところはあたたかくて気持ちがいいので地獄ではない。火が燃えてない寒いところ、ジメジメしたところが地獄なんですね。だから、寒くてジメジメしたところに棲んでいるやつというのは地獄に棲んでいるのも同じで、蛙はその代表なんですね。そういうものはあまりえらい神様の範疇には入らないので、カムイと呼ばれないことも多い。

しかし、大雑把に言うと、動物、植物、鳥、みんなカムイだと言っている。それから、火とか水とか雷とかいった自然現象、こういったものもみんなカムイです。

自然界にあるものだけじゃなくて、家とか舟とか臼などという、人間が作ったものも、人間が作ったところでそこに魂が入る。魂が入って人間のためにいろんな役に立ってくれる。こういうものもカムイである。人間のために役に立って活動してくれるものは、人間が作ったものであってもカムイなんですね。人間を取り巻くあらゆる活動をしていると感じられるものがカムイ。

このカムイっていうのは、人間と同じように精神を持っていて魂があるわけです。魂の状態では人間と同じ姿かたちをしていると考える。ただし、魂は人間と同じ格好をしているんだが、目に見える姿では人間と全然違う格好をしている。カムイの世界というのが別にありまして、普段、魂の状態ではそこに暮らしている。それが何か必要があると人間の目に見えるように衣装をまとって人間の世界にやって来る。

例えば、熊というのは偉いカムイなんですが、普段は人間と同じ姿でカムイの世界――熊の場合は山のてっぺんの人間が行けないような高い山の上におり、そこに暮らしているんだけれども、人間の世界に用事ができると――用事ができるというのは通常は人間の家に遊びに来る場合なんですね――その時には人間のためにお土産として熊の肉を持って、それから毛皮のコートを着て降りてくるわけです。そうすると、我々の目にはそれが熊の姿に見えるわけですね。我々はせっかく人間世界に下りてきたのだから、ぜひ我が家に遊びに来てくださいといって招待状を出すわけです。招待状というのは矢のことで、ヒュッとやるとヒューッと飛んで行って招待状がズブッと刺さるわけですね。これは物語の中では手を伸ばして受け取ったというふうに表現されます。もちろん熊は手を伸ばして矢を取ったりしませんけど、魂が取るんですね。矢を受け取ると死んじゃいますけど、死んだことによってその肉体から魂が解放されます。そこで肉と毛皮は熊のカムイが自分たちに持って来てくれたお土産ですから、人間はそれをありがたくいただいてしまいます。

魂は死ぬとどうなるか。よく物語に出てくる表現では、魂は自分自身の肉体の耳と耳の間に座っている。動物は普通、大体頭のところに耳があるので、要するに額の上、頭の上に座っているというふうによく描写されます。細かく言うと、熊の場合には毛皮のところだけ残して後は全部肉を切り取っちゃって、毛皮をたたんでその上に頭を乗っける。それで家の中に運び込んで、家の中の上座に鎮座させます。その前でお酒を捧げたり歌を歌ったり踊りを踊ったりご馳走を捧げたり、そうやって、熊の頭の真ん中に座っているはずの、人間と同じ格好をした熊の魂を楽しませます。

その後、お土産をいっぱい持たせて魂だけ元の世界に帰っていただきます。熊が人間にもたらしてくれるものは人間が作れないもの。例えば肉、毛皮。これは人間が自分の手で作ることはできません。食べられる肉というのは動物から貰わない限り手に入らないわけですね。つまり、人間が作れないものは自然界のほうから貰う。代わりに人間が熊に対して何をあげるのかというと、自然界に存在しないもの。その代表がお酒。お酒というのは自然にはできないですね。北海道の場合、昔は米そのものが取れない。お米というのは和人、我々の先祖と交易をして手に入れていました。毛皮を売ってそれで米を買う。そのお米からお酒を作る。お酒っていうのは人間が作ってくれない限り絶対手に入らない。それを捧げることでカムイは非常に喜ぶわけですね。

お酒を一滴捧げるとそれがカムイの世界にお椀一杯になって届く。お椀一杯捧げると樽一杯になって届く。樽一杯捧げると樽六つになって届くというふうに増えて届きますので、ちょっとあげればたくさん届きますし、向こうへ行くのはお酒の魂なので、残ったお酒はカムイには必要のないもの。ということで、これはお下がりということで人間が飲んじゃいます。非常に効率的にできている。こういうふうにして、要するに人間とカムイというのは、お互いが手に入らないものを交換し合う。そのために熊はカムイの世界からわざわざ毛皮と肉を持って人間世界にやって来るのだという発想をするわけです。

他にもいろんなカムイがいて、例えば火というのも非常に重要なカムイ。火がなければ人間は生きていけない。何かあったら、まず火の神にお酒を捧げてお祈りをする。お酒を捧げられ、お祈りを唱えられることによってカムイの格が上がっていくんです。どれだけお酒を捧げられたかということがそのカムイのステイタスになっていく。言い換えると人間と自然というものは、持ちつ持たれつの関係であって、どっちがいなくなってもお互いに困る。そういうものであると考えられてきたわけです。

よくアイヌ人の世界観について、自然との共存とか自然との共生とかという言葉で表現されるんですけど、何かちょっと違うような気がします。共存とか共生――特に共存とかと言うと、何かお互いが邪魔にならないように、しょうがないからお互いがぶつからないように暮らしていきましょうかといったイメージを受けるんですが、そうじゃない。人間とカムイっていうのはお互いが一つの社会を作っている。そのどっちがいなくなってもお互いが困ってしまうような、共通した社会のメンバーであるという発想が、アイヌ人の伝統的世界観としては正しい理解の仕方だと私は思うんです。

同じ社会のメンバーですから、アイヌの物語の中には当然のようにカムイが出てきます。それを抜きにしては話が成り立たない。ただお話の中に動物が出てくるというのではない。人間とそれらカムイは同じようなかたちで話の中に関わってきているのだということを理解していただく必要があると思います。

ものがたりと散文説話

さて、それではここで（四）「ものがたり」に移りたいと思います。ものがたりというのは要するにお話、そのストーリーを伝えるのが目的です。これにもいろんな種類がありまして、散文説話、神謡、英雄叙事詩などが含まれます。ユカㇻというのは英雄叙事詩に属しまして、これは超人的能力を持った存在が主人公の、戦いと冒険の話。それから、神謡はカムイが主人公になる話。そして今日は共通テーマが昔話なので、昔話というものに一番近いだろうと思われる散文説話についてお話しします。

散文説話、ウエペケㇾという名称がよく知られていますが、地域によって呼び名が違い、ウエペケㇾというのはその一つです。だから、地域差を考えて散文説話と言っておきます。散文説話とはどういうものかというと、普通の人間が主人公の話です。英雄叙事詩は超人が主人公の話。神謡はカムイが主人公の話。それに対して普通の人間が自分の体験談を語るというのが散文説話です。実はアイヌの物語というのはほとんど主人公が自分の体験談を語る話なので、英雄叙事詩も超人の英雄が自分の体験談を語る、神謡もカムイが自分の体験談を語るという形式です。そして散文説話は普通の人間が自分の体験を語る。

散文説話はまず物語の形式が決まっていまして、一番最初にその主人公の家族構成から語られます。何人家族で誰と誰がいてというところから話が始まるのが普通です。それからどういう日常生活であるか、貧乏か豊かか。男が主人公の場合も女が主人公の場合もありますから、男の場合だったら大体どのくらいの年齢になっていて、狩りをして獲物をたくさんとっているとか、あるいはまだ小さくて最初のうちは狩りも何もしていないとかという、主人公の日常生活みたいなのが描かれます。それから何か事件が起きて、主人公が巻き込まれて話が展開していく。そこで、いろいろカムイだとか他の人間から援助を得て事件を解決する。

日本の昔話ですとここでおしまいですね。例えば桃太郎。桃太郎が鬼が島へ行って鬼を退治して、宝物を持ってお爺さんとお婆さんのところに帰って来て、幸せに暮らしました、でおしまいだと思いますが、桃太郎は結婚したのか、子どもは生まれたのか。雉・猿・犬はその後解散したのか、ちっともわからない。宝物を持って帰ってきたところで話はおしまいで、あとはめでたしめでたしですが、アイヌの散文説話というのはそこで終わりません。必ずその後どういう生活をしたか、主人公がもし独身の男であれば、その後必ず美しい女性と結婚するし、女性ですと立派なだんなと結婚してという話が続く。それで子どもたちがたくさん生まれて、その子どもたちが大きくなって、男なら狩りの名人になり、女の子は刺繍などの名人になって、その子どもたちに孫ができて、その孫が大きくなって自分にご飯を作って食べさせてくれるぐらいになるまで自分は長生きして、天寿を全うして死ぬ。いろいろの体験をして、自分はこういうことで助かって、こんなに長生きをして幸せな暮らしをしたのだよ、ということを自分の子どもたちに言い置いて、〇〇の神様をちゃんと祀るんですよと言い置いて死にましたと、そこまで言うわけですね。

必ずこういう手順を踏みます。極端な場合は、話の全体が十分あったとすると、五分ぐらいで事件が全部終わってしまいます。全部解決して、後の五分は延々とその後幸せに暮らしましたという話が続く。みんな結末部分は同じだから端折ればいいのにと思うのですが、絶対端折らない。その理由は何かというと、一番重要なのは、語り手は必ずこれは本当の話だということを強調するんですね。不思議な話だなあと自分でも思ったとしても、でもこれは聞いたとおりに語っているので一言も自分が付け加えたものはない、これは本当に起こったことなんだというわけです。

つまり、日本の昔話と違うのは、これは事実だと信じて語られてきたということなんですね。昔どこかで実際に起こった事件を体験した人が自分の子孫に語り伝えた。それがいろんな人に伝わって自分のところにまできたんだと考えるわけで、これは一種の自分たちの歴史の証言であり、あるいはいろんな教訓、つまりこんな時にこういうことしちゃいけない、こういう出来事に巻き込まれたらこんなふうに対処するんだ、こういうものには危ないから近付いちゃいけないとか、いろんな教訓がそこに含まれているわけで、そういった生活の知恵とか教訓の集合体といってもいいわけですね。

ウエペケレという言葉で呼ばれている地域があると言いましたけれども、ウというのはお互いにということ、エというのは何々についてということ、ペケレというのは明るくなるということ。つまり、「お互いについて明るくなる」というのが語源です。

どういうことかというと、昔、遠くから人が狩りとかでやって来て一夜の宿を乞うたりするわけです。泊めますと、そこで遠来の客に対して歓迎の挨拶をして、それから四方山話をする。その時にお互いが自分のところの話を語るわけですね。語ることによってお互いについてよく知ることができるようになる。それから、自分の知識が増える。そういうことでお互いについて明るくなる。それによってお互い知識を深め、いろんな出来事について明るくなる。これがウエペケレの語源だと考えられているんですね。そういうものなので、語る人たちにとってはそういう事実として伝えられてきたことなんですね。だから、これは一人の実在の人物の記録なのであり、その人物がどのような生涯を終えたのかというのは、たとえ決まり文句の羅列であろうと、きちんと語り伝えていかなければならないことなのです。

散文説話の具体例

ひとつの話を全部聞いたら大変なことになってしまいますので、ちょっとだけ、こんなふうに語るんだよということで録音をお聞かせしたいと思います。これは木村きみさんという北海道の日高の平取町に住んでいたお婆さん、もうずいぶん昔に亡くなりましたけど、今から二十五年前の一九八三年三月二十四日に私が録音した話です。梗概をざっと説明します。「チチケウニッネイと疱瘡神の息子」という題で、この話では主人公は少年です。

（少年の自叙）私は父と母と暮らしていた。父は私をとても大事にしてくれていたが、私はなぜかしゃべることができなかった。ある日私は山で白い子犬を拾い、かわいがって育てていた。子犬は大きくなると私の代わりにシカでもクマでもどんどん獲ってくれる。父はそれを私が獲ったのだと思って大喜びしては、村人を招いて酒宴を開くのだった。

ある日、犬と一緒に山に行こうとすると、犬の様子がおかしい。山の上の大きなナラの木のところまで来ると、そこに登れというようなそぶりをする。私が登ると、犬は山の上に向かって遠吠えをする。すると山の上から、三匹のオオカミと、クマが下りてきた。しばらくすると、そこに遺体をくるむ茣蓙に足をつけたような、チチケウニッネイという化け物がやってきた。オオカミたちやクマはその化け物と戦ったが、全員倒されてしまった。すると今度は、ミントゥチ（カッパ）のカムイが現れて、小さな矢を射てチチケウニッネイを倒してしまった。

その後で、霰の模様のついた着物を着た男の人がやってきて、私にこう言った。

「わが息子よ、よく聞きなさい。私は疱瘡のカムイだ。昔、この世界を回っている時にお前の両親の家の屋根に宿をとり、お前の両親がとても良い精神の持ち主だったのに、子宝に恵まれていないことを知ったので、カムイの世界で私が持っていたふたつの息子の魂のうちのひとつをやった。それがお前なのだ。ところがその時、言葉の魂をお前にやるのを忘れて、それでお前は口がきけないでいたのだ。

村人たちがお前の優秀なのに嫉妬して、チチケウニッネイを呼び出したのだが、お前の白犬がそれに気づいて、天界から親のオオカミたちを呼び、オオカミたちがクマのカムイを呼んだのだが、やられてしまった。クマのカムイにそのことを知らされた私は、ミントゥチのカムイを呼び出して化け物を倒させたのだ。これからはお前もしゃべれるようになり、私がお前を見守ってやるから、その力で人が見えないものまで見えるようになるだろう」

私は家に戻ると、両親にことの次第を話した。そして村人たちを呼び集めて、オオカミのカムイと、クマのカムイの魂を供養した。それから、のろいをかけて化け物を呼び出した村人に名乗りをあげさせた。三人の村人は心から私にあやまった。外に祭壇を作って疱瘡のカムイに捧げると、カムイの世界で父たちがそれを受け取って酒宴をしている様子が見えた。

私は大きくなって美しい女性を妻にめとり、子供もたくさん生まれて何不自由ない暮らしをした。カムイの父からもらった千里眼で、村に何か災いが起こっても、その原因をすぐにつきとめられるようになり、村人たちからも敬われた。そして、オオカミ、クマ、それにミントゥチの親戚である水のカムイを祀ることを忘れるなと子供たちに言い置いて、年老いてこの世を去ったのだ、と、石狩に住むひとりの男が語った。

実際の語りを聞くとちょっと日常会話と違う一定の抑揚みたいなのがありますね。他の英雄叙事詩とか神謡というのは完全にメロディがついていますので、それらとはまた別物です。

さて、この物語では最後に、「石狩に住むひとりの男が語った」と締め括るんですが、ここで初めて舞台がどこであるかがわかるわけですね。最初に言う場合もありますけど最後にこういうふうにどこの人かと言うことが多い。

この話では、狼とか熊とかというのは人間の味方として登場してきますが、天然痘、疱瘡というものも人間に味方してくれるわけですね。病気のカムイの仕事っていうと、人を殺すことなんで、もちろん恐ろしい神様です。アイヌ語でパコロカムイと言います。パとは年、コロとは持つというのが原義で、年を司る神様。人間の年齢を「お前はもうここまで」と決めてしまう神様だというので、大変恐ろしい神様として嫌われるんですけれども、しかし逆にいうと、そういうすごい力を持っているということは偉い神様で、だからこれを人間の味方に付けることができれば人間は他の魔物たちから身を守ることができるという話なんですね。

要するに、アイヌ人は昔の伝統的な考え方でいうと、自然界のいろいろなものを自分たちの味方に付けて、自分たちに敵対するような魔物、災い、そういうものから自分たちを守ってくれるように、日常的にいろんなカムイにお祈りをしてきたわけです。そこに出てくるチチケウニッネイ、これは、何だかわかんない得体の知れないものなんですね。要するに自然界に存在するものではないというふうに言ってもいいんだけど、それこそ純粋な魔物なわけです。こういった魔物は呪いによって呼び出されるということがよくあります。こういうものは全く人間と共存するとか、人間と手を結ぶとかということとは関係ない存在です。こういうものに対処するためには、できるだけ力の強い自然界の存在を自分たちの味方にしておくことが重要である。そういうような内容の話なんです。

アイヌ文化というのは、これから二十代の人たちを中心に新しく発展していくのではないだろうかと、私は今考えているところです。こういう物語なども「そんな話をしていた人たちがいたんだねえ」じゃなくて、こういうものからこれを現代的に生かそうという動き、こういった話の中で考えられている世界観とか自然に対する考え方などを新しい時代に生かしていこうという動きが出てきているので、失われてしまったものを掘り出してただ懐かしんでいるという状況ではありません。現代の彼らにとってこれらは決してただの「昔話」ではないのです。これで私の話は終わらせていただきます。（拍手）

〔参考文献〕
萱野茂『カムイユカラと昔話』（小学館　一九八八年）
萱野茂『萱野茂のアイヌ神話集成』全十巻　CD付（ビクター　一九九八年）
久保田淳他編『岩波講座日本文学史』第十七巻「口承文学2・アイヌ文学」（岩波書店　一九九七年）
久保寺逸彦『アイヌの文学』（岩波新書　一九七七年）
中川裕『アイヌの物語世界』（平凡社ライブラリー　一九九七年）

ラテンアメリカの昔話

三原幸久

広大なラテンアメリカとその伝承の流れ

私は大学でずっとスペイン語を教えてきました。しかし、研究はほとんど昔話ばかりで、一番良く知られている本といえば、岩波文庫の『スペイン民話集』です。日本の昔話の調査のため、鳥取県、岐阜県、熊本県なども調査しましたが、スペイン語圏ではスペイン本国とチリ、ボリビア、それに中央アメリカ諸国で採訪したことがあります。

まず、ラテンアメリカとはどんなところかと言いますと、ラテン系の言語を話すアメリカ大陸ということです。日本でアメリカというとアメリカ合衆国を指しますが、スペイン語でアメリカといえば、アラスカ、グリーンランド、カナダの北端から南極の近くのチリ、アルゼンチンまでがアメリカです。アメリカ大陸ということですね。ご存知のように、アメリゴ・ベスプッチというイタリア人が、これが大陸だと初めて言ったので、この大陸をアメリカと命名したということです。ラテン系の言葉というのは古代のラテン語が変化してできた言葉で、ヨーロッパには十のラテン系の言語がありますが、アメリカに植民したのはスペイン人、ポルトガル人、およびフランス人だけで、その中でもスペイン人がいちばん多い。もちろんクリストファー・コロンブスが（スペイン語ではクリストバル・コロンと言いますが、）この大陸をスペインのイサベル女王の援助で一四九二年に発見したから、当然アメリカにはスペイン人が多く植民しました。それからローマ教皇アレクサンドル六世のリードでトルデシリァス条約という条約が一四九四年、スペインとポルトガルの間で結ばれました。スペイン王フェルナンドとポルトガル王ジョアン二世が世界の新発見の領土を二つに分けようとしたのです。日本はいつの間にかポルトガル語圏に入っていたわけです。だから日本に来ているキリシタンバテレン（宣教師）はほとんどポルトガル人で、スペイン人は少なかった。それでも、ブラジルではポルトガルとスペインとの境界線争いが後まで続き、それを映画にしたのが「ミッション」という映画です。

ラテンアメリカではスペイン語圏が一番広くて、ポルトガル語圏はブラジルだけ、フランスはハイチとカリブ海の小さい島々、それとギアナ地方の東の端がフランス領ギアナだけです。総面積は千八百六十八万平方キロメートル。これにアメリカ西南部の四州、カリフォルニア州、コロラド州、アリゾナ州、ニューメキシコ州、これは、アメリカ合衆国がそこを欲しくて米墨戦争という戦争を仕掛けてメキシコから奪った土地です。それに、テキサス州は独立させ、テキサス共和国を作ってアメリカに合併しました。このようにアメリカはメキシコ領の一番いいところ三分の一を自分の領地にしたわけです。だからそこでは人々の母語はスペイン語で、今でもスペイン語圏です。この米国南西部が二百万平方キロ。全部合わせると日本の四十九倍から五十倍の面積になります。総人口は五億四千六百万人。それにアメリカ西南部で七千万人。これは全てがスペイン語というのではなくて、英語が母国語の人も多くいます。日本の約四十九倍の広さのところに四・三倍の人間しかいないということはいかに人口密度が希薄かがわかります。スペイン本国は日本の一・五倍の面積があって四千万人です。だから、ずいぶんラテンアメリカは広いということがお分かりになるかと思います。

このラテンアメリカには三つの伝統文化の流れがあります。第一はイベリア半島、つまりスペイン、ポルトガルの文化の流れです。ラテンアメリカの昔話のほとんどの話型は、スペイン、ポルトガルの昔話がそのまま話されているということです。第二には先住民（インディヘナ）の伝統文化です。これは主として神話・伝説なんですが、アメリカ大陸は北のアリューシャンに住んでいるアレウト族やイヌイットから、南極近くの、アルゼンチンとチリの一番南にフェゴ島という島があり、この島とその対岸にはセクルナム（オナ）、ヤマナ（ヤガン）、アラカルフ、アオニケンク（テウェルチェ）の四つの民族が住んでいたのですが、今はみんな滅びてしまいました。この四民族に至るまで、全アメリカ大陸の先住民は全部アジアからアリューシャン海峡を渡って来たモンゴロイドです。我々と同じアジア人種なのです。

私はチリに一年、昔話の調査に行き、向こうでいろいろ知り合いもたくさん出来ました。チリ人の赤ちゃんもよく見ましたが、生まれた時お尻を見ると青い斑点があるんです。ところが、スペインではお尻に青い斑点のある赤ちゃんはいません。ということは、チリでは白人の容貌をしていても何分の一かの先住民の血が混じっているメスティーソ（混血）なのです。すると、お尻に青い蒙古斑ができるのは優性ですので、赤ちゃんには蒙古斑ができるわけです。先住民は主として神話・伝説を伝えましたが、欧州系の昔話を変容する力もこのインディヘナが持っていました。これについては後ほど話させていただきます。

第三はアフリカ系の文化伝統です。十五世紀の末にアメリカ大陸が発見されてから、最初は先住民を奴隷にして農場を経営したのですがうまく行かず、十六世紀から十八世紀まで、主としてポルトガル人がアフリカのギニア湾沿岸から運んで来た黒人奴隷に労働力を頼りました。奴隷の売買というのは非常に儲かった商売でした。

しかもアメリカ大陸へ来てからはできるだけ、同じ言葉を話す人は同じ農場主には売らないわけです。同じ言葉の話せない者をばらばらに、ある一人の主人に売るわけです。こうして奴隷の間に言語が通じず、クレオールという主人の言葉を真似た文法の簡単な新しい言語とその文化が生まれました。彼らは何も持って来られないわけです。それに言葉も通じない。しかし、神に対する信仰だとか伝説だとか、そういうものは持って来ていました。こういうアフリカ系の伝統文化から、ナンシとかアナンシとか、ブキとかトゥクマという昔話の主人公が生まれました。ナンシというのはガーナのアシャンティ族の蜘蛛の神様です。それがアメリカ大陸に来て、昔話のトリックスターになりました。さらに蜘蛛から変じて兎、ティオ・コネホと言っていますが、これは「兎おじさん」、こういう「兎」とか「蜘蛛」のトリックスターの話が米国南部からアンチル諸島を通って南米のカリブ海沿岸に広く分布しています。これらは全部アフリカ系の伝承なのです。

ラテンアメリカの昔話

これだけ広い土地と五億の人間がいてもラテンアメリカ全体でスペインの倍ぐらいしか昔話は集められていません。スペインでも五千話ぐらいしか昔話は集められていません。これは昔話がないのではなくて採集した人が少ないのです。ラテンアメリカで最も昔話調査が進んでいる国はメキシコとアルゼンチンです。米国南西部とメキシコにはファン・ラエル、アウレリオ・エスピノーサ、フイーラー等の多くのスペイン語を母語とする米国人や、スペイン文化の研究者が入って、メキシコの昔話集を米国民俗学会やＵＣＬＡから発行し、あるいは『米国民俗学雑誌』上に発表しています。アルゼンチンでは多くの昔話集が出た後、スサナ・チェルトウディ女史が二冊二〇〇話の昔話集を教育省から出版し、さらにベルタ・エレナ・ビダル夫人が一九八〇年から一九八四年にかけて九冊二六五四話を含んだ昔話集を出版しました。チリはラモン・ラバル、ロドルフォ・レンス等の民俗学者が昔話を集めましたが、七〇年代からピノ・サアベドラが七冊の昔話集を出しチリの昔話の概観が解るようになりました。他にはブラジルのカマラ・カスクードやシルヴィオ・ロメーロ、エクアドルにカルバリョ・ネト、グアテマラにセルソ・ララ等の著名な調査研究者がいます。カリブ海のプエルトリコについてはオールデン・メイスンが、小アンチル諸島についてはエルジー・クルーズ・パースンズの黒人系昔話の大きな収集が米国民俗学会から出版されています。またいろいろな先住民の神話伝説の調査研究はほとんどカトリック諸伝道会の宣教師の力に負っています。フェゴ島の先住民の伝説を集めた神言会のマーティン・グジンデ師、ベネズエラのペモン族の伝説を集めたカプチン修道会のセサレオ・デ・アルメリャーダ師、チャコのチャマココ族の伝説を集めたサレジア会のリカルド・ピッティーニ師などがいます。カトリック宣教師は一六世紀にアステカの伝統文化を研究したベルナルディーノ・デ・サアグン師以来、偏見を持たずに先住民の文化を記述する民族学者として資料を残しましたが、これらの資料を彼自身ベネズエラのワラオ族の伝説の研究者であるジョハンネス・ウイルバートとカリン・シモノーが集大成した民族別の『南米先住民の口承文学』シリーズ全二〇巻がＵＣＬＡから英訳して出版されました。

私もラテンアメリカではチリに一年行きまして、昔話だけじゃなくて、ほかの民俗調査もいっしょにしましたけれども、伝承的な昔話を集めて一部関西外国語大学論集の中に発表しています。ボリビアは一ヶ月行って全部で八百話ほど集めまして、六百話を『ボリビアラバスの口承説話』のタイトルで出しています。一ヶ月で六百話ですからね。

向こうに住んでおればどれだけ集められるかと思うのです。

また昔話の研究には話型目録がどうしても必要ですが、ラテンアメリカの昔話の話型目録は一九五七年にテレンス・ハンゼンが『キューバ、プエルトリコ、ドミニカ共和国と南米の昔話話型目録』を、一九七三年にスタンリー・ロウブが『メキシコ昔話話型目録』をUCLAから出版し、一九八〇年にヘレン・フラウァーズが『西インド諸島の話型モチーフ索引』を博士論文として発表しています。また現在動物と本格昔話までが一九九五年から二〇〇三年に出版されたフリオ・カマレーナ、マクシム・シュヴァリエ共編の『スペイン昔話の話型カタログ』にも各話型毎にラテンアメリカの類話がすべて記載されています。ブラジルの昔話については二〇〇五年にブラウリオ・デ・ナシメントによって『ブラジル昔話カタログ』が出版されています。

イベリア半島から受け継いだ昔話が、ラテンアメリカでどのように変容したか。アメリカのフランツ・ボワズという昔話の研究者がいます。チリではロドルフォ・レンスというドイツ系の人で、チリで言語学と民俗学で非常に活躍した方がいますが、二人ともアメリカ大陸の先住民の昔話はほとんど全てヨーロッパの昔話が変化したものである、独自の昔話を伝えたものは少ないと書いています。伝説および神話は別ですけれどね。スペインの昔話がラテンアメリカでどのように変化したかを見るために、いくつかの例をあげましょう。

南米の先住民の説話に「星女房」の話があります。ある時、非常に醜い、あるいは体に欠陥のある男の子が、誰にももてないで、空の金星を眺めて、「金星はきれいだなあ」と言ってあこがれていると、ある夜、美しい若い女性が来て、若者が一人寝ている寝床に潜り込み、そして二人は夫婦になります。実はそれは褒めてもらった金星が人間の女になって地上に下りて来たのです。その金星の女の人はいろいろな植物の種を蒔いて農業を教えてくれました。しかし、村の人たちに意地悪されたり、姑と仲が悪くなって怒って天へ帰って行きます。帰って行く時に、自分も連れて行ってくれと夫が言うから、夫を伴って、あるいは夫と子どもを両脇に連れて天に上るわけです。

天に上るとその金星女房のお父さんが、地上の汚らわしい人間なんか連れて帰って来たので非常に機嫌が悪い。それに天空はものすごく寒いんです。それで、「どんなに寒くても火に触ってはいけませんよ、ここの火は熱くなくて冷たいんだから」と言われるんだけれど、あまり寒いので火に触ると、ドライアイスのようにものすごく冷たいわけです。それで火傷をして死ぬ。そのように、最後は必ず離別に終わっている。可愛そうな二人の離別になっている点では日本の「天人女房」と同じです。

「天人女房」というのは世界中にあります。ヨーロッパにもSwan Maiden（白鳥乙女物語）というのがあります。でも、恐らく白人が教えたとは考えられないような、ブラジルの山の奥のマトブロッソに住むクラオー族やカヤポー族やシャバンテス族などの諸民族までその星女房の話を持っているのは、これは謎以外の何ものでもありません。

アンデスの幽霊の話

次に取り上げるのは、中部アンデスのペルーと、私も調査しましたボリビアの話です。そこの資料を利用して幽霊の話をしたいと思います。

ペルーの話はホセ・マリア・アルゲーダス（一九一一―一九六九）という、二十世紀前半の、ラテンアメリカ文学史を見ると必ず載っている有名な小説家の資料なんです。この人は非常に特異な小説家であり民俗学者で、白人の子どもなんですけれど、事情があって幼い時にケチュア族の先住民のところで大きくなったわけです。そして、スペイン語ではなくて、ケチュア語を母国語として育った。小学校へ行くようになって初めてスペイン語を覚えたという、変わった経歴を持っています。だからケチュア語が母語のペルー文学者です。

それで、ケチュア族のことをいろいろ書いた小説があります。たとえば『深い川』という先住民の生活を描いた小説（日本語の訳もあります）を書きましたし、ケチュア族の昔話をたくさん集めて、ケチュア語とスペイン語の対訳で『アメリカ民俗』という雑誌に発表しています。その中の幽霊の話を資料にしますが、私はこれらをずうっと昔に訳して、新世界社というところから『インカの民話』という本で出版しました。それからもう一つの資料はボリビアで私が採集した亡霊話です。

アンデス地方の亡霊話でスペインの亡霊話とほとんど同じ要素の話ももちろんあります。亡霊は理性的に（?）行動しています。

孫が道を歩いていると亡霊に出会う。勇気があるそのシモンという孫は、亡霊に「何のために私の前に現れたのか」と聞くと、「自分はこれこれで地面に他人の鏨《たがね》を埋めたのです。そして罰を受けて亡霊になっています。自分の家へ行って鏨を掘り出して返して下さい」と頼む。シモンが承知すると亡霊は去り、シモンは亡霊の住んでいた家に行って鏨を掘り出し、持ち主に返した。

これは私が書いた本の中から取ったものです。しかしこれでも、スペインの幽霊は、日本の幽霊とちょっと違うわけです。日本の幽霊は大体、弱者がこの世で果たせない恨みを果たすために出てくる。だから、一番の社会的弱者はかつては女性だった。だから幽霊は『四谷怪談』のように大体女性。それから、検校の位を取るために大金を持って京都へ行く途中で、盲人文弥が殺される有名な『蔦紅葉宇津谷峠』のような例もあります。これは河竹黙阿弥という、有名な脚本家が安政三年に書いたものです。

ところがスペインのはそういう恨みを晴らすために出る幽霊ではないのです。スペインの幽霊で一番多いのは、盗みをした、横領した、土地の境界線を潰した。それから神父さんでも悪い神父がおりまして、ミサ代を貰ってミサをしなかったという、そういう悪い神父さんがおるわけですね。そういう人が死んでも死に切れないわけです。それで、あの世へも行けずにこの世をうろうろしている。たとえば、ある教会でいつも夜中の十二時に幽霊が出て、ミサの鐘が鳴るんだけれども、中に誰もいない。それを勇気のあるある若者が聞いて、十二時に教会へ行く。すると、幽霊の神父が現れて、「実はお金を貰ってミサをしてないんだ。しなければ私の義務は果たせないから、あの世へ行けないんだ」と言う。ミサをする時には手助けする人がいますので、「手助けしてくれ」と言う。頼まれて手助けをするわけです。そしたら、「ありがとう、これで私もあの世へ行ける。お前にはこれこれの恵みを上げよう」と言って、特殊な能力を貰うわけです。

百姓が土地の境界線を動かして自分の土地を広くする。これは大きな犯罪です。それをやったがためにあの世へ行けないで、土地の境を元に戻してくれと言って頼むために幽霊になって出てくるんです。こんな例はたくさんあります。

また銅貨とか銀貨とかを土地に埋めてそのまま死んでしまったら必ず幽霊になって出てくる。日本にも「宝化物」という昔話がありまして、宝を埋めたところにいつも幽霊が出てきます。そこへ勇気のある人がその古寺へ行って一晩泊まって幽霊の言うことを聞いて、宝物を掘り出してやったら幽霊は出なくなって、その宝物を貰ってそこの住職になったという話があります。

これは鏨にしろ銀貨にしろ、金属には呪力、マジックパワーがある。金属というものは埋めてはいけないんです。この世に役立たなければいけないんだということなんですね。だから埋めてはいけない。

もう一つは、「ミサを求める」という話です。ミサをしてくれと言って死者が出てくるわけです。日本では死者の供養をするわけですが、いったい死者供養は何のためにするのか。これはあの世にいる死者の霊を慰めるために、煉獄にいる死者の霊にプラスになるようにするのです。プロテスタントは死者供養はしないんです。死んだらまっすぐイエス・キリストのところへ行く、神様の元へ行くと考えています。ところがカトリックはそうじゃない。

私がチリにおりました時に、知り合いのお嬢さんが若くして亡くなりまして、日本でいう命日になると母親は教会へ行ってお金を払って、死んだ娘の霊をあの世から呼び出してもらうのに立ち合いました。スペイン語で「エボカール」と言いますが、そうしてその霊に対して祈りを捧げます。お金を払って神父さんがしてくださるのです。これは明らかに死者供養です。

カトリックではイエス・キリストの時代、あるいは中世初期には地獄と極楽しかなかった。ところが、それじゃ悪いことをした者は元へ戻れない。正しい道に戻れない。それじゃやはりよくないということで、地獄と極楽の間に煉獄という、(スペイン語ではプルガトリオといいます) 世界をこしらえました。もちろん修復できない大罪というのがあります。これはもう地獄へ直行します。しかし何とか直せるような罪だったら、その煉獄に何年かいて、身を清めて天国へ入れるということなんです。ただプロテスタントやギリシャ正教では煉獄の概念を認めていません。このケチュア族の世界では煉獄という観念はありませんけれども、地獄に熱い地獄と冷たい地獄があり、熱い地獄というのは火に焼かれる地獄。冷たい地獄は氷のことで、これはアンデスの高い冷たい山。アンデスの話は冷たい寒い話ばかりです、逆に、スペインは喉の渇いた話ばかり。水が不足しているから。日本のようにいつも洪水で困っている国ではない。いつも喉を乾かして困っている。寒い地獄は天国へ行ける可能性があるわけです。そういうところの霊は放浪している。スペインの霊は何か頼むためにこの世に現われる。この点ではスペインの幽霊もアンデスの幽霊も同じです。ただペルーやボリビアの放浪している霊の中には何とも悪い獰猛な霊があるわけです。この点がスペインの幽霊話とアンデスの幽霊話の大きい違いです。日本の幽霊は自分の産んだ子どもがわからないような幽霊はいません。自分の親族や自分を良くしてくれた人に仇をなすような幽霊はいません。ところが、このペルーやボリビアの幽霊はだめなんです。

ペルーの話ですが、仲良くしている二人をどうしても親が許さない。それは女の身分が低い、女の家が貧乏である、女が年上であるとか。まあそんな理由でケチュワ族の親が結婚を許さない。で、二人は駆け落ちをしようという。そして、村を離れて駆け落ちをするんです。ところが、このアンデスの高山は非常に怖い。

私、チリにいる時にチリの一番北の、ペルーに近いアリカというところへバスに乗って行きました。昔は途中まで鉄道はあったんですが、今はバスで行かなくちゃなりません。バスといっても長いところは二十四時間乗るんです。そして、夜に寝て、朝起きて外を見るとびっくりします。月世界へ来てるんじゃないか。全く荒れ果て、四、五センチぐらいの草が少し生えているぐらいです。

ところで、駆け落ちした二人はプーナと呼ばれる海抜三千メートル以上の全く水のないところをさ迷い歩くのです。途中で男が大事な財布を忘れたことを思い出し、恋人を待たして自分は家へ帰るわけです。家へ帰って暗闇を、もちろん電気があるわけじゃありませんから、ごそごそと探していたら、お父さんは泥棒が入ったと思う。そして、そっと太い棒を持って出てきて、ここぞと思うところを頭から叩いて殺してしまう。ローソクを点けてみると殺したのは自分の息子。恋人と逃げる途中で親に殺されたわけですね。当然恋人への気持ちが残っているから幽霊になります。そして、亡霊になって戻って来るわけです。日本の幽霊と違って足もちゃんとあります。顔も、しゃれこうべと書いてある話もありますが、大体顔も普通にあります。どこでわかるかというと、食物を食べる時、体の中に食道も何もないんで、全部こぼれちゃうわけです、喉から。そして服を汚す。それで亡霊だとわかるわけです。恋人にはわからない。「遅かったねえ。」「やっと戻った。ちょっと家でごたついて遅くなったんだ。」

そこで、二人で逃亡生活を続けるわけです。そして、山の中の小さい教会へ入ると、その教会の守をしているお婆さん、実はこれが聖母マリアだというんです。このへんのところ、カトリックとケチュア族固有の信仰といっしょになってるんですね。そして、女の子の傍にそっと寄ってきて、「お前といっしょにいる男の人は誰なの。」「私の恋人です。いっしょに村から逃げて来ました。」「あれはもう生きてはいないよ。あれは亡霊だ。いまに食い殺されるよ」と言って、櫛と鋏と紐を与える。これは日本のお伽話の「三枚のお札」と同じです。いわゆる「呪的逃走譚」ですね。それを貰って恋人が追いかけてきたら投げるんです。それが丘や川や森になります。「どうして私から逃げるんだ。お前の恋人じゃないか」と叫ぶのですが、幽霊なのでそれから逃げおおせて助かるという話です。幽霊がそういうふうに恋人に仇をなそうとするなんてことはヨーロッパや日本の観念では考えられない。だから幽霊話といっても国によってみんなそのかたちが違うわけです。

次に幽霊話との関連でお話したいのは、世界中に分布するアールネ・トンプソンの昔話型録で三〇一番の「熊のジヨン」という話があります。スペイン語ではファン・エル・オソ、すなわち「熊のファン」。

これは人間の女性、奥さんあるいは娘さんが熊にさらわれます。熊はその女性を殺さないで自分の奥さんにします。そのうちに人間の女性は妊娠するわけです。そして、熊と人間との間の子どもが生まれる。そして、その子どもが大きくなったら、熊の子どもですから力があるし、人間の言葉もわかる。お母さんの言う言葉を聞いて、お父さんの熊をやっつけて、お母さんを背負って村へ帰ります。その子どもは力が強くて、友だちに悪口を言われて、友だちを殴って傷つけたり、殺したりします。それで村にはいられず、旅に出て二人の強い仲間といっしょに誘拐された王女様を助けに行くというのがヨーロッパの一般の話です。

アンデス地方ではその熊と人間の子どもが、亡霊を退治に行くわけです。いくら亡霊が襲ってきても亡霊よりもはるかに強い。そして、亡霊を正道に戻してやります。すなわち、亡霊を天国、スペイン語でパライソへ送ってやる。そういう話がたくさんあるのです。みごとにスペインの昔話に先住民の亡霊の観念が入り込んでいるのです。

私はボリビアに一ヶ月いて、首都のラパスの辺はケチュア族ではなくてアイマラ族で、私は主にアイマラ系の文化のところで調査したんですが、アイマラ族の人々に「あなたの宗教は」と聞くと、「わしは善良なカトリックだ」とほとんどの人がそう言います。プーナを歩いて行きますと、ところどころ日本の地蔵堂のような礼拝堂があります。中には白いマリアじゃなくて真っ黒なマリア像が置かれてあります。その壁を見ると、いっぱいいけにえのリャマの血が塗られた跡があるわけです。キリスト教でそんないけにえなんか捧げません。

地鎮祭をやる時には、駱駝科のリャマの胎児を、人柱じゃなくてリャマ柱として地中に埋めます。そのためのリャマの胎児を乾燥して売っています。ラパスのサンフランシスコ教会の裏へ行くと呪物を売る店がいっぱい並んでいます。一番表に立ててあるのはそういうリャマの胎児です。たくさん需要があるのか、どこの店でも売っています。リャマを殺して、おなかの中の胎児を取り出して、それを引き伸ばして乾燥したものです。

リャマのいろいろな供犠をやってくれと言ってお金を出すとリャマを一頭買えるわけです。それを屠殺してもらって。目の前でね。もちろん伝統に則って殺すわけです。それで、土地に埋めて、残った肉は固くて食べられないからみんな村の人に振舞いました。リャマを殺していけにえにして、いろんな行事をするのです。完全なシンクレティズムです。いわゆる混交宗教ですね。人々はそれをカトリック信仰の一部だと思っています。

一般的にカトリックは、伝承に対して寛大なんです。プロテスタントは、昔のお祭はするな、そんなまじないなんてとんでもない、リャマを殺して祭るなんてとんでもない。そういう点で不寛容なんです。だから、アンデスにもぼちぼちあるのですが、近年プロテスタントを受け入れた村々では祭りが全部なくなります。共同体の祭りがですね。そのためカトリックを信ずる人たちとプロテスタントの人たちの仲が悪くなって争いが起きるということも起こっています。

天に昇った狐の話

スペインの話がラテンアメリカでどのように変化したかを示すために別の話をしましょう。

『今昔物語集』天竺編の中にインドのパンチャタントラの話があります。池の中の亀が、干天で池が干上がって死にそうになり、自由に空を飛んで行けるサギに、「お前たちは幸せだなあ、どこへでも行けるから。水のある池に行けるから」と言うと、「じゃあ、お前を運んでやろう」と、親切に一本の棒を二羽のサギが銜えて、真ん中を亀が銜えて。「その代わり、絶対口を開けるなよ。口を開けると落ちるから」と言って運ぶわけです。途中で下から、「やあい、おかしいなあ、亀が飛んでらあ」なんて散々悪がきどもが悪口を言います。腹を立てた亀は、口を開けると落ちることがわかっているのに「何を言うか」と大きな口を開けたとたんに落ちてしまって、木っ端微塵になりました。この話はインドのパンチャタントラから、ずうっと西へ行って『カリーラとディムナ』という本になり、ヨーロッパの昔話にもたくさんあります。この日本では「亀の天昇り」と呼ばれる昔話はATの昔話カタログでは二二五となっていて、スペインではすでに亀が狐に変わり、狐が鷲に頼んで天に連れて行ってもらう話になっているのです。

南米ではどうなっているかというと、やはり亀の話が狐の話になっています。狐というのは日本では人を化かすと同時にお稲荷さんのお使いともなっています。しかし欧州では鶏を飼っていて、狐が鶏を食べるから害獣です。飼っている兎や食用鳩を食べるから怖がられています。「呼ぶよりそしれ」という日本のことわざがありますが、呼んだらそいつが来るのです。狐という言葉は元はラテン語でvulpesと言ったんですが、狐と言って狐が来ると困るから、狐とは言わないで、「あのずるい奴が、あのずるい奴が」と言って、スペイン語では使わなくなって、「ずるいzorro」というのが狐のスペイン語になりました。ヨーロッパの方々の言葉では、元もとの「狐」の語はみんな忘れ去られてしまって、ユーヘミズム（婉曲語法）といいますが、他の言葉で現しているのです。

ラテンアメリカではどうか。「ずるい奴」以外に狐を「女たらし」、「大食漢」と見なしています。天国で時々宴会が開かれる。行ってみたいけれど狐は行けない。そこでコンドルに「連れて行ってくれ」と頼むんです。アンデスではコンドルは高貴な鳥とされています。コンドルは、「お前を連れて行ってやってもいいけれど、お前は行儀が悪いし、食い意地が張ってるし、酒を飲んだら止めようがないし、お前を連れて行きたくない。」「絶対そんなことはしない。お前が帰るという時にはわしは必ず帰るから」。それでコンドルの背中に乗せてもらって行くわけです。行くともういっぱいご馳走がある。地上にはないご馳走がある。そこでご馳走を食べるとなかなか帰ろうとしない。コンドルは、「おい、もう帰ろう」と言う。「まだ帰らない。もっと食べる」と。コンドルはとうとう怒って、自分だけ先に帰ってしまう。狐は酔いが醒めてみると高い天上で、自分は羽根もないのに帰ることができない。困って泣き出すんですが、何とか一生懸命綱をなって、天の大木にくくり付けて、それを伝って下りて行くわけです。そうすると、オウムが空中を飛んでいる。オウムが、「やあい、狐があんなところを一人で下りてらあ」と散々悪口を言う。狐は怒って「この糞垂れオウム」とかいろいろと言うわけです。オウムは怒ってその綱を啄ばむ。それでとうとう綱が切れて落ちるわけです。「おおい、下の岩よ、退いてくれ」なんて叫ぶのですが無理です。石にあたって狐は木っ端微塵になる。そうすると、胃の中に入っていたいろいろな天上の穀物が地上に撒き散らされて、地上でキヌアやカジャワのような穀物、オジュコのような芋が栽培されるようになったと言われています。いわゆるハイヌェレ神話という、一つの神話の型を成しているわけですね。こんなものはヨーロッパにはありません。これは中南米だけのことなんです。しかもこのモチーフはアンデス地方だけではなく、アルゼンチンの極南の地の、先に話したテウエルチェと言う民族の神話「天に昇った狐」にもあるのです。ここでは、狐は白鳥に頼んで天上に行き、綱で下りて、地上に落ち、狐の頭から穀物ではなく、美しい花が生えたと言っています。

ヘンゼルとグレーテルの変容

ラテンアメリカにおけるスペイン昔話の変容という問題で、最後にAT三二七の話型を見てみましょう。この話型はグリムの「ヘンゼルとグレーテル」として有名です。スペインの「ヘンゼルとグレーテル」は欧州共通のモチーフを持っています。例えばシウダー・レアル州で採集された類話は次のようなものです。

ペリキートとマリキータという兄妹の二人の子供のいる夫婦の、妻が死に、夫は再婚します。しかし継母は二人の子供を邪魔にし、夫に子供のことをいろいろと悪く言い、子供を捨てるように説得します。結局、夫婦は二人の子供を捨てます。子供達は飢えに苦しみ、さ迷い歩いた末、光を見て、窓がキャラメルで出来た家を見つけます。そこは鬼の家で、兄を鶏小屋に閉じ込め、妹を女中代わりにこき使います。鬼は兄を太らせるためにドンドン御馳走を食べさせますが、「指を見せろ」と言われる度に、鶏の骨を出して、まだ痩せていると思わせます。鬼は誕生日に妹から食べようとして、炉に火を起こし、妹に中へ入れと言いますが、妹は入り方が解らないから先に入って見せてくれと答え、鬼が覗き込むと、妹は聖パウロと聖ペテロを呼び出します。両聖人はシャベルを持って現れ、鬼を炉の中へはたき込んでくれ、二人は逃げることが出来ます。

ほとんどのスペインの「ヘンゼルとクレーテル」は同じような筋書きです。しかし私がボリビアで採集した四話の「ヘンゼル」のうちの一話、ラパスの郊外のウンカジャマヤ村で採集した話は、三人の兄弟が旅に出た原因はなくて、次のようなものでした。

三人は明かりを見つけ、そこで泊まろうと代金を払って車を下り、その家へ出かけます。そこは魔女の老婆が三人の娘と家畜と共に住んでいました。泊めてくれと頼むと、老婆は良く肥えたご馳走がやって来たと思って喜んで泊めてくれ、娘達のベッドの隣に寝床を作ってくれます。子供達は「兎がやかましくて眠れない。」「羊がやかましくて眠れない。」「ロバがやかましくて眠れない」と言って中々寝ません。老婆は兎、羊、ロバを野原へ捨てに行きます。娘達が先に眠ると、弟は上の二人の兄を起こし、娘達を自分達のベッドに移し、自分達は娘達のベッドに眠ります。老婆は子供達だと思って、自分の三人の娘を殺して、台所へ寝に行きます。弟は二人の兄を起こし、その家から逃げ出します。自分の過ちに気付いた老婆は、魔法の太鼓と、布袋を三つ持って子供達を追い駆けます。魔女の姿を見た子供達は高い木に登ります。老婆は木の根元でアイマラ語で呪文を唱えながら、太鼓を叩くと、二人の兄は次々に木から落ち、老婆は兄達を袋に収めます。弟はそのすきに木から降りると、子供を見失った老婆は木に登って行きます。弟は太鼓を手に持って呪文を唱えると老婆が逆に木から落ち、袋に入れられ、兄達は助かります。

魔女の娘達と入れ替わる挿話は欧州の「ヘンゼル」でもよく見られるモチーフですが、最後の子供達が木に登り、木が天にのびるように神に祈るなど、超自然的な方法で捕えようとする魔女からのがれようとするモチーフはアンデスと共に、カリブ海にある西インド諸島の昔話にもよく見られるモチーフで、ラテンアメリカ独特のものと考えられ、日本の「天道さん金の綱」の最後のモチーフを思い出させるモチーフです。

スペインの昔話はこのようにラテンアメリカへ伝わったまま伝承されたのではなく、先住民やメスティーソの子孫達はそれに自分達の独特の要素を付け加えて変化させていったことがこれらの例でよく解ります。それが民衆の力なのです。

それでは時間が来ましたので、ここで終ります。

〔参考文献〕

ラテンアメリカの昔話集は日本語と英語で読めるものだけを挙げておきました。日本語ものは絶版が多い。

Paredes, Americo, Folktales of Mexico, 1970, University of Chicago Press.
Pino Saavedra, Yolando, Folktales of Chile, 1970, University of Chicago Press.
三原幸久『ラテンアメリカの昔話』（民俗民芸双書）一九七二年　岩崎美術社
三原幸久・平倉佳子共訳『チリの民話』一九七五年　新世界社
三原幸久訳『ブラジルの民話―北東部編』一九七六年　新世界社
伊藤太吾・在田佳子・三原幸久編訳『アルゼンチンの昔話』（世界民間文芸叢書八）一九七八年　三弥井書店

昔話の歴史と民俗

昔話と民俗

田中宣一

はじめに

ご紹介いただきました田中宣一でございます。「昔話と民俗」の題をいただきましたが、昔話そのものが伝承文化すなわち民俗ですから、なかなか話しにくい内容ではございます。今日は一つの昔話を取り上げさらに関連した話も紹介しながら、それが民俗とどういうふうに関係しているのかということをお話申し上げたいと思います。

昔、寺子屋ではお習字の筆が古くなるとまとめてそれを供養していました。現在では古時計の供養というのが行なわれています。私の机の引き出しには古い万年筆が七、八本あります。時計も少しありますし、メガネは五つ六つある。これらは捨ててもいいのですが、何となく長年愛用してきたものは捨て難い気持ちでおります。私はしたことがありませんが、そういう卑近な器具を供養して処分する行事が各地にあります。本日は昔話を説明したあと、最後には、そういう道具の供養という民俗に話を結び付けていく予定でおります。

一　「宝化物」「化物問答」など

昔話に「宝化物」という話があります。これは日本全国に分布していますが、鹿児島の話を紹介しましょう。

昔あったることに――その島は旅の人が来れば、一軒の家が建ててあってその家に寝泊りさせることにしていた。鍋釜《なべかま》の用意がして、だれでも宿っていけるようになっていたが、どうしたものか何人も二日と続けて宿れる者がなかった。ある人間がこの島（ここでは村の意）に入り込んだ。「宿貸《い》らくり」といって回ったがだれも貸してくれず、ある人がいつものところへ案内した。男がその家に宿ってみちゃところが、夜中になって、りっぱな女が出てきて、何か二言葉三言葉いってから見えなくなったあんばいじゃ不思議なことがあると思っていると、次の夜は大きな蛇《へび》が出てきた。その次の夜は男が出てきて、これも二言葉三言葉何かいって消えてしまった。四日目の夜はまた初めの女が出た。そしてあなたは何処《どこ》の何という人かとたずねた。自分はこういう者だと答えると、「この家は何処の島の客人が来ても二日と続かないが、あなたのような人はいない。それであなたに頼みがある。自分は永くこの家の下に埋められている金で、早く世の中に出て世の中の人を喜ばせたいと思うが自分の力ではそれができらず、今までいっぱい苦しんできた。どうか早くわたしを掘り出して下さいお頼みいたします」というのである。それで男は明日は早速村の人を頼んで、その家の下を掘ってみたら、金がたくさん出た。男はその金を半分は村にくれて、半分は自分がもらって帰った。何百年も埋もれた金は、化けて物をいうちゅうもんじゃ。

――鹿児島県大島郡喜界島――

（『日本昔話大成』7）

次は「化物問答」で、「宝化物」と似たような話です。

昔一人の旅のお侍様が日の暮れ方に村へ来て、百姓の家へこん夜一晩泊めて下さいと頼んだ。その百姓の家では、わしの家は貧乏で泊めてあげたくても泊めてあげれんが、この向こうに一軒のお寺があります。化け物が出るといって住む人がなく、空き家になっておりますので、そこへ行ってお泊まりなんしょと教えてくれた。お侍様はそれを聞いて、それでは私がこん夜そのお寺へ泊まって化け物の正体を見とどけてあげましょうといって、お侍様は一人でそのお寺へ行って、今に何か出てくるかと思って待っておった。夜がだんだんに更けてきたと思う時分に、東の方から大きな光り物が、てかあんてかあんと光ってきてお寺の縁側へどたんと下りた。そして「そくへいたんはおるか」という。お侍様が家の中で「そういう手前は何者だ」というと、その光り物が「東原の馬頭」という。「東はひがし、原ははら、馬頭とは馬の頭の化けた物だ。そんな物に怖いような俺ではない、帰れ帰れ」とお侍様がいうと、その光り物がまたてかあんてかあんと光って行ってしまった。すると今度は西の方からまた光り物が、てかあんてかあんと光ってきてお寺の縁側へ下りて「そくへいたんはおるか」という。「そういう手前は何者だ」というと、「西竹林のさいじょっけい」「西はにし、竹林とは竹の林、さいじょっけいとは鶏の足の化けた奴《やつ》だ。そんな物に怖い俺ではない、帰れ帰れ」そういうと、その光り物はまたてかあんてかあんと光って行ってしまった。すると今度は南の方から火の玉がてかあんてかあんと光ってきて、縁側へどたんと下りて「そくへいたんはおるか」「そういう手前は何者だ」「南海の大魚」「南はみなみ、海はうみ、大魚とは大きな魚の化けた奴だ。そんな物に怖い俺ではない、帰れ帰れ」またてかあんてかあんと光って帰って行った。そうすると今度は北の方からまた光り物が、てかあんてかあんと光ってきて縁側へどたんと下りて「そくへいたんはおるか」「そういう手前は何者だ」「北池の蟇《ひき》」「北はきた、池はいけ、蟇とは蛙《かえる》の化けた物だ。そんな物に怖い俺ではない、帰れ帰れ」またてかあんてかあんと光って行ってしまった。もうそれっきりで後は何も出て来なんだ。あくる朝になってお侍様は、何かこのお寺の中に化け物が呼びに来た物がいるに違いないと探してみたら、縁の下に古下駄の緒の切れたのが片方あった。そくへいたんというのはこやつに違いないと、それを焼いちまった。それからは化け物は出んようになった。

——長野県下伊那郡——

（『日本昔話大成』7）

同じようなことをしつこいように繰り返し語っていますが、これは昔話のひとつの語り方ですね。この話は要するに、古い下駄がそのまま縁の下に置いてあった。それがどうも化け物の仲間だったようです。さっきの話はお金で今度は古下駄です。その古下駄を焼いてしまったら化け物は出なくなったということです。

次には「化物寺」です。岡山市で語られていた話の粗筋を示しておきましょう。

旅の侍がやってきて、村の人に言われた寺に泊まっていると、化け物が次から次へと出てきた。それに負けないで、やっつけられることなく翌朝を迎える。百姓どもが来ていろいろ尋ねる。夜に出てきた化け物から類推して寺の中を探すと、いろいろなものが見つかった。椿の木で作った槌とか袋の中の茶かす、馬の頭、片目しかない鶏、一匹の人魚女など、いろんなものが出てきたけれども、最後のところで、村人たちはこれらの供養をしたので、その後はもう何事もなくなった。

（『日本昔話大成』7）

結局、今までそういう宿とか寺に泊まる人を悩ませていたのは、古い放ったらかされていた物品だったのです。それらが夜になって化けてきた。侍とか坊さんたちはそれに負けないで、何とかがんばって次の朝を迎えた。明るくなって探してみるともう化け物はおらず、あちらこちらに化け物の正体だと思われる古い道具類が転がっていた。そこでそれらを焼いて（焼くのは供養を意味すると思う）しまったり、あるいは世の中に役に立ちたいと思っていたお金を村の人と折半して有効に使った、あるいはここでの三番目の話にあるように、それらの道具を供養してやった。それから後は化け物はもうその寺には出なくなった。こういう話であります。趣向はそれぞれに違いますけれども、「宝化物」「化物問答」「化物寺」は今言ったような点で一致している話でございます。

二　昼の時間、夜の時間

ところで、これらの昔話はどういうことを教えてくれるのか。民俗という立場から考えて、私は二つのことを教えてくれていると思ったわけであります。その一つは「昼の時間、夜の時間」ということです。

昼は何でもないけれども、夜になると出てくる化け物。今の三つの中には語られていませんでしたが、他の同種の話を見ますと、夜は侍や坊さんが寝ている隣の部屋で非常ににぎやかに歌ったり踊ったり、何か悪さをしている。そして夜が明けると同時にパタパタとそれらがいなくなって、よく探してみると、台所の戸棚とか玄関のどこかに、擂り粉木とか藁を叩く槌とか、あるいは茶碗とか土瓶とかに戻って、何食わぬ顔で納まっている。また、夜になると出てきて踊ったり歌ったり、あるいは人に悪さをするという話もあります。

ここには夜と昼というテーマがございます。幽霊でも何でも出てくるのは夜です。幽霊が昼に渋谷の街に出てくるというのはちょっとあり得ない。幽霊は昔から夜に出てくることに決まっています。幽霊にかぎらず何でも霊的なものは夜に出てくると考えられている。お祭りの時の神様も夜お出ましになる。ですから宵宮が非常に大事なものになってくるわけです。クリスマスのサンタクロースも真昼間に出てきたりなんかしません。サンタクロースというのは一種の神様、霊ですから、人が寝静まった夜に各家々を訪れる。古今東西、霊的なものは夜というふうに考えられているわけです。

従って、夜にそういう霊的なものが出ると言ったのは、深く暗い夜というものが、いかに人々の心を正常でないものにしていたかということを証明しているようでございます。昔の夜というのは皆さんもよくご存知でしょうが、全く闇夜は鼻をつまれてもわからないぐらいですから、本当に暗い闇夜でございます。そうですから、その見えない闇の奥に何かいるのではないかというふうに誰でも思うわけです。こういうのはみんな、昔の人も今の人も心理は同じでありまして、これは民俗心理学の問題です。

電気というものが発明され普及してからは、もう夜の時間も昼の時間もそれほど区別はありませんけれども、電気というものがない時代には、夜というのは全く暗く、わけのわからない霊的なものが跋扈《ばっこ》する時間でした。反対に昼は人間が活躍する時間です。朝、鶏が鳴くと夜が明けるというふうに考えますと、鶏が鳴くまでは夜で、鳴くと朝だというふうに考えられていたわけです。次の伝説にも夜の時間、昼の時間の異質さが出てまいります。

○（秋田県男鹿半島の険阻な神山には）昔から九十九の石段がある。素晴らしいもので、ほとんど奇蹟のように思われる工事であるが、これには伝説がある。むかし神山の奥深くに鬼が住んでいて、毎年現われて村の田畑を荒らした。村人は困りはてて、鬼に約束をさせた。一晩のうちにこの神山に石段を築くということで、もしそれができなければ今後は決して姿を現わさぬという約束であったが、鬼はこの約束を守るために、ある夜石段を築きはじめた。だんだん築上げて今一つで一〇〇になるというところで、一番鶏が鳴いてしまった。鬼は驚いて姿をかくしてしまった。だから今でも九十九段のままである。そしてその時から豊年万作が続くようになった。（拙著『年中行事の研究』）

夜は鬼の活躍する時間です。鶏が鳴くと朝になってしまう。ですから、九十九段まで築いたけれども、あと一段はできなかったということです。こういう話はたくさんございますね。例えば富士山のような形をした山で、上の方がちょっと平らになっている山があります。大男がいて、一晩、一生懸命もっこで土を持って来て築いたが、もう一築きするとちょうど三角錐の、上がとんがった山になるところだったのに、鶏が鳴いて夜が明けてしまったから、もう一もっこ上に載せることができなくって、ちょっと上が平らのままになって今も残っているという伝説を持つ山です。夜と昼に活躍するものが違うということ、夜の時間、昼の時間は性質の違う時間であるという心意を背景にした話なのです。これらの話は、鬼神や高僧が鶏鳴によって工事を放棄した話であります。

また、事代主命と美保津姫を祀る島根県の美保神社では、参詣者が鶏卵を食べると祟りがあるとして決して食べませんが、その理由としておおよそ次のような鶏鳴の話を伝えています。

美保神社と結び付けた一風変わった例です。事代主命が恵比寿さんということになっております。

○むかし、事代主命が小舟に棹さして、夜ごとに中海の彼方なる揖夜の村の姫の許まで通われ、鶏鳴、暁を告ぐるを待って別れて帰るようにしておられた時分のことである。ある夜、鶏が時を誤って真夜中に鳴いてしまった。命はあわてて船に乗って艫綱を解いて出かけられたが、あまりあわてたので大事な櫓を置き忘れた。よんどころなく手で水をかいて帰られると、一匹の鰐が現われて命の手にかみついた。そのため事代主命は鶏を憎むので、参詣者は卵を食わぬ。食えば罰があたるのである。また、この土地では鶏を飼わない。（拙著『年中行事の研究』）

神様が夜這いに行かれたわけですね。しかし日本の神様は人間臭く、けっこうとんまなところがあるんですね。夜のうちに神様が忍んで行かれるが、朝になったらとにかくちゃんと神社へ戻ってなくちゃいけない。夜の時間と昼の時間というのは全然性格の違う時間である。それが、鶏が変な時間に鳴いたから混乱が生じた、という話なのですね。夜と昼との違いが厳然と意識されていることを背景とした伝説でございます。

ところで、ここでいう鰐とは何だと思いますか。日本海にアフリカにいるような鰐がいるわけがありませんね。鮫のことのようです。余談ですが、かつて広島県の三次市というところへ民俗調査に行きましたら、そこでは鰐の刺身を食べさせますというのですね。何だろうと思っていたら、鰐じゃなくて鮫なんですね。日本海で獲れた鮫を刺身としているのです。昔、鮮魚を日本海から担いで来ると、他の魚ですと、歩いて山道を越えて来るので、広島県と島根県の中国山地のところまで来ると腐ってしまう。とても刺身にはできない。しかし、鮫の生肉というのは腐るのがちょっと遅いらしく、山の中でも生身で食べられるというので、鮫の刺身は食べていたそうです。そんなに抜群においしいものではありませんでしたが。

なお、話の中の鶏卵を食べないというような慣習を、民俗学では食物禁忌といいます。例えば胡瓜を食べないというのが各地に非常に多いんですよ。何で胡瓜を食べないのか、難しい問題です。これは天王さまのお祭りと関係させて、胡瓜をバサッと切ったところが天王さまの神社の紋に似てるからだというんですけれどもよくはわかりません。それから、胡麻を食べないとか、とうもろこしを食べないとか、そういう話はたくさんあります。また、同じように鶏を食べない、鶏の卵を食べないと言っているところも全国に非常に多くあります。

さて、話を戻しますが、美保神社の事代主命の話も夜と昼の違いでございます。こういう事例は、さっきの「化物問答」同様、かつては夜と昼の違いがはっきり認識されていたということを背景にした昔話であり伝説なのです。

三　妖怪化する古道具

これまでの話の中に古道具が化けるというのがありました。「昼の時間、夜の時間」につづく二つ目のこととして、次には「妖怪化する古道具」について考えていきたいと思います。

古い道具とは、要するに人に見捨てられた道具です。長年使った道具は大切にしないと祟られるかもしれませんので、物は大事にしなければいけません。

「付喪神」という当て字があり、一般に「つくもがみ」と読みます。九十九は「つくも」とも読み、九十九髪（つくもがみ）といいますと、年を取った女の人のざんばら髪のことです。年を取ったお婆さんが髪の毛をばさばさにしてうわあっと出てくると誰でもギョッとするでしょう。「付喪神」というと、そうした放ったらかしの九十九髪と同じような放ったらかしの古い道具の霊のことで、長年用いたそのような道具には霊が宿ると考えられていました。要するに器物の霊というものです。

『今昔物語集』巻第二十七の第六に「東三条の銅精《あかがねのたま》、人の形と成りて掘出さるる語《こと》」という説話がございます。小学館の新編日本古典文学全集『今昔物語集』の中に絵があります。これは『百鬼夜《ひゃっきや》行《ぎょう》絵巻』です。ところで、この説話の内容を、そこにつけられた解説を引用して述べますと、器物の精霊が人間に化けて現れるという怪異譚。式部卿重明親王が東三条殿に住んでいた時のこと、南の山を小柄で太った五位姿の者がうろつき歩くのを怪しんで、陰陽師に占わせたところ、御殿の東南隅の地中深く埋没していた銅製の提《ひさげ》の精霊のしわざであったと知れた話。器物の精霊の擬人化の姿は、伝土佐光信筆の『百鬼夜行絵巻』に多数描かれる。

ということであります。そして、本文のおしまいのところだけ引用しますと、

然《しか》レバ、其《そ》ノ銅《あかがね》ノ提《ひさげ》ノ、人《ひと》ニ成行《なりありき》ケルニコソハ有《あ》ラメ。糸惜《いとほ》シキ事也《ことなり》。此《こ》レヲ思《おも》フニ、物《もの》ノ精《たま》ハ此《か》ク人《ひと》ニ成《なり》テ現《げん》ズル也《なり》ケリ、トナム皆人知《みなひとしり》ニケリ、トナム語《かた》リ伝《つた》ヘタルトヤ。

（訳＝されば、きっとその銅の提が人になって歩いたのであろう。かわいそうなことである。人々はこのことから、物の精はこのように人になって現れるものだと知った、とこう語り伝えているということだ。）

（新編日本古典文学全集『今昔物語集』）

とあります。銅の提にしろ何にしろ、物には物の精が籠っていて、その籠っている精（霊）が現われて、妖怪みたいに歩くということなんですね。器物がある種の人格を獲得してその辺をうろつき歩く、かつてはそういうことが信じられていたということがお分かりいただけるかと思います。右の話はその銅器を掘り出して世の中へ出してやると、それ以後、銅器の化身である「五位」が歩くことはなくなったということであります。つまり、銅の提は地面の中に埋められていて、自分の本来の勤めを果たすことができないために物の怪になってうろついていたんだけれども、地面から掘り出されて解放されたから、もう物の怪になって出ることがなくなったということです。

次に、御伽草子の「付喪神」についてです。その上巻の最初のほうに、

陰陽雑記に云ふ。器物《きぶつ》百年を経て、化して精霊を得てより、人の心を誑す、これを付喪神《つくもがみ》と号すと云へり。是れ

によりて世俗、毎年、立春に先立ちて、人家の古道具を拂ひ出だして、路次に棄つる事侍り、これを煤拂と云ふ。これすなはち百年に一年たらぬ付喪神《つくもがみ》の災難にあはじとなり。又新玉の始め、楡柳の火を切り、若水《わかみづ》をむすび、衣装家具等にいたるまで、みな新らしく、聲華やかなる事、たゞ富貴の家のおごれるよりおこりたると思ひたれば、かの付喪神をつゝしみて、新を賞しけりと、今こそ思ひ合はせて侍れ。（『校註日本文学大系』19）

とあります。すべて新年を迎えるにあたって、古い物を捨てて新しくするというのは、新しいのが好きだったり金持ちだからそうするのではなくて、古い物には霊魂が宿るので、その祟りを恐れてやっているのだとこの作者は見ているわけですね。そして――

こゝに康保の頃にや、件の煤拂とて、洛中洛外の在家より取出《とりいだ》して、捨てたる古具足ども、一所に寄り合ひて評定しけるは、「さても我等、多年家々の家具となりて、奉公の忠節を盡したるに、させる恩賞こそなからめ、剰へ路頭に捨て置きて、牛馬の蹄にかゝる事、恨みの中の恨みにあらずや、詮ずる所、如何にもして妖物となりて、各々《おのおの》仇《あだ》を報じ給へ。」と議定するところに、数珠の入道一連差出で申しけるは、「各々《おのおの》斯様になる事も、皆因果にてこそ候らめ、たゞ仇をば恩にて報じ給へ。」と云ひければ、中にも手棒の箸太郎進み出でて、「推参なる入道が申す事かな、総じて人は生道者めきたるが見られぬぞ、まかり立ち候へ。」とて、左右なく、緒とゞめのふしの砕くるばかりぞあてたりける。一連手をすりて逃げけるが、あまりに強く打たれて息の緒の絶えけるを、弟子共やう〳〵にいたはり扶けてぞ立ちてける。かくて已むべきにあらずとて、各々《おのおの》意見をうかゞふに、古文先生申しけるは、「それ造化のさきは一気渾々として、かつて人類草木の形《かたち》ある事なし。然れども陰陽の銅、天地の爐に従ひて、かりに万物を化成せり。我に若し天地陰陽の工にあはば、必ず無心を変じて精霊を得べし。昔、托礫物いひ虞氏名車となる、これ豈陰陽の変を受けて、動植の化を致すにあらずや、須く今度の節分を相待つべし、陰陽の両際反化して物より形を改むる時節なり、我等その時身を虚にして、造化の手に従はば妖物と成るべし。」と教へければ、各々命をかうぶりける。紳のはたにしるしてぞかへりける。

結局はこういうことであります。年の暮れの煤払いのさいに、人は家で長い間使った古道具を、古い道具に祟られるのがいやだというので道へ捨てる。逆に古道具の立場としては、一生懸命人間に奉仕してやったのに、古くなったからといって簡単に捨てられてはたまらんということであります。そこで捨てられた古道具が集まって、「一生懸命働いてやったのにご苦労さんもないじゃないか。ひとつ無情な人間どもに祟ってやろうじゃないか」と相談します。そこで古文先生、古文書の霊ですね。やっぱり智恵があると思われたのでしょう。その古文書先生が言うことには、節分の頃に我々は化けて出るんだ。そしていろいろ悪さをしてやろうぜ、ということになったわけであります。

既に其の夜にもなりしかば、古文先生の教への如く、各々其の身を虚無《こむ》にして、造化神の懐に入る。彼らすでに百年を経たる功あり、造主に又変化の徳を備ふ。かれこれ契合して忽ちに妖物となる。或は男女老少の姿を現はし、或は魑魅《ちみ》悪鬼の相を変じ、或は狐狼野干の形をあらはす。色々様々の有様、恐ろしとも中々申すばかりなり。

妖物共、住むべき在所を定めけるに、あまりにも人里遠くては、食物の便あるべからずとて、船岡山の後《うしろ》、長坂の奥と定めて、皆々かしこに居移り、常には京白河に行《い》て、捨てられし仇をも報じ、又は食物の為に貴賤男女は申すに及ばず、牛馬六畜までも取りければ、人皆悲しむ事限りなし。されども目に見えぬ化生のものなれば、対治《たいぢ》するに計なくして、偏に仏神の力許りをぞたのみける。妖物共、肉の城を築き、血の池をたゝへ、舞、酒宴《さかもり》、遊戯、歓楽しつゝ、人間の楽しみをさみし、天上の快楽、あら羨ましからずやなどとぞ申し合ひける。

こういうふうに妖怪の世界が描かれる。そのあとの本文は省略しますが、その後、妖怪だけで一つの町を作ったのです。でも何かちょっと物足りないな、やっぱり町には氏神様が必要だろうと思って氏神を創建する。氏神のお祭りにはお神輿がなくちゃいけないといって神輿を作る。お神輿を担いで京都の町中を練り歩く。その時に、ある摂政関白か誰かと行き会って、関白が持っていた護符か何かに当てられて、結局妖怪どもは具合が悪くなってしまった。そして、天台宗の高僧がお祈りをしたりして、妖怪たちは改心させられてしまうという話です。

江戸時代には、滝沢馬琴に『昔語質屋庫』があります。夜中、質屋の親父さんが、蔵の中で何かぶつぶつ話し声が聞こえるぞと思って蔵の中をうかがうと、質草になっているものがですね、刀とか着物とかいった質草同士が、「おれはどこの侍の持物でこうだったよ」と自慢すると、着物がまた自慢したり、現在の境遇を泣き悲しんだりしている。要するに質草どもが、本来の仕事をさせられなくなって質草となって質屋の蔵に入れられているというので、夜には妖怪変化になっていろいろ話しあっているという話です。これはなかなか面白い設定の滝沢馬琴の小説です。

要するに、「宝化物」をはじめとする今まで紹介してきた昔話や伝説類は、一つには夜というものは昼と時間が違う、性格が違うということを表わしている。もう一つは、長く人が使っていた器物類には霊が宿り、ある種の命を持って夜に出てくる。それらが捨てられてうっちゃらかされているということ、それが問題なわけですね。そういう時には妖怪化して出てくるという話で、そこから人々に潜在している道具観をうかがうことができるのです。

四　現代の道具供養

そこで、話を変えまして、関連する現代の民俗に移ろうと思います。現代にもそういうことはたくさんあります。皆さんの中にお寿司屋さんとか板前さんがいらっしゃればうかがいたいのですけれども、もう二十年ぐらい前の話なのですが、ある寿司屋さんへ行った。寿司屋さんは上手に魚をさばきますね、その板前さんに、「庖丁は古くなるとどうするの」と尋ねたら、時々研いでいると言うのですね。「研いでいて古くなるとどうするの」と問いました。研いでいるとナイフみたいに小さくなってしまうそうです。その擦り切れてしまった庖丁を「どうするの」と聞いたら、私は、捨てるよとか、子どものおもちゃにでもするよとか答えるかと思ったら、「庖丁塚に入れる」と言うのです。庖丁のお墓です。「そりゃあもう、長年商売道具として稼がせてもらったもんだからゴミ箱へ捨てるなんてことはしないよ。庖丁塚へ納めるよ」と言う。へええと思いまして、後日私は庖丁塚を調べたんです。

品川神社に庖丁塚があります。ご存知の方もあろうかと思います。品川の寿司屋さんと料理屋さんの板前の人々が一年に一度品川神社へ集まって、古い庖丁を持ち寄って神主さんにお祓いしてもらう。現在でも、長年使ってきた人の霊が古い庖丁に籠っているというふうに考えているのかどうかよくわかりませんけれども、とにかくお祓いしてもらう。そうして、庖丁塚と大きく書いてある大きな石をどかし、下に穴が掘ってあるところへ庖丁を納めるのです。庖丁塚は赤坂の氷川神社にもあります。氷川神社の方は港区の寿司屋さんの組合がやっている。板前さんたちは、道具をやっぱりポイとは捨てられない。これは、長年自分がお世話になったものだから、感謝の気持ちを込めてというふうにおっしゃっているのです。私は現在の方々のお気持は本当にそうだと思います。

そう思いますが、私がこれからお話をするのは、単なる感謝の念ではなくて、本来はもうちょっと違う意味があるのではないかということを、残された時間で、現代の民俗としてお話をいたしたいと思います。

庖丁だけではありませんよ。鋏もそうです。鋏というと美容師さんです。山野愛子美容室の人々は、芝の増上寺に鋏の観音さんを作っていらっしゃいます。そして、八月三日を鋏の日と決めまして、夏の暑い時に皆さん黒紋付で集まって、鋏を増上寺内の塚へ、お坊さんに供養してもらって納めていらっしゃる。神奈川県の江ノ島神社の入り口の、橋を渡って行ったところの鳥居の下にも鋏塚がある。これは何の鋏かというとお花、華道の先生方が設けられたもので、お花の先生たちが古くなった花鋏をそこの塚に納めていらっしゃる。これももう使えなくなった古い鋏を供養をしていらっしゃる。こういう古道具を供養して捨てるという民俗が、現在、全国にたくさんあるのです。

写真１
東京・浅草寺境内の淡島神社の針供養の賑わい

私は『供養のこころと願掛けのかたち』（小学館、平成十八年刊）という拙著に、現代の道具の供養について書いたのでございますが、その本の中に色々写真も載せておきました。

浅草の観音さんの境内に淡島神社というのがあります。そこでは、二月八日に蒟蒻《こんにゃく》とか大

写真2
鎌倉・荏柄天神境内での筆供養

豆腐とかにマチ針とかいろいろな古針を刺して、使えなくなった針を供養している。今はお裁縫の人が主なんですけれども、あそこは元は漁師町ですから釣針を持ってきたり、畳針を持ってきたり、そこの近くの病院から、以前はお医者さんと看護婦さんがやってきて注射針なんかも供養していました。このような針供養は各地で行なわれています。

それから人形供養です。和歌山県の加太神社では、古い人形さんを船に乗せて流す。こういうことも各地にある。伊豆の長岡では下駄供養を、旅館の組合が下駄を集めて燃やす。

鎌倉の荏柄天神や東京の亀戸八幡宮では筆供養を行なっております。お習字の筆だけではなく、荏柄天神では漫画家の絵筆なんかも神主さんが燃やします。もちろん燃やす前にはお祓いをするんです。きれいにお祓いすることが大事なのです。お茶の世界には茶筅《せん》供養があります。鎌倉の建長寺に茶筅供養の日に古い茶筅を持って行くと、供養してくれます。各地の神社で茶筅塚というものが建っているのを私は何か所か見ておりますので、全国的にお茶をおやりになる方はやってらっしゃるのではないかと思います。

時計供養は湯島天神でやっています。湯島天神でやるのは本来ではなくて、都内のあちこちの神社やお寺を回り順でやっていましたが、ここ何年か湯島天神でやっているみたいですね。お祓いをした後、時計に油を注いで火を付けて燃やしている。

傘供養は神奈川県の足柄の城前寺（小田原市）でやっております。『曽我物語』に因んだものですけれども、唐傘を全国から集めて。かつては箱根とか湯河原の旅館の唐傘を燃やすことが多かったようです。これはもう、夏の暑い時でですね。昔は蓑笠の供養もやったそうであります。

浅草の神社では扇子供養をやっています。きれいな着物を着た踊りのお師匠さんとかお弟子さんたちが来て、古扇子をお祓いしてもらったあと燃やしている。なかなか見ていていいものでした。

次に写真供養。持っていたくない写真や昔の恋人の写真など、人の姿の写っているものは破って捨てるわけにもいかないという時に、こうやって燃やすそうであります。葬式の時の写真を燃やす人もけっこうあるらしいのです。鎌倉の瑞泉寺というお寺でやっています。全国から何十万枚という写真が集まってくるそうです。最初はプロの写真家が、鎌倉ですから仏像の写真を撮っていた。写真集に載せるのはそのうちのよくできた一枚か二枚ですから、無駄になる写真がたくさんある。仏像の写真だから捨てるわけにもいかないと悩んだ結果、お寺へ持ち込んで供養してもらって燃やした。それを一般の人も聞いて、瑞泉寺で写真供養祭を行なうようになったそうです。十一月の初めだったと思います。

手紙供養もあります。和歌山市の紀三井寺で行なっております。郵政省の元職員の人が書いたらしい文章に、世の中には迷子の手紙がたくさんある。相手のところへ届かない住所不明の手紙です。戻そうと思っても誰が書いたかわ

写真３
和歌山・紀三井寺境内の手紙供養の碑

からない手紙なんかがある。しかし、それぞれにいろいろな思いが籠っているに違いないというわけで、しばらく保管しておいて、期限が過ぎると燃やすそうでございます。そうして、その灰を持ち寄ってここの文塚に供養するのだということです。封筒と同じ形の石碑（文塚）が建っていて、左上にはちゃんと切手のマークもつけてある。皆さんいろいろと考えられるなあと思いました。

その他に、カード供養というのもあります。カードには病院の診察カードなんかもある。病院にかかっていたけれど、診察券がもうだめになってしまって、ということはお婆ちゃんが亡くなって診察券だけ残ってしまった場合ですが、これを持っていって供養してもらう。また、銀行カードというのはお金に関係し、これでお互いに金銭のトラブルにもなる。こんなカードを持っていてもしようがないというとき、神社が引き受けてくれる。カードをお祓いした後、水できれいに洗ってちゃんとカード塚へ納めてくれる。これは京都の市比売神社で行なっています。

その他に、笑ってしまうものもありまして、パチンコ台供養というのがあります。全部が全部やっているかどうかは知りませんが、かつてこれが何と天台宗の大本山延暦寺東塔の阿弥陀堂で行なわれたことがあったのであります。考えようによってはパチンコ台ほど怨念の移っているものはないかもしれませんですから、もっともな供養かと思います。

それから、家を毀す時の家の供養とか、井戸を埋める時の供養があります。これは皆さんご存知の通りで、井戸は不用意に埋め、その上に家を建てると「ううっ」と唸り声が聞こえてくると言われることがあります。だから、埋める前に井戸の魂（霊）を抜くのであります。

仏像の供養もあります。ご本尊として拝んでいる仏像を、上野の博物館へ展示に持ち出してきます。上野の博物館で、それを見学しながら合掌している人というのは少ないですね。みんな手をポケットに突っ込んだりして、上から見下ろして見ている。これは仏像に対して失礼なことでしょう。ですから、仏像をお寺から出す時には仏像の性根（魂）を抜くのです。仏像が持っている霊を抜くお経を読むのです。そして仏像を単なるモノにしてしまうのです。物体にしてしまう。単なる彫刻にしてしまう。そして菰か何かに包んでトラックに載せて運んで来たのを、見学者は見ているのです。ですから我々が見ている時には美術品なんですね。そうしてまた、終わってお寺へ持って行くと、お坊さんがそれに魂を入れるお経を読む。そうするとこれは拝む対象としての仏像としてよみがえるという考えでございます。私は上野の国立博物館の学芸員の方に聞きました。そうしないと、みんなが一生懸命拝んでいる仏像をトラックに載せて持って来たり、時には床の上に置いたりするわけでしょう。とても失礼でできません。

ほかにもいろいろな例をお話したいのでございますけれども、これくらいにしておきます。

結局、こういう道具類の供養というのは、今は道具類への感謝だというふうにしてやっているのです。人形供養もそうです。人形の供養っていうのは各地で行なわれているのですよ。和歌山県の淡島神社はそれが有名になって、日本中からダンボールなどに入れて人形が送られてくるので、それをお祓いし供養しまして、たまると一箇月一回くらい二トン車にいっぱい積んで焼却場へ持って行くようです。

五　霊感染の心意と霊の解放

現在でもいろいろ道具の供養をやります。庖丁にも感謝、鋏にも感謝、筆にも感謝。どこでも感謝の気持ちで行なっているといっていますが、私はそれは本当の気持だと思います。現在やっている人はそうだと思います。しかし、私が思いますのは、道具への感謝ならば今使っているものにも感謝していいんじゃないかと思うんですね。しかし、今使っている庖丁を並べて庖丁感謝祭というのをやっているのは見たことがありません。農家の人が収穫後に鍬や鎌を洗って供え物をし、収穫を感謝することはありますが、大体は、古い道具を捨てるにあたってやるのです。私はそれは『今昔物語集』や『御伽草子』にあった器物の供養と同じで、古い道具類には霊が籠っている。これを何もしないでそのまま捨てると、昔話「化物寺」や御伽草子の「付喪神」の話にあったようにその霊が怒ってくるかも知れない。これを恐れる気持ちが、潜在的にあるのだと私は考えているのです。これはフレーザーが言っている感染呪術と同じ感覚であります。長い間人間が身に付けていたものは、体から離れた後もその人間と同じものであり続けるということであります。殿様が羽織などを脱いでお前に与えるぞというのは、羽織という物だけを与えるという意味ではなくて、自分の一部分になっていた物を、「お前はよくやったから与えるぞ」というのであります。

お呪《まじな》いか何かをする霊能者が、沖縄をはじめ各地におります。そういうところへ行って病気の人をみてもらうことがあります。しかし、病気の人は病気ですから行けない。そういう時、その人がいつも着ている着物を持って行ったり、枕を持って行くことがあります。そうすると霊能者は、枕をその人本人だと考えて、枕に対して一生懸命お祈りするのです。これは、長い間その人のものであり続けたものは、空間的に離れた後もその人であり続けるという、一つの感染呪術といわれるものを信じる心意にもとづいているのです。

そういうふうに考えますと、我々が長い間、腕につけていた時計というものは、もう我々の分身でございます。ポイと捨てるとこの霊が怒る。あるいはこの霊に、私を非常に憎んでいる人がいるとしますと、私の分身である時計に「あいつ病気になれ、あいつ死ね」って、呪いをかけるかもしれない。そうすると私が「痛い、痛い」ということになる。そういうことが潜在的な恐れとしてあるというふうに私は考えるのです。現在の道具供養は、今行なっている人はそれは感謝の気持ちとして、感謝祭としてやっているのでございますが、述べてきた古道具の祟る話を考えますと、祟りを避けようとの心意が潜在していると解釈せざるを得ないのです。

従って、我々が器物を捨てるにあたっては、それを恐れるがゆえに宿っている霊を解放してやらなくてはならない。時計が私といっしょに長年おりましたけれども、私から離れるにあたって、私と一体になった霊を供養したり祓ったりして解放してやらなくてはいけない。鋏も庖丁も筆も針もそうであります。解放して霊を抜いてやるんですね。宿っていた霊を解放してやることによって、それら道具類は単なる「モノ」になると考えるのです。そうするとこれは捨ててもよい。こういう考え方だと思います。さっきの「化物問答」にありました古下駄は、霊が解放されないまま縁の下にあるからああやって化けて出る。供養し燃やしてやればいい。それから、金でもそうであります。本当は世の中の役に立ちたいと思っているのが埋められたままになっている。もったいないことにですね。放置してあるからいけないのであります。これを解放して本来のものにしてやる。不要になって捨てる場合には、供養してやる。そうすると籠っている霊が抜け、モノになる。もう捨てても安心というわけです。

こういう日本人が長年持ち伝えているひとつの民俗心意というものが奥深くに沈澱していて、道具に感謝という形で現代の道具供養に結び付いているのではないかというのが、道具供養についての私の考えている結論でございます。

以上、充分な話ではありませんが、昔話の内容と民俗ということでお話申しあげました。

〔参考文献〕
拙著『供養のこころと願掛けのかたち』（小学館、平成十八年）

昔話の研究史
――「桃太郎」を中心に――

花部英雄

問題の所在

本日は語りの文化講座の最終回ということで、「昔話の研究史、近代」というタイトルで二講座を予定しております。私のほうは「昔話の研究史」という題で、「桃太郎」を中心に話してみたいと考えております。私は民俗学的な立場からの昔話を研究してきましたが、最近そうした研究方法についていささか懐疑的になっております。と言うより、少し違った角度から取り上げる必要があると感じております。

私が学生だった頃、伝承されている昔話はなくなるということをずいぶん言われ、そこで大学の研究会等で地方に出かけて行きました。土地の古老に昔話を聞き、記録しておかないと、いずれ消えてなくなるということで、ある種の使命感のようなものを持って採集に励んだわけです。その後も休みのたびごとにあちこち出かけては昔話をテープに録音し、それを文字資料として報告するということをやってまいりました。やがて日本が高度経済成長期を終え、バブル崩壊となってから、急速に昔話が聞けない状態になってきました。

昨年、一昨年と、私は学生を連れて山形に調査に行きましたが、昔話を教えて欲しいと訪ねて行く先で紹介される人の中で、土地で語りの活動をやっている方が多いですね。そしてその語りを聞くと、間の取り方とか話し方とかが非常に巧みで大変上手に語ります。それはけっこう楽しいんですけれども、その話をどなたから聞いたかと尋ねると、これは何々という本から借用したとか、あるいは先輩から聞いたとかして自分なりにアレンジして自分のものにしたんだということを話されます。したがって、その地域にもともと伝承されてきたのではなくて、本から取ってきたり、また、地域も遠く離れたところだったりします。子どもの頃に聞いた伝統的な話をしてくれる人はいなくなりました。そういう状態に立ちいたっての感想になるのですが、昔話というのが今日までその土地に伝承されてきたものとして単純に受け止めてきたけれども、果たしてそうなのかという疑問がでてきます。これまでの伝承もさまざま錯綜していたのではないかということになります。

柳田国男が昔話を通して古い日本の姿、あるいは昔話に残されてきた日本人の固有の信仰を掘り下げようという立場から、昔話の民俗学的研究法が生まれてきたわけですが、伝承の実態も含めてどうもそれが一面的でしかないんじゃないかという考えに至ってきたわけです。昔話は子どもが読者であり聞き手であって、子どもにとっての昔話という視点も必要なのではないかと考えたりしました。そこで、昔話を民俗学的な方法一辺倒だけでなく、子ども文化、あるいは「童話」という言い方が適切かどうかはわかりませんが、そういう立場からも見ていく必要があるのではないかということを考えております。伝統的なイロリの伝承がとだえた現在、新たな伝承方法が起こりつつある状況を見すえて、それに即応した柔軟な見方、研究方法を模索する必要があるのではないかと思います。

昔話の考証学

さて、本日の話題に入りますが、私は昔話の研究史を大きく三つの軸で考えております。一つは江戸期の昔話の取り上げ方、それから近代に入って児童文学、児童文化に関係する研究者たちの取り上げ方、そして、民俗学の研究ということです。

〔昔話研究小史〕

一七九五（寛政7）　中沢道二『道二翁道話』
一八一一（文化8）　滝沢馬琴『燕石雑志』
一八一三（文化10）　山東京伝『骨董集』
一八三〇（文政13）　喜多村信節『喜遊笑覧』
？　加茂規清『雛廼宇計木《ひなのうけぎ》』（『江戸期の童話研究』に翻刻）
？　横山丸三『桃太郎乃話』（『江戸期の童話研究』に翻刻）
？　黒沢翁満『童話長編』（『江戸期の童話研究』に翻刻）
一八九四（明治27）　巌谷小波「桃太郎」（『日本昔噺』博文館。平凡社「東洋文庫」復刻）
一九一三（大正2）　高木敏雄「英雄伝説桃太郎新論」（『郷土研究』三、四号）
一九一五（大正4）　巌谷小波『桃太郎主義の教育』（東亜堂）
一九一六（大正5）　高木敏雄『童話の研究』（婦人文庫刊行会。講談社学術文庫復刻）

一九二二（大正11）蘆谷盧村・松村武雄他『童話研究』（一九四一／昭和16年まで）
一九二三（大正12）松村武雄『童謡及童話の研究』
一九二六（大正15）中田千畝『日本童話の新研究』（文友社。昭和55年、村田書店復刻）
一九二九（昭和4）松村武雄『童話教育新論』（培風館）
一九三二（昭和7）柳田國男『桃太郎の誕生』（「定本柳田國男集」第八巻所収）
一九三五（昭和10）柳田・関敬吾『昔話研究』（一九三七／昭和12年まで）
一九四四（昭和19）島津久基『日本国民昔話十二講』（山一書房）
一九五六（昭和31）石田英一郎『桃太郎の母』（法政大学出版局、講談社学術文庫復刻）
一九七二（昭和47）関敬吾「桃太郎の郷土」（『関敬吾著作集』4）
一九八一（昭和56）滑川道夫『桃太郎像の変容』（東京書籍）
一九八三（昭和58）鳥越信『桃太郎の運命』（日本放送出版協会）
一九九一（平成3）伊藤清司「桃太郎の故郷」（『昔話・伝説の系譜』所収）
一九九四（平成6）上笙一郎『江戸期の童話研究』（久山社）
一九九七（平成9）野村純一「「桃太郎力持ち」の事」（『口承文藝研究』20号）
二〇〇〇（平成12）野村純一『新・桃太郎の誕生』（吉川弘文館）
二〇〇四（平成16）小久保桃江『桃太郎を世界へ』（自刊）

最初に江戸の考証学、心学的解釈について見ていきます。江戸期の考証学は昔話の研究といえるほどのことではないのですが、古い資料を取り上げながら、これはこうなんだと説明するのが考証学で、その一環としての昔話解釈なのです。

滝沢馬琴という有名な作家がおり、曲亭馬琴ともいいますが、その馬琴が「童蒙《わらはべ》のすなる物語も、おのづから根《もとづ》く所有り」、あるいは「本据《よりどころ》あり」と述べています。つまり根拠、典拠ですね。そういうものが昔話にはあるんだと。子どもが楽しむ話だけれども、元々はきちっとした出典なり典拠があるんだと言うのです。その馬琴に『燕石雑志』という考証随筆があります。その中に次の七つの昔話を取り上げております。「猿蟹合戦」「桃太郎」「舌切雀」「花咲翁《じい》」「兎の大手柄」のいわゆる五大お伽噺に、「猿の生胆」「浦島が子」を加えた七つの昔話を取り上げて、それぞれどういう典拠があるのかということを記しています。そのうちの「桃太郎」の最初の部分を取り上げてみます。

童《わらべ》の話《ものがたり》に、昔老《おい》たる夫婦《ふうふ》ありけり。夫《をとこ》は薪《たきゞ》を山に折《こり》、婦《つま》は流れに沿《そふ》て衣《きぬ》を浣《あら》ふに、桃《もゝ》の実《み》一ツ流《なが》れて来《き》つ。携《たづさ》へかへりて夫《をとこ》に示《しめ》すに、その桃おのづから破《われ》て、中《うち》に男児《をのこゞ》ありけり。この老夫婦《おいふうふ》原来《もとより》子なし。

後の部分は省略しますが、これから鬼が島に行って鬼の宝物を取って帰るという話になりますが、まずストーリーを上げて次に、この「桃太郎」の話がどういう典拠に基づいているかの考証に入ります。

竹の節《ふし》の中より児《ちご》の生《うま》れたることは、和漢にその故事あり。述異記《ジュツイキニ》云《ク》。〔割注〕契沖河社《ニ》。引《テ》二後漢書西南夷伝《ヲ》一曰《ク》。云々。

『述異記』というのは中国の古い書物で、日本でいうと奈良時代以前の本ですけれども、その『述異記』にあるという。また、契沖という江戸前期の国学者がすでにそのことを『後漢書』とか『西南夷伝』というものを引いて述べていると割注に出ていますから、後でこれを書き込んだのでしょう。どういう内容の話かというと、漢文になっていますがちょっと読んでみます。

夜郎県《ヤラウケンハ》西南遠夷《エンイノ》国名《ノ》也。其先《セン》有《リ》二女子一。浣《アラフテ》レ紗《ヲ》忽《チ》見《ル》二三節《ノ》竹《ヲ》一。流《レテ》入《レテ》二足《ノ》間《アハヒニ》一。聞《テ》三其《ノ》中《ニ》有《ルヲ》二号声《ナクコエ》一。剖《ワリテ》レ竹《ヲ》視《レバ》レ之《ヲ》。
得《エタリ》二一男《ヒトリノヲノコヲ》一。帰《テ》而養《フ》レ之《ヲ》。及《テ》レ長《ヒトトナルニ》有《リ》二武略一。自立《ジリツシテ》為《ナリテ》二夜郎侯《ヤラウコウト》一。以レ竹《ヲ》為《ス》レ姓《ト》。

川で洗濯をしているところへ竹が流れてきた、それから生まれた子どもがいた、つまりこれが「桃太郎」の出だしの典拠だと書いているわけです。このように典拠があるのだということを、いろんな和漢の書から引いてくるわけで、これが要するに考証学です。古い故事を引く、「故事付け」というのはそこからくるんだと辞書にも出ていますが、本当かどうかはわかりません。これが江戸期の考証学における昔話の解釈です。

続いて、もう一つ事例を、山東京伝の『骨董集』からも引いてみます。

○又猿蟹合戦《さるかにかっせん》と云童話《いふむかしばなし》の原《もと》とおぼしき事あり。〔義楚六帖〕二十四云、根本雑事云《ニ》、有《あり》二隠人《いんじん》一、在《あつて》二果樹下《くわじゆのもとに》一坐《ざす》。
被《られテ》二獼猴《さ》擲《るニなげ》一レ果《くわヲ》、破《やぶり》レ額《ひたひヲ》、忍《しのびテ》レ之《これヲ》不《ず》レ報《むくハ》、後有《のちあり》二猟者《れうしや》一。与《と》二仙人一為《たり》レ友《とも》、来《きたつテ》在《あつテ》二樹下《じゆかに》一坐《ざス》。擲如《なぐルコトごとシ》レ前《まえノ》。猟者《れうしや》怒《いかつテ》
射《いテ》レ之《これヲ》致《いたス》レ死《しヲ》。仏《ほとけ》与《と》二天受《すてんじゆ》一。

隠人《いんじん》というのは仙人のような、人里を離れて暮らしている人ということでしょう。果物の成っている木の下に座っていると、猿に固い実を投げつけられて額に傷を負った。しかしこれを耐え忍び、猿に報復するようなことはしなかった。ところが今度は、その隠人と狩人とが二人で話をしていると、猿がまた前のように実を投げつけた。その猟者は大変怒って猿を弓矢で射て殺したというのです。敵討ちをしたということになるわけなのでしょう。つまりこれが「猿蟹合戦」の元になっている話だというふうなことを説明しているわけです。このように古い書物にその出典があ

ることを指摘する。これが当時の考証学で、それが日本の童《わらべ》の物語になるように変えられて、今日にいたったという解釈をするのです。

それから、もう少し時代が下って、喜多村信節《のぶよ》が『嬉遊笑覧』という百科事典のような本を著します。その中にもたくさんの昔話が取り上げられて考証されています。「猿のお尻は赤い」「狸がやけどの話」「瓜姫」「桃太郎」「舌切雀」「酒呑童子」「花咲かせ爺」「蟹の話」などが取り上げられて、出典等が示されています。あるいは、昔話の中の具体的な表現が古典のこの部分を用いているというふうに指摘しているところもあります。これは、原典の指摘という意味では、今でも国文学などで綿密に行なわれているわけで、それが研究の基礎となります。しかし、江戸の考証学の場合、その取り上げ方というのは恣意的、衒学的《げんがく》なようです。おれはこういうことを知っていると自分の博識をひけらかす、ペダンチックといいましょうか。衒学的な発想からいろいろな古典や文章を引いてくる、ある意味では好事家的な活動といえます。こういうことを自分の生きがいのように思ってやっているわけで、これが当時の考証学の一端です。

昔話の心学的解釈

続いて「心学的解釈」です。江戸中期の思想家に石田梅岩という人がおります。ご存知の方もいらっしゃると思いますが、この人は江戸中期頃の思想家で、いわゆる性善説《せいぜん》(人間の性はもともと良い)という立場に立つものです。この逆が性悪説で、性は悪いから教育をして正しく良い方向にすることが必要だと説く。本来、人間の心は善なんだけれ

心学の説教風景。手島堵庵　前訓（安永２年）の挿絵

ども、いろいろな人間社会の悪いものを吸収してしまって、それで心も迷っているんだという考え方です。こうした儒教の性善説に基づく非常にわかりやすい説明によって庶民を広く教育していったのが「心学」です。

説教というと仏教という印象を受けますが、他にもいろいろあったようで、町なかに説教場があって、そこで行なわれていました。石田梅岩は庶民の生き方について町の説教場で話して聞かせます。神道や仏教、儒教などのいいところをミックスした話を聞かせるわけです。こうした心学を石田梅岩が始めたことから、弟子たち一門を「石門心学」といい、江戸・大坂・京都などに道場を構えて一般庶民を集めて教化《きょうか》に務めたといいます。人気があったらしく、文字の読めない人たちが聞き、耳学問で生活の方便《たずき》にしたものだろうと思います。そういう心学の中でも昔話が取り上げられます。その一例を見ていきます。

石田梅岩の弟子の一人に中沢道二《どうに》という人がいて、その人が説教で話したものをまとめた『道二翁道話』という本が岩波文庫の中に入っています。いろいろな心学の話が出てきますが、その中の一つに昔話が取り上げられたところがありますので、そこを引きます。昔話を用いて心学を説くのです。説教の場の雰囲気がどういうものか少しわかると思います。

いつか一度は役に立つことがある。わるく癖づいたものは、此席ではなる程尤なことゝ思ふて居るものも、あの門を跨いで出るとき、皆この庭へ捨て歸るに由て役《よつ》に立たぬ、今日はどうぞ内へ持って歸るがよい。それゆえお前がたの物によそへて、覚へられる様に、ずつと引下げて、昔噺にたとへて、面白おかしう咄して聞かせるじや。とかく言葉が高上《かうせう》で、ちんぷんかんでは、お前方の腹へは入《いり》かねる。お前方のはらへすつぽりは入るように、昔噺によそへて咄すじや。

このように聴衆に向かって、お前たちにわかるように今日は昔話を使って話して聞かせるよと、こういうふうにして次に「桃太郎」の粗筋を語っていく。話の展開は知っているでしょうから省略しますが、粗筋を終えたところで、

そこで此昔噺を、この放心を求めることにたとへて咄すじや。扨此桃太郎といふ若者は、ばゞ様が川へ洗濯にいて、拾うた桃の中から生れた子じやに由つて、桃太郎と名をつけたのじや。ばゞは陰で川へ降り、ぢゞは陽で山へ柴刈に昇り、両人ながら正しい道の通に行つて、儲《もふけ》た桃太郎ゆゑ至つて勇力逞く、その上義と道とで養ひ育つた子ゆへ、ゑらいものに成つた。

「放心を求める」、すなわちぼんやりした心を覚醒させるための譬《たと》え話を用いるのです。陰陽五行説を使いながら、陰と陽の爺さんと婆さんから正しい育てられ方をしたので非常に勇気があり、逞しい子に育ったというのです。これに続けて、

又この鬼が島の鬼めが、世界の寶物を集めて、夫を持つて閉籠《こもつ》て居る。全体この寶ものは鬼が取つたではなく、

皆こちらから鬼の方へ持つてゐてやつたもの。それはなぜなれば、見ては取られ、聞いては取られ、何がほしいか〴〵ほしい、春はそうしよう夏はどうしよう、あれは憎いこれは可愛いと、ハアスウ〳〵いふ度ごとに段々と此寶物を鬼に取られてしまうたのじや。

これは江戸のその当時の人々の暮らしを言っているわけですが、現代とそんなに変わらないと思います。あれが欲しいから買ってくれとか、これが欲しいから買うとか、みんなそんなことで毎日の生活を繰り返していくうちに、ある人にみんな取られていってしまう。今と同じですね。わずかばかりのお金をいろんなものを買わされてだんだん少なくなっていくが、金持ちのところはどんどんと貯まっていく。お前たちの生活はそんなものだ、そんなふうにして鬼のところに宝物が集まるんだと言っているのです。鬼とは庶民のわずかの持ち金を掠《かす》めとった大資本家ということでしょうか。こんなかたちで「桃太郎」の話を用いながら、世相や人の生きる姿、処世術を説いていきます。

心学的な解釈をしているものとして、もう一例上げます。加茂規清に『雛廼宇計木《ひなのうけぎ》』という本があり、この中でも心学のことをわかりやすく解釈しております。ここではその中の「浦島太郎之弁」（「浦島太郎」）を取り上げます。

偖、此草紙ハ、当時赤本ト号シテ、小児ノ手遊ト為《スル》本ノ中ニハ、作モ最モ古シ。殊ニハ其理由幽玄ナレバ、延暦以来、猶々仏徒ノ方便説弘マリテ、本理を失フ世ノ成行トハ為《ナレ》リ。就テハ、当時ノ俗ニ至リテハ、猶更、長人《ヲトナ》ト雖其理容易ニハ会得為難《シガタキ》義也。況ヤ小児ニ於ヲヤ。然レドモ、往古国道一道ノ時代ニハ、万人旨ト心得ル普通ノ理タレバ、

「浦島太郎」の話は、『丹後国風土記』や『万葉集』という古い文献にも出てきます。したがって仏教をはじめとしていろいろ解釈され、その理《ことわり》が曖昧になっております。そこで「往古国道」の解釈を聞かせるという次第です。ただ

ここではその「理」ではなく、解き聞かせることの意義について見ていきます。

此理、小児ノ時、初学、膝《ヒザ》ノ上カラ、遊人、片手間ニモ聞習俗《ナラハシ》、云ヒ習俗置ハ、彼ノ先入主トナルノ義ニテ、成長以後此本理ヲ道ノ体トシテ歩行《アユ》メバ、人道ノ肝要、忠孝ノ一筋ヲ得ベキ也。

子どもを抱いて話を聞かせると、それが先入観となって、子どもが成長していく過程で、その理が体に染みこんでいき、まっすぐな道を歩むことができると述べています。さらにそのことを重ねて強調していきます。

故ニ、小児ノ心物ニ染ラヌ間ノ躾《シツケ》ニ、如此云聞シ云習俗シ置ノ用ハ、上ミ述ル所ノ趣意ニシテ、実ニ有難キ習俗ト云者也。

ここまでみてくればはっきりするように、要するに子どもは真っ白な純白な魂を持っているんだ。そういう魂の時に話を聞かせてあげると、自然にそれが子どもの心に染まって成長していくんだと述べています。これが性善説の考え方です。本来子どもは正しく純白な心を持っていて、それによいものを与えていけばそのように成長していく。つまり、子どもに昔話を聞かせるというのはそういう意義があるんだと述べています。このような立場から昔話を解釈し、説明していくのが心学的な解釈です。こじ付けのようなこともたくさん出てきますし、現代から見ておかしいと思うところもありますが、これが当時の心学的な昔話の解釈であります。

巌谷小波の『日本昔噺』

次に、近代の動向に入ります。巌谷小波《いわやさざなみ》という明治の文学者がおりまして、この人はもともとは小説家だったのですが、子どもの本を書いたりして徐々にそういう世界に入って行きます。また、子どもたちを集めてみずから昔話を語る、いわゆる口演童話の仕事にも関わります。その巌谷小波が明治二十七年（一八九四）に『桃太郎』を刊行します。これがたいへん評判になり、次から次へと昔話の単品を出版していくようになります。

ところで、巌谷小波の書いた昔話というのは、今から読むとちょっと読み物的です。昔話の語りではありません。『桃太郎』の最初のところだけをちょっと読んでみましょう。

むかしむかしあるところに爺《ぢゝい》と婆《ばゝア》がありましたとさ。ある日の事で、爺は山へ柴刈《しばかり》りに、婆は川へ洗濯に、別れ別れに出ていきました。

時はちょうど夏の初め、堤の草は緑色のしとねを敷いた如く、岸の柳は藍染の房を垂《た》らしたように、四方《よも》の景色は青々として誠に目も覚めるばかり。折々そよそよと吹く涼風《すゞかぜ》は水の面《おもて》に細波《さゝなみ》を立たせながら、その余りで横顔をなでる按配。実《じつ》に何ともいわれない心地です。

こんなふうに、もうこれは文章語、文学的表現に彩られており、あたりの風景描写などもきちんとつけられるわけです。

婆さんは程よいところに盥《たらい》を据《す》え、その中へ入れてきた汗染《あせし》みた襦袢《じゆばん》や着古した単衣《ひとえ》をかわるがわる取り出しては、岩の小石から小鮎《こあゆ》の狂《くる》ひまで、手に取るように見え透《す》く清流《ながれ》れに浸して、しきりにぼちやぼちや行《や》つておりますと、やがて上水《みなかみ》のほうから一抱《ひとかか》えもあろうと思われる、素敵滅法《すてきめつぽう》大きな桃がドンブリコッコスッコッコ、ドンブリコッコスッコッコと流れてきました。

その桃を拾って、というふうに話が続いていくのですが、これを誰が読んだのか、おそらくは、親が読んで子どもに聞かせたんでしょう。そういう使い方をしたんだろうと思います。これが非常に評判で売れて、次から次へとたくさんの昔話が出版されていきます。「桃太郎」「猿蟹合戦」「松山鏡」「花咲爺」「大江山」「舌切雀」「俵藤太」「かちかち山」「瘤取り」「物ぐさ太郎」などとあって、全部で二十三話書かれていきます。

ところで、『桃太郎』の中の桃太郎は、天からの授かりものとして「御国」を助けに来たという設定になっており、鬼退治の場面では、「我皇神《わがおほかみ》の皇化《みおしへ》」に従わない鬼を退治に行くんだとありますから、まさしくこの「桃太郎」は、明治の天皇を中心とした国家の先頭に立つ人物として取り上げられているわけです。桃太郎を日本を代表する若者として位置づけていくという発想が巌谷小波の考え方にあるのです。これは当時の時代性としてあるのでしょう。

巌谷小波（漣 山人《ささなみさんじん》）編「桃太郎」（明治27年）

この小波の発想は、その後、大正四年（一九一五）に刊行する『桃太郎主義の教育』という本の中に露出してきます。小波が明治の精神を強調する背景には、明治三十七、八年に日露戦争があって、日本がロシアに勝ちますが領土の拡張は押さえられます。これが日本の一部に不満として残るわけですが、しかし、日清戦争に勝ち、日露戦争に勝って、日本は強く優れた国だという風潮の中で、桃太郎主義の教育の必要性を説くわけです。これは当時の「現代教育論」です。こんな一節が出てきます。「そもそも桃太郎なる御伽話はその始めから終わりまで積極的、進取的、放胆的に最もしかもまた楽天的だ」。新しいものを積極的に摂取していこうとする、それでいて楽天的な人物こそが今は必要なんだと、桃太郎を事例に挙げながら説いていきます。これが巌谷小波流の桃太郎主義教育といえるわけです。

これは当時の時代性であると同時に、一方では江戸の心学的な流れを引いているような気がします。すべて心が大事、精神が大事であるといった精神優位を説く教育論です。江戸の心学的な考え方の延長上にあるという見方ができるかもしれません。

童話研究の立場

さて、近代に入ってからの昔話研究は、初めに話しましたように、児童文学やそれに関わる研究者達の活動から始まります。民俗学的な世界にいると、日本の昔話研究の先頭に泰然と柳田国男がいるような感じがするのですが、どうもそうじゃない。前掲の「昔話研究小史」でおわかりのように、大正期には児童文学に関わる人が輩出してきます。その筆頭が高木敏雄という学者です。

この人は東京帝国大学を出てすぐ教員になるんですが、大正十一年（一九二二）四十六歳で亡くなります。世界の神話や説話、そして昔話にも大変興味を持って早くから研究しております。大正二年（一九一三）に「英雄伝説桃太郎新論」を『郷土研究』という雑誌に書きます。この『郷土研究』は、柳田国男と共同で発行し、その三、四号に桃太郎の話を書きます。続いて大正五年（一九一六）には『童話の研究』という本を出しています。この本は、後に昭和五十二年に講談社学術文庫に収められ、関敬吾が解説を書いていますが、その中で関敬吾が次のようなことを述べています。日本の昔話研究は柳田国男と高木敏雄によって行なわれたが、高木敏雄が早く亡くなり、逆に柳田は長く高齢まで生きてたくさん本を出版したりして、二人を較べたら高木敏雄はまったく目立たない。けれども、そもそもはこの高木敏雄が柳田と一緒に始め、最初に昔話についての総合的な本を書いたのは高木敏雄のこの『童話の研究』で、比較研究を志向した優れた本だと関敬吾は述べております。しかしどういうわけか、この高木敏雄という人はその後、研究世界の表に出てこない。それは日本の昔話研究が柳田主導による民俗学的研究の方向へ舵を切られて行ったために、童話という立場から昔話にアプローチしていた人たちが徐々に隅に追いやられるという構図になってしまったといえます。これは不幸なことです。

高木敏雄は「英雄伝説桃太郎新論」の中で、桃太郎の話には二種類あると述べています。一つは「回春型」で、桃を食べたお爺さんとお婆さんが桃の呪力で若返って子どもが生まれたという話です。高木敏雄はこの回春型のほうが古いという考え方をしています。それで、中国の故事を引いて、「回春型」が古いことを例証していきます。

それから、そもそも「桃太郎」はいわゆる昔話や童話ではないんだと言っております。これは英雄伝説であり、その視点から鬼退治に対しても、源為朝が保元の乱で流された先で鬼をやっつけたという、そんな話に結びつけて作り上げた古いタイプの話であると述べています。どちらかといえば、江戸の考証学の流れを引くような発言になっております。

それから、松村武雄という人がおります。この人は東大の先生で、神話や説話・童話に大変詳しい人で、大正十二年（一九二三）に『童謡及童話の研究』という本を書いています。この『童謡及童話の研究』という本は、心理学を用いて、子どもの心理から昔話を分析していくという手法が取られています。後に河合隼雄がユング心理学に基づく昔話や神話、夢などの研究をしていきますが、その先鞭を早くに松村武雄がつけていたといえます。童話というのは、古代人の描いた絵が子どもの心性と非常に共通しているということから、子どもの心理に基づきながら分析していく手法です。

続いて松村は、昭和四年（一九二九）に『童話教育新論』という本を出します。博識なこの研究者が、どのように昔話をとらえていたかということがよくわかります。ぜひ、こういうことの勉強もしていかないと、民俗学的研究法だけに傾いた日本の昔話研究を広い視野から見ていかないといけないのではないかと思います。他に中田千畝や島津久基、蘆谷盧村などもこの系列で触れなければなりませんが、時間もまた手元に準備もありませんので、後日に回すしかありません。そういうことで、大正期は、童話という立場から昔話を取り上げた時代といえます。

昔話の民俗学的研究

柳田国男は昭和七年に『桃太郎の誕生』という本を著しますが、この本は柳田の昔話研究の方向性を示した本であります。柳田がどうしてこの本を書くに至ったかを序文で次のように書いております。

今からちょうど十年前の、春のある日の明るい午前に、私はフィレンツェの画廊を行き廻って、あの有名なボテイチェリの、海の姫神の絵の前に立っていた。そうしていずれの時かわが日の本《ひのもと》の故国においても、「桃太郎の誕生」が新たなる一つの問題として回顧せられるであろうことを考えてひとり快い真昼の夢を見たのであった。

（『桃太郎の誕生』「自序」）

柳田国男は大正の初め頃に、ジュネーブの国際連盟へ書記官の役割でヨーロッパに渡ります。そこで時間の余裕があったのでしょう、本を読み、また、フィレンツェの博物館で一枚の絵を見る。その絵を見ながら、白昼夢のように日本の桃太郎もいつかこういうふうな形で世にあらわしたいという思いを強くしたと述べています。それが大正の十年ぐらいのことで、それから約十年経って、『桃太郎の誕生』という本をまとめます。その間着々と準備を進めていたのでしょう。

その柳田国男の民俗学的昔話研究というのは、恐らく当時のヨーロッパのイギリス、ドイツ、フランスといったところの民俗学系の雑誌や本をたくさん読んだのだと思います。それら買い込んだ洋書が、今、成城大学民俗学研究所の柳田文庫に二千数百冊所蔵されていますが、その中に線を引いたり書き込みがあります。英語、フランス語、ドイツ語の原語で読んでいるからすごい人です。つまり、そういうことを基礎にしながら柳田の昔話研究が始まるわけで、したがって日本の童話研究者の、神話や説話、児童のための昔話という観点とは少し方向が違います。最初は高木敏雄といっしょに始めるけれども、しだいに折合が悪くなっていくようで、まもなく高木敏雄が亡くなり、柳田は童話の発想を排除し、民俗学的方向にハンドルを切っていくわけです。

柳田の『桃太郎の誕生』の目次を掲げますと、

一　知られざる日本
二　民譚二種
三　童話の起り

四　童話とその記録
五　赤本の災厄
六　桃と瓜
七　妻もとめ
八　昔話の本の姿　（以下略）

となります。この目次を見ると、柳田がどういうことを「桃太郎」に求めていたかがわかります。「三　童話の起り」「四　童話とその記録」の章では、童話というのはもともと日本では子どものものではなかったのだと言い、古くは大人たちが喜んでそういう話を話したり聞いたりしていた。それが子どものものというふうになったのは江戸の時代になってからだと述べます。だから、江戸の子どもたちが赤本を通して昔話を読んでいくことで、「童話」という概念が出てきたわけで、それ以前は童話というのは子どものものではなかったということを説いています。そして「五　赤本の災厄」で、赤本がいかにして日本の昔話を変質させていったかという厳しい指摘をしております。

『桃太郎の誕生』の中で柳田国男が一番強調したのは、「七　妻もとめ」です。桃太郎は鬼が島へ行ったのだけれど、実は宝物を取りに行ったのではなく、自分の結婚相手を求めに行ったのだと言うのです。これを「妻覓《ま》ぎ」と言い、妻を求めるという意味です。あるいは、鬼が島へ連れて行かれた娘たちを救出、解放に行き、その中の一人と結婚するために鬼が島へ行ったのだと述べています。ところが、子どもに聞かせるのに、結婚のために鬼が島へ行ったのでは面白くない、宝物を獲りに行ったというふうに変えられたというのが柳田の主張です。

それでは桃太郎とは何かということを、「六　桃と瓜」のところで述べています。それは植物の実から生まれた小さな子が偉大な事業を成し遂げ、つまり、「小さ子」が偉大な事業を完成させることだというのです。この「小さ子」は選ばれた神の子で、そうした神の子の話が元にあるんだと説きます。神話から娯楽的な面白い要素をふくらませたのが昔話であり、信じられることを強調したのが伝説で、韻律を強く残したものが語り物であると説きます。いずれにしても、神話がもとにあって昔話や伝説、語り物が生まれてくるという発想です。

実はこの柳田の発想は、ヨーロッパの『グリム昔話集』を編んだグリム兄弟とよく似ています。グリム兄弟がなぜメルヘンを採集したかというと、メルヘンはゲルマン神話から生まれたんだという発想で、そのゲルマン神話の残滓《ざんし》をどこかにメルヘンは持っているということでメルヘンを採集し本を編集していった。この考え方、発想に非常にそっくりなのです。そうした当時のドイツの昔話研究を自分のものにして、昔話は子どもに聞かせるものではなくて、もともと神話であったものが娯楽化していき、大人も楽しむようになっていった。昔話をいろいろ採集していけば、古い要素を持っているものに逢着することがあるということで、採集や研究を進めていったのです。そのような意味で童話という発想を排除していくのです。これが結果的に、日本の昔話研究が柳田の方向、すなわち神話につながる古態を求める方向に進んでいったのです。昔話伝承が途絶えた現在、もう一度そのことを考えながら、民俗学的方向から少しは童話の方向へとつなげていく必要を痛感するわけです。現在、さまざまな地域で行なわれている語りや、学校・図書館で行なわれたりしている語りというのも、伝承的な昔話が途絶えた現在、生まれてくる必然や機運があるのだろうと考えます。伝統的な語りの場はなくなっていきますが、新しい語りの場が生まれています。なぜに語りは必要とされるのか、民俗学的研究から少し離れてラジカルに考えていく必要があると思います。

桃太郎の文化学、国際比較

さて、柳田の『桃太郎の誕生』を引き継ぐかたちで、野村純一先生が『新・桃太郎の誕生』という本を出しています。野村先生は「桃太郎」に関して定見を持っているようです。桃太郎はいろいろなところにいろいろな現われ方をします。今でもいろいろな商品に桃太郎が登場してきたり、あるいは戦争の時には軍人の英雄として用いられたりします。ある意味の「文化」としての桃太郎を、そのような文化史的な視点から捉えようという発想でこの本を書かれたように思います。

ところで、特徴的なのはだらしのない変な桃太郎を取り上げていることです。採集した昔話資料を見ていくと、立派な桃太郎じゃない変な桃太郎がたくさんいるのです。物ぐさ太郎みたいなだらしのない桃太郎がたくさんいて、そういうのを丹念に調べていくと、巌谷小波の皇国の少年桃太郎とは相反する庶民の桃太郎と言いましょうか、そうした桃太郎を通しながら、日本の文化を相対的に見ていこうという発想を持っていたようです。

『新・桃太郎の誕生』の変な「桃太郎」を見ていくと、「桃太郎」は、「力太郎」系の昔話と同じような発想のタイプをもっていることがわかります。「力太郎」というのは、体の股《もも》が膨れていって、それが破裂して生まれた桃太郎とか、これを東北では脛《すね》といいますから、脛から生まれた「すねこたんぱこ」といった名前の少年が、やがて旅に出て、そして仲間と出会いそれを連れて、ある強い権力者と争いをして倒す。このようなタイプの話が「力太郎」なんですが、これと共通性があります。野村先生も指摘しておりますが、実はこれは、早くに関敬吾が「桃太郎の郷土」(昭和四十七年)という論文で指摘しています。つまり、日本の「桃太郎」は、日本の独自なもののように見られるけれども、同じ話型は世界にいろいろあるのだと述べています。そういう事例を朝鮮や中国、インド、イタリアなどの古い資料を例に、結局は『グリム童話集』の「六人男世界歩き」というタイプに繋げていきます。この話と日本の「力太郎」、そして「力太郎」の異なるヴァージョンの「桃太郎」が、同じタイプであることを関敬吾は指摘していま す。さらにそれを受けながら伊藤清司さんは「桃太郎の故郷」(『昔話・伝説の系譜』所収、平成三年)で中国の昔話における桃の実から生まれた桃太郎を紹介しています。

考えてみると、「桃太郎」を日本という囲みから解き放して見ていく必要があります。つまり、世界的な視野において日本の「桃太郎」をとらえていくべきでしょう。日本では桃から生まれたということを非常に強調しているけれども、これは主人公が旅に出て、ある異常な能力を持った仲間といっしょになり、強い者を倒し、娘と結婚するといった話型として認識していくべきだと思います。日本の「桃太郎」はその日本ヴァージョンというふうに考えるほうがいいだろうということになります。

さて、私の目論見としては、日本の昔話研究を柳田国男という偉大な研究者の目指した民俗学的研究方法一辺倒から、少し軸をずらし、童話研究の発想からも捉えていく必要を話したかったのです。その一つの方向性を示すつもりで今日は研究史を概観するために、桃太郎を中心に見てきたわけです。十分言い尽くせませんでしたが、その意図だけでも伝わればと存じます。大変に荒削りなお話をいたしましたが、どうもご静聴ありがとうございました。(拍手)

〔参考文献〕
上笙一郎編『江戸期の童話研究』(一九九二年、久山社)

高木敏雄『童話の研究』（昭和五十二年、講談社学術文庫）
野村純一『新・桃太郎の誕生』、二〇〇〇年、吉川弘文館）
重信幸彦『〈お話〉と家庭の近代』（二〇〇三年、久山社）
柳田國男『桃太郎の誕生』（『柳田國男全集』10、一九八九年、ちくま文庫）

昔話と近代

石井正己

一　柳田国男の『遠野物語』

東京学芸大学の石井でございます。私は「昔話と近代」と題しましてお話しさせていただきます。昔話の価値というものが見直されるようになったのは、明治以降の近代社会の中でだろうと思いますが、とりわけ民俗学を進めてきた柳田国男は昔話の研究に熱心でした。八十八歳で亡くなりますが、亡くなる少し前に、「こんなに昔話に打ち込まなければよかった、もう時間がない」と嘆いたそうです。

その柳田の協力者であったのは、『遠野物語』の語り手であった佐々木喜善という人です。この喜善という人は『遠野物語』を語った後、地元の遠野市の土淵というところへ戻りまして、そこで暮らしながら昔話を集めていきます。近所の人からは「昔話なんかに打ち込んで」というふうに、冷ややかな眼で見られていたようですけれども、彼の研究によって、日本という国は、実は大変昔話の豊かにある国だということが明らかになってきました。柳田国男と佐々木喜善が昔話を見つけ出してくる、その過程を今日はお話ししてみたいと思います。

昔話が何と呼ばれてきたかという点から話を進めます。巌谷《いわや》小波《さざなみ》という児童文学者がおりますが、彼は、「お伽話」

と呼んでこれを広めたわけです。ところが大正時代になると、小波はもう古いと考えられ、児童文学の領域などでは「童話」という言葉を使うようになります。それが過ぎ去る頃に、「童話」とか「お伽話」とかいった言葉を押しやるかたちで、柳田国男と佐々木喜善が、民俗学という学問の中に位置づけたのが「昔話」という言葉でした。今日は、大正十一年（一九二二）という年がその一つの到達点になります。

その後、「昔話」ではなくて、特に戦後、木下順二さんの『夕鶴』などが民話劇として広まるようになると、「昔話」というよりは「民話」という言葉が世の中に広まっていきます。現在でも昔話なのか民話なのか迷うところがあります。どちらかというと、民話という言葉は演劇運動などから来ています。今日でいうと、松谷みよ子さんに代表されるように、児童文学の人たちは民話という言葉をよく使います。小学校の教科書でも、硬い昔話よりは軟らかい民話という言葉を使うようです。ですから、大きくいうと、民俗学者は「昔話」、そして児童文学者は「民話」というような使い分けがあるようです。ただ、「民話」という言葉が、最近は昔話やそれ以外の話を含めた総称として用いられるようになってきていますから、必ずしもその境界部分は明瞭ではないかも知れません。

今日お話ししてみようと思うのは、近代における昔話の発見です。私は十七年も前になりますが、三十代半ばの頃に岩手県の遠野市というところへ通い始めました。遠野というところは、「民話のふるさと」として知られていますので、この中にもいらっしゃった方があろうかと思います。ちょうど北上山地のおへそに当たるような場所ですが、おへそというのはつまり小さな盆地なんですね。真ん中に遠野の町があり、ここが盆地の底で、かつては南部家一万石の城下町だったところです。その周囲には水田があり、盆地の山のすそにはこの季節ですと林檎が赤々と実を付けています。さらに山へ入って行くと、早池峰山とか六角牛山とか石上山とか遠野三山があり、特に早池峰山は高山植物で知られた、北上山系で一番高い山になります。遠野へ行きますと、ぐるっと見渡せば山が見える、そういう小盆地です。

十七年間通って、この小盆地で面白いなあと思うのは、江戸時代に南部家一万石の城下町があり、その周辺には稲作が行なわれていて、山の裾野には果樹があり、そして奥には森林がある。それはある意味でいうと、明治時代より以前の日本の歴史が見つかります。簡単に言ってしまうと江戸時代の歴史、ちょっと遡れば弥生時代の歴史、もう少し行けば、山の中には縄文時代の歴史、つまり、小さな盆地という空間の中に縄文から江戸までがある。その時間が風景の中に埋もれているように思うんですね。つまり、江戸時代の後に近代社会があって、遠野の町もどんどん変わってきたわけですが、近代的な暮らしがある、すぐそばに縄文的な暮らしがある。最近では遠野の世界を、時間や風景から、さらには人間の心の問題として考えてみたいと思っております。

日本人は近代文明の発達した社会を生きていて、インターネットがあり携帯電話があり、とっても便利な時代になっています。ただ、今、脳科学が盛んになっていますけれども、非常に古い人間の心みたいなものも残していて、一方では迷信だと思われながら、例えば「夜に爪を切るとまずいんじゃないか」とか、「夜、口笛を吹くとよくないことがある」とか、あるいは「烏鳴きが悪い」と思うような心のあり方というのを持っていますね。新しいものと古いものとを共存させている。遠野の中にはそういう人間の心のあり方が風景として見えるのではないかという想定をして、風景を見ながら時間を掘り下げ、時間を掘り下げながら人間の心の問題を掘り下げられないかというふうに考え始めています。そういう意味では、私自身の課題は、例えば「『遠野物語』と脳科学」といった世界に、この次には踏み込んでみたいなと思っています。

(A) 序文と「題目」

今日の入り口は、明治四十三年に刊行された『遠野物語』という作品を皆さんといっしょに考えてみることです。西暦でいいますと一九一〇年のことです。今年は二〇〇八年ですからあと二年経つと百年、一世紀になるわけです。柳田国男が遠野の佐々木喜善から話を聞いたのをまとめてから一世紀が経とうとしています。まず序文の最初をちょっと読んでみます。

此《この》話はすべて遠野《とほの》の人佐々木鏡石君より聞きたり。昨明治四十二年の二月頃より始めて夜分折々訪《たづ》ね来《きた》り此話をせられしを筆記せしなり。鏡石君は話《はなし》上手《じやうず》には非《あら》ざれども誠実なる人なり。自分も亦《また》一字一句をも加減せず感じたるままを書きたり。思ふに遠野郷には此類の物語猶《なほ》数百件あるならん。我々はより多くを聞かんことを切望す。国内の山村にして遠野より更に物深き所には又無数の山神山人の伝説あるべし。願はくは之《これ》を語りて平地人を戦慄《せんりつ》せしめよ。此書の如《ごと》きは陳勝《ちんしよう》呉広《ごくわう》のみ。

佐々木喜善は明治十九年（一八八六）の生まれで昭和八年（一九三三）に亡くなっています。柳田国男は明治八年（一八七五）の生まれで昭和三十七年（一九六二）に亡くなってます。『遠野物語』が刊行された明治四十三年は、柳田が三十代の半ば、佐々木喜善は二十代半ばです。民俗学というのは、村へ行ってその土地のお年寄りから話を聞く、そういう調査方法を作り上げました。『遠野物語』は民俗学ができるよりもずっと前の作品です。そして、年長の柳田が大学を出たばかりのような若者、佐々木に聞いてまとめた本です。しかも「夜分折々訪ね来り」というのは、遠野へ柳田国男が行ったわけではなくて、東京の柳田国男の家に佐々木喜善が通って、そこで聞き書きが行なわれています。これは、後の民俗学からはちょっと想像し難いような一つの出来事だったように思います。

「鏡石君は話上手《はなしじょうず》には非《あら》ざれども誠実なる人なり」というのが今日の一つのキーワードになります。誠実な人というのは彼を位置付けるその性格付けで、それは彼の全人格をあらわしているというよりは、この『遠野物語』という作品を保証するための記述だということです。誠実な人が語った内容だから信頼できるという、そういう枠組みを作っていくんですね。「自分も亦《また》一字一句をも加減せず感じたるままを書きたり」。自分もまた、と言った時には、柳田国男自身も誠実な人間になっているわけです。誠実な話し手と誠実な書き手が作り上げた作品が『遠野物語』だということですね。それは強固に固められた『遠野物語』の思想だろうと思います。

『遠野物語』には一一九の話が入っています。「題目」を見ると、遠野の地勢から始まって、里の神、家の神、山の神、オシラサマとかザシキワラシとか、中央では聞かないような神様が出ております。続いて、天狗、山男、山女、後ろの方にいきますと雪女、河童、このように神から妖怪、そして、猿、狼《おいぬ》、熊、狐といった動物といったものまで登場します。『遠野物語』というのはとても不可思議な、神秘的な話で、人間が神や妖怪や動物達と身近に接しながら暮らしてきた様子がよくわかります。

遠野郷には一一九話よりもっと多くの話があるだろうと言っています。「我々はより多くを聞かんことを切望す。」国内の山村にして遠野より更に物深き所には又無数の山神山人の伝説あるべし」と述べています。遠野というのは北上山地の盆地ですけれども、さらに山へ入って行ったら数限りない山の神や山人の伝説があるだろう、里よりはどんどん深くなっていけば深くなっていくほど数限りない話が埋もれているはずだというのが柳田のイメージですね。

しかし、遠野というのは、山深いところだからたくさんの話が残ったというよりは、私はここが江戸時代、一万石の城下町であり、もっと言ってしまえば、都市的な性格を持ったところで、ここに情報であるとか人であるとか物であるとか、そういったものが集まっては散っていく、そういうすぐそばにある集落で生まれ育った佐々木喜善だからこそこういう話が残ったのではないか。もちろん佐々木喜善という人の資質もあると思いますが、全体的に言えばそんな環境を残しているはずです。

柳田国男はその後に、「願はくは之《これ》を語りて平地人を戦慄《せんりつ》せしめよ」という。山人に対して平地人。平地人というのは、稲を持ってきた稲作民、山人というのはその前の先住民。その先住民が蝦夷《えみし》であるとかアイヌであるとか、とても難しい歴史的な問題ですけれども、こういう伝説が歴史資料になり得るかという大きな課題として残されている。そういう縄文的な暮らしをしてきた人と、弥生的な暮らしをしてきた人がいて、弥生的な暮らしをしてきた人が縄文的な暮らしをしてきた人を追いやっていく。逆にここでは山人たちの話を平地人、弥生的な暮らしをしてきた人に聞かせて怖がらせたい。この平地人というのはもう少し言えば、都会人であり、東京人です。

『遠野物語』の第一話には、遠野へ行くには花巻の停車場で汽車を降りて、そこから行くということが出てきます。つまり『遠野物語』は、東北本線に乗って遠野へ入っていくような人々を読者に想定して書かれているわけです。ここでいう平地人というのは具体的には東京人とみていいわけですね。むしろ都会人にこそ読ませたい作品が『遠野物語』だということです。三五〇部しか作らなかった本ですけれども、後の影響はとても大きかったと思っています。

『遠野物語』が出るころ、佐々木喜善に柳田国男が送ったはがきが何枚か残っていまして、それを見た時びっくりしたんです。柳田国男は、三百部しか印刷してないから遠野の人に読まれる心配はないと、繰り返しそう書いている。つまり、柳田にとっては『遠野物語』というのは遠野の人に読まれたくない本なのです。なぜかというと、どの家にオシラサマが祀ってあるか、どの家からザシキワラシがいなくなり、その家が没落してしまったと書いてあります。

どこの家で息子が母親を殺したのか、どこの家で河童の子が生まれ、切り刻んで土の中に埋めたのか、そういう暗い話まで書かれているわけです。百年前でも確かにわかっただろうし、今でも遠野の人が読むと、地縁・血縁の強い社会ですから、この話はあそこの家のあの話だって知ってるわけです。我々が読むと、あるところのある家としか読めないのに、大変リアリティーがある、すぐそばの話として読めてしまうわけです。柳田国男が遠野の人に読まれたくないと思ったのはそこだっただろうと思うんですね。

今の遠野は、『遠野物語』で町おこしをしていますが、そういう暗い話にはやっぱり踏み込みません。それは町の持っている淀んだものを出すことになるからでしょうね。観光資源として『遠野物語』を使う時にそういったものをどうするか。ただ、私自身は『遠野物語』の持っている光と陰みたいな問題があっても、『遠野物語』というのが本当に遠野だけの財産ではなくて日本の財産、人類の財産になるのだとしたら、そういう人間の心の闇まで含めた普遍性こそ重要ではないかと考えます。なぜならば、例えば息子が母親を殺した、親が子どもを殺したなどという話は、今でも新聞を見れば時々出てきます。それは百年前の遠野の問題だけではなくて、現在の私どもの問題でもあるわけです。百年前の遠野の問題は、実は百年前の出来事である以上に私たちの問題だと考えた方がいいし、その意味で普遍性を持っています。遠野の財産とか日本の財産というより、人類の財産として考えるところまで普遍化する必要があるんじゃないかということですね。

話を戻します。この中に「山神山人の伝説」という言葉が出てきます。周囲が盆地で山に囲まれていて、そこにいる神様とかそこで暮らす山人の伝説です。つまり『遠野物語』というふうに、「物語」といっていますけれども、基本的には「伝説」という言葉で柳田は表しています。本当にあったことを保証するのは誠実な語り手と誠実な書き手です。そして、柳田はこの『遠野物語』は「現在の事実である、目前の出来事である」と言っています。今まさに本当にあることだ、刻々と起きている出来事だ、そういうことですね。

ザシキワラシの話では、明治の半ばに遠野の小学校にザシキワラシが現れた。小さな子どもが夜九時頃になると現れるというので見に行く。明治四十三年の七月には、佐々木喜善のふるさとの土淵でもザシキワラシが小学校に現れる。そうすると、一年生の子には見えるけれども年長者や大人には見えないというんですね。面白いのは、『遠野物語』が生まれた翌月に土淵の小学校でザシキワラシが出るというのでみんなが見に行くんですが、やっぱり一年生の子にしか見えないところです。

ザシキワラシというのは生まれては消え、消えては生まれる、今でいうと「学校の怪談」ですね。百年前にもう学校の怪談が生まれている。古い民俗を伝える遠野の町にザシキワラシが現れるのは、学校という公共の場を持ち、近代社会が進んでいき、都市的なものが同居しているからなんですね。たぶん学校の怪談の例としてとっても早い例だろうと思います。最近では、ザシキワラシが私が行っている博物館に現れるとか、ザシキワラシって今でも遠野で生きていますね。オシラサマなんかもとても祟りやすいので、七十代ぐらいの人はまだ触るのを怖がる人がたくさんいます。

(B) 一一五話〜一一八話の「昔話」

『遠野物語』の終わりのほうに昔話のことが出てきます。一一五話から一一八話までです。その一一五話に、「御伽《おとぎ》話《ばなし》のことを昔々と云ふ。ヤマハハの話最も多くあり。ヤマハハは山姥《やまうば》のことなるべし。其一つ二つを次に記すべし」

と、そう書いています。先ほど言いましたように、「御伽話のことを昔々と云ふ」というのは、明治時代、昔話が「お伽話」と呼ばれていたからです。小波《さざなみ》が呼んでいたのもそうですね。つまり、平地人にとっては「御伽話」と呼んでいるものが、遠野では「昔々」と言われている。「昔々」というのは今でいえば民俗語彙ですね。遠野の土地の言葉です。その中にはヤマハハの話がたくさんある。ヤマハハというのは中央で言う山姥のことだろう。その話を記そうというのです。

『遠野物語』というのは、伝説を書きながら最後にきて昔話にぐっと揺れます。山人を考えてきた延長でヤマハハのことが出てきます。昔話というのは架空の話ですけれど、その中にヤマハハが出てくる。『遠野物語』というのは大枠では昔話じゃなくて伝説なんですが、ここにだけ異分子のように昔話が残っている。

『遠野物語』一一六話を見ていきます。

昔々ある所にトトとガガとあり。娘を一人持てり。娘を置きて町へ行くとて、誰が来ても戸を明けるなと戒しめ、鍵《かぎ》を掛けて出でたり。娘は恐ろしければ一人炉にあたりすくみて居たりしに、真昼間に戸を叩《たた》きてここを開けと呼ぶ者あり。開かずば蹴破《けやぶ》るぞと嚇《おど》す故《ゆゑ》に、是非なく戸を明けたれば入り来たるはヤマハハなり。炉の横座に踏みはたかりて火にあたり、飯をたきて食はせよと云ふ。其言葉に従ひ膳《ぜん》を支度《したく》してヤマハハに食はせ、其間に家を遁《に》げ出したるに、ヤマハハは飯を食ひ終りて娘を追ひ来《きた》り、追々《おひおひ》に其間近く今にも背《せな》に手の触るるばかりになりし時、山の蔭にて柴《しば》を刈《か》る翁《おきな》に逢《あ》ふ。おれはヤマハハにぼつかけられてあるなり。隠して呉《く》れよと頼み、刈り置きたる柴の中に隠れたり。ヤマハハ尋ね来りて、どこに隠れたかと柴の束をのけんとして柴を抱へたるまま山より滑り落ちたり。其隙にここを遁れて又萱を刈る翁に逢ふ。おれはヤマハハにぼつかけられてあるなり。

隠して呉れよと頼み、苅り置きたる萱の中に隠れたり。ヤマハハは又尋ね来りて、どこに隠れたかと萱の束をのけんとして、萱を抱へたるまま山より滑り落ちたり。其隙に又ここを遁れ出でて大きなる沼の岸に出でたり。此《これ》よりは行くべき方も無ければ、沼の岸の大木の梢《こずゑ》に昇りゐたり。ヤマハハはどけえ行つたとて遁《の》がすものかとて、沼の水に娘の影の映れるを見てすぐに沼の中に飛び入りたり。此間《この》に再び此所《ここ》を走り出で、一つの笹小屋《ささごや》のあるを見付け、中に入りて見れば若き女ゐたり。此にも同じことを告げて石の唐櫃《からうど》のありし中へ隠してもらひたる所へ、ヤマハハ又飛び来り娘のありかを問へども隠して知らずと答へたれば、いんね来ぬ筈《はず》は無い、人くさい香がするものと云ふ。それは今雀《すずめ》を炙《あぶ》つて食つた故《ゆゑ》なるべしと言へば、ヤマハハも納得してそんなら少し寝ん、石のからうどの中にしようか、木のからうどの中がよいか、石はつめたし木のからうどの中にと言ひて、木の唐櫃の中に入りて寝たり。家の女は之《これ》に鍵を下し、娘を石のからうどより連れ出し、おれもヤマハハに連れて来られたる者なれば共々に之を殺して里へ帰らんとて、錐《きり》を紅《あか》く焼きて木の唐櫃の中に差し通したるに、ヤマハハはかくとも知らず、只《ただ》二十日《はつか》鼠《ねずみ》が来たと言へり。それより湯を煮立てて焼錐の穴より注ぎ込みて、終《つひ》に其ヤマハハを殺し二人共に親々の家に帰りたり。昔々の話の終りは何《いづ》れもコレデドンドハレと云ふ語を以《もつ》て結ぶなり。

まず、カタカナで「トト」「ガガ」と出てきます。これも民俗語彙で、遠野のあたりではお父さんとか夫のことをトトと言い、お母さん、妻のことをガガと言います。共通語にしてしまっては表せないところは、カタカナで残していく。喜善がトトとガガというふうに言ったんでしょうね。全体は硬いしっかりした文語文で、その中に地方語がちらっちらっと残っていくんですね。

この話は逃走譚になっていますね。ヤマハハは飯を食っている間は夢中なんですが、食べ終わると娘がいないということに気が付く。よくよく考えれば、怖さと面白さが隣り合わせなんです。娘が逃げて、そうして大きな沼の岸に出た。どうしようもなくなって岸の大木の上に登っていく。ヤマハハが「どけえ行つた」と言いますが、これも土地の言葉なんでしょうね。迫力ある大事な言葉というのは共通語ではやっぱりだめで、昔話の言葉が残っているはずです。ヤマハハは沼の水に娘の影が映っているのを見て、沼の中に飛び込んだ。影を見て飛び込むんですから滑稽といえば滑稽で、ヤマハハには恐怖と笑いが共存しているような感じがしますね。

続いて、笹小屋を見つけてその中へ入ると、若い女がいる。石の唐櫃の中へ隠してもらった。ヤマハハがやってきて娘の在りかを問うけれども、知らないとその若い女が答える。ヤマハハが人臭いと言うと、女は雀を炙って食ったためだろうと言う。遠野の暮らしの中では雀を食ってたことがわかりますね。別に特殊な食生活でもありません。ヤマハハは、石は冷たいから木の唐櫃で寝ようと言って、木の唐櫃に入って寝るわけです。女は鍵をおろして、娘を唐櫃の中から出して、実は自分もヤマハハに連れてこられた者だからいっしょにヤマハハを殺して里へ帰ろうと言って、錐を焼いて唐櫃に差し通し、開けた穴からお湯を注ぎ込んでヤマハハを殺します。そうして、二人とも自分の親の家に戻ってきたという話です。

最後に、「昔々の話の終りは何《いづ》れもコレデドンドハレと云ふ語を以て結ぶなり」とあります。みんなこれで終わるというんですね。遠野ではドンドハレというふうに終わりますけれども、昨年でしたか、ＮＨＫの朝の連続テレビ小説で「どんど晴れ」という、盛岡の老舗旅館の話がありましたが、盛岡あたりではドットハレだと思います。これで終わりということです。語り部のお婆さんなどは、ドンドハレってどういう意味ですかとよく聞かれるようで、わらくずのことをドンドといって、そのわらくずを藁仕事が終わったらパッパッと払って仕事を終わるので、それで昔話もこれで終わりという時にドンドハレというんだと説明しています。

「昔々」、「コレデドンドハレ」という形式をよく残し、しかも全体は文語文にしながらも、会話文などにはその昔話の語りの痕跡が残っているように思います。『遠野物語』というのは、一番最後のところでこのようにして昔話に触れた。

『遠野物語』一一七話も同じくヤマハハの話です。読んでみましょう。

昔々これもある所にトトとガガと、娘の嫁に行く支度《したく》を買ひに町へ出て行くとて戸を鎖《とざ》し、誰が来ても明けるなよ、はアと答へたれば出でたり。昼の頃ヤマハハ来《きた》りて娘を取りて食ひ、娘の皮を被《かぶ》り娘になりて居る。夕方二人の親帰りて、おりこひめこ居たかと門《かど》の口より呼べば、あ、ゐたます、早かつたなしと答へ、二親は買ひ来たりし色々の支度の物を見せて娘の悦《よろこ》ぶ顔を見たり。次の日夜の明けたる時、家の鶏羽ばたきして、糠屋《ぬかや》の隅《すみ》ツ子見ろぢや、けけろと啼《な》く。はて常に変りたる鶏の啼きやうかなと二親は思ひたり。それより花嫁を送り出すとてヤマハハのおりこひめこを馬に載せ、今や引き出さんとするとき又啼く。其声は、おりこひめこをのせなえでヤマハハのせた、けけろと聞ゆ。之を繰り返して歌ひしかば、二親も始めて心付き、ヤマハハを馬より引き下して殺したり。それより糠屋の隅を見に行きしに娘の骨あまた有りたり。

前の話の娘は遁れましたけれども、この話の娘はヤマハハに食われます。そして、ヤマハハは娘の皮を被って、娘になり代わっている。夕方、親が帰ってきて、「おりこひめこ居たか」と言うと、「あ、ゐたます」と言う。次の日の夜明けに、家の鶏が「糠屋《ぬかや》の隅《すみ》ツ子見ろぢや、けけろ」と鳴く。糠屋の隅っこというのは物置の隅で、そこを見ろと鳴く。あれ、普段と違う鶏の鳴き方だなあと両親は思います。それから、偽のヤマハハのおりこひめこを馬に載せて引き出そうとする時に、また鶏が鳴くわけです。「おりこひめこを載せなえでヤマハハのせた、けけろ」と。おりこひめこじゃなくてヤマハハを馬に乗せて送り出すので、そう歌ったというんですね。最初は変だなと思ったけれども、二回目ではっと気が付くわけです。つまり、鳥の鳴き声というのは真実を語る。それを信じるわけです。偽者だと思って、ヤマハハのおりこひめこを馬から引き下ろして殺します。

非常に唐突で、全く疑わなかったのかなあと思いますけれど、昔話というのはそういうところを疑念を挟まず進んでいきます。それから、糠屋の隅を見に行ったら、娘の骨がたくさんあった。我々の思考だと、まず糠屋の隅を見に行って、確かめてから復讐するんですけれど、昔話というのは逆ですね。なぜかというと、鳥の鳴き声がとても重要だからです。我々の論理的な思考よりも鳥の鳴き声こそがより深い真実を表す。神の声みたいなもので、それを信じて先に殺してしまい、糠屋の隅に骨があったんで間違いなかったと確認できたという話です。

このようにしてヤマハハの恐怖の昔話を二話載せているわけです。これが山にいる山女とか神女とかいったものとどう関わるのかというのが柳田の関心の中にあったはずです。『遠野物語』は、繰り返し申し上げますけれども、山神や山人の伝説を書きながら、一番最後のところにきて昔話ふっと入り込む。佐々木喜善は伝説の語り手だけではなくて、昔話の語り手でもあったことがわかります。

二　佐々木喜善の童話収集

佐々木喜善という男はその後、先ほども申しましたように、東京で暮らさずに遠野へ戻ってきて、そこで暮らします。彼は二十代後半から遠野で暮らす中で、三つの研究をしています。一つはザシキワラシの研究。東北の中にどのくらいザシキワラシの話があるんだろう。これを大正九年（一九二〇）の『奥州のザシキワラシの話』にまとめました。今でもザシキワラシ研究の古典であり、最もいい本だと思います。二つ目はオシラサマです。東北に残るオシラサマというのはいったい何だろうと一生懸命調べます。三つ目がこの昔話なんですね。

彼は作家になりたかったんですが、うまくいかなかった。ある意味では作家として小説を書くことには挫折したけれども、昔話を書くことに、彼は一つの生きがいを見出していったように感じます。そんな中で、佐々木喜善は大正の初め頃から昔話に徐々に関心を向けていって集めるんですが、この時代は「童話」と昔話を呼ぶ時代になっております。巌谷小波が押しやられて、大正デモクラシーの中で、より子どもにふさわしい、いいものを与えよう、お伽話のような陳腐なものじゃいけない、より芸術性の高いものとをいうので童話が出てくる。その童話の中に昔話も含まれているんですね。ですから、これから見ていくお話の時代には、まだ昔話という言葉がありませんから、喜善はそれらを童話と呼んでいました。

（A）「奥州の瘤取童話」

最初は「奥州の瘤取童話」、「瘤取爺」の話です。大正四年（一九一五）の『郷土研究』（第三巻第五号）に載ります。この話は古くは鎌倉時代の『宇治拾遺物語』とか、江戸時代初めの『醒睡笑』とか、日本に古くからあった話でありますが、東北地方にも瘤取童話があるんだよ、と報告するわけです。今だったら民俗学の昔話研究がありますから、瘤取童話が日本中にどのくらいあるかというのはわかりますけれども、これは「瘤取爺」が地方から報告された最初です。地方にはこういう「瘤取爺」の話が生きているんだということなんだろうと思います。例文を引いてみましょう。

昔ある所に、額《ひたひ》に拳《こぶし》ほどの瘤《こぶ》の有る老爺《ぢぢい》が二人あつた。二人の老爺は其瘤《こぶ》を取る為に願《ぐわん》を掛《か》ける相談《さうだん》をして、二人である山奥の神様に詣《まゐ》つて夜籠《よごも》りをして居た。淋《さび》しい真夜中《まよなか》の頃に何か遠くで物音《ものおと》がする。始は虫の鳴くやうな音であつたが、追追近くなると、それは笛太鼓《ふゑたいこ》の囃《はやし》の音であつた。天狗《てんぐ》の仕業《しわざ》では無いかと顔を見合わせて怖《おそろ》しく思うて居るうちに、はや一の鳥居《とりゐ》の処まで遣つて来た足音がして、

　とれれ、とれれ、とひやら、とひやら、
　すととん、すととん

と云ふ囃《はやし》の音がよく聞える。これはたまらぬと片隅《かたすみ》の方へ隠れるか隠れぬかと云ふ中に、社《やしろ》の戸ががらりと開《あ》いて、みんな丈《せい》の六尺もある赤ら顔の鼻の高い人が、四五人づれで入つて来て、

　とれれ、とれれ、とひやら、とひやら
　すととん、すととん

と囃《はや》して居たが、囃《はやし》ばかりで舞《ま》ひ手《て》の無い神楽《かぐら》には、天狗《てんぐ》でもしまひには倦《あ》きると見えて、互に舞《まひ》を勧《すす》め合うて居たけれども、どうしてか其中には舞ひ得る天狗が無かつた。（以下略）

これはもう文語体ではなくて口語体になってますね。ところで、我々が知っている「瘤取爺」というのは隣の爺型になっていますが、この話では二人の爺が額にある瘤を取りたいと、山の奥の神様のところに祈願しに行った。隣の爺型のように二回の繰り返しにはなっていません。いっしょに行っていて、踊りの出来不出来で二人の爺が対照的な

目に遭う。

「奥州の」というように普遍化していますけれども、実は、喜善が昭和六年（一九三一）に作った『聴耳草紙』という本がありまして、それを見るとこの話が載っているんですね。これは和賀郡の黒沢尻に生まれた自分の奥さんが、お婆さんから聞いて知っていた話だという。つまり、奥さんから聞いた話を彼は報告しているわけです。喜善という人は面白い人で、身内が話した話もちゃんと書き留めるんですね。彼がすごいのは、子どもが話している話でさえ面白いと思えば書き留めてしまうところです。彼にとっては、今まさに目の前にある話を書き留めることこそが重要だったのです。柳田国男はこの話は重要だとか、こっちはいらないとか価値判断しますけれども、喜善にはそんなところがなくて、年寄りの話であろうが、奥さんの話であろうが、子どもの話であろうが、その話が今ある、そのことこそが大事なことなんだと考えている。そのようにして書いていくんですね。

(B)「瓜子姫子童話四種」

翌大正五年（一九一六）には、「瓜子姫子童話四種」（『郷土研究』第四巻第一号）というので、四種類出しています。先ほどの「おりこひめこ居たか」というあれが「瓜子姫」ですね。「瓜子姫」というのは「桃太郎」の女性版です。最初に陸中の和賀郡の話が出てきます。これも奥さんから聞いた話です。冒頭部分だけ示しましょう。

昔ある処に老爺《ぢぢい》と老婆《ばばあ》が居て、老爺《ぢぢい》は山に柴苅《しばか》りに往き、老婆《ばばあ》が前の小川で洗濯《せんだく》をして居ると、瓜《うり》が一つ流れて来た。老婆はそれを拾ひ上げて、今に老爺どのが山から還つて来たら一緒《いつしよ》に食べようと思つて、戸棚《とだな》の中に蔵《しま》つて置いた。夕方老爺が帰つたから、老婆は戸棚を開《あ》けて見ると、其瓜から美《うつく》しい女の児が生《うま》れて、「おうげえ、おうげえ」と啼いて居た。二人は此齢《とし》まで未《いま》だ子供《こども》が無かつたので、大そう喜んで此児を育《そだ》て、瓜から生れた子供だからと、其名を瓜子姫子《うりこひめこ》と附けて可愛《かあい》がつて居た。（以下略）

これを見ると、桃から桃太郎、瓜から瓜子姫子ということで、「桃太郎」の女性版だということがよくわかります。第四話が『遠野物語』と同じで、一一七話を書き直したのが四話の「陸中上閉伊郡遠野郷」の話なんだろうと思います。二話と三話の話はどこのだかわかりません。なぜ書いてないのかわからないんですけれども、ちょっと第二話を読んでみます。

昔老爺《ぢぢい》と老婆《ばばあ》があつた。老爺は山に柴刈りに行き、老婆は川で洗濯をして居ると、瓜が一つ流れて来た。それを拾つて食べて見ると大そう旨《うま》かつた。もう一つ流れて来ればよい、老爺さんの分に取つて置かうと思つて居ると、又一つ流れて来た。其を拾ひ上げて家の戸棚《とだな》に入れて置いた。老爺が山から還つたので戸棚を開けて見ると、其瓜から美《うつく》しい女の子が生れて居た。夫婦は悦んで、瓜から生れたから瓜子姫子《うりこひめこ》と名を附けた。瓜子姫子は其うちに段々大きくなつて美しい姫になり、老爺と老婆の山に行く留守《るす》をして居るやうになつた。留守にはいつも機《はた》を織つて居た。ある日山母《やまはは》が来て、「瓜子姫子、ここの戸をあけろ」と言つた。「おぢいさんとお婆《ばあ》さんにくろれるからやんだ（叱られるからいやだ）と答へると、山母は戸を蹴破つて入つて来て、瓜子姫子を食つて了《しま》ひ、瓜子姫子の手と足とを火棚《ひだな》に吊《つる》して置いた。夕方に老爺と老婆が山から帰つて来て、いつものやうに「瓜子姫子今来たぜ、戸を開《あ》けろ」と言つたが、戸を開ける者が無い。不思議に思つて戸を外《はつ》して家に入つて見ると中が真暗《まつくら》であつた。老婆は炉側《ろばた》に往つて火を吹き附けようと思つて屈《かが》むと、額《ひたひ》に瓜子姫子の片足がぶつかつた。驚いて老爺を呼んで火を燃して四辺《あたり》を見ると、瓜子姫子は山母に食はれて骨《ほね》ばかりになつて居た。

流れて来た瓜をお婆さんは、いきなり食べてしまう。これはびっくりすることではなくて、江戸時代の赤本の「桃太郎」などを見ると、「もう一つ流れてこい、爺にしんじょ」というので、もう一つ流れて来いとお婆さんが言っているのは一個目を食べちゃったということです。昔話の語りの中には、お婆さんが一個目を食べたというのがけっこう出てきます。

江戸時代の語りで重要なのは、その後、桃太郎は桃が割れて生まれるんじゃなくて、絵本では、桃を食べたお爺さん、お婆さんが若返って、その結果生まれた子どもが桃太郎という、そういう回春型になりますから、お婆さんとお爺さんが桃を食べるというのは大事なことなんですね。

注意しなければいけないのは「桃太郎」もそうですが、桃を戸棚から出してきて、まな板の上にのせて包丁で切るというのがないんです。たぶん、古い「桃太郎」は包丁で切らないのだと思います。パロディーで桃を切ったら桃太郎が死んでしまったと子どもたちが言う話がありますが、あれはたぶん明治の絵本からそうなっていくので、布団に入れておくとか、戸棚に入れておくと生まれていたというのがけっこうあります。だから、切ってしまうというのは「かぐや姫」なんかの影響があるのかもしれません。「桃太郎」の古い語りはこういうふうに、切らないように思います。

山母がきて、戸を開けろと言われますが、「おぢいさんとお婆さんにくろれるからやんだ」と答えます。ここにも方言が出てきますね。「くろれる（叱られる）」からいやだ。この瓜子姫子の言葉は方言でないと表せないですよね。そう答えると山母は戸を蹴破って入ってきて、瓜子姫子を食ってしまう。その手と足を火棚に吊るして置いた。火棚というのは炉辺の上にある棚で、乾燥させるためにいろんなものを置いておく。そこへ瓜子姫子の手と足を吊るしておくというんですから、糠屋の隅に置くというのと全然違います。簡単に言うと、昔話というのは語り手の関心によって揺れ動き、ちょっとグロテスクに語ろうと思うとこういうところへ動いていくわけです。そういうふうにして、骨格は変わらないけれども動くからこそ昔話というのは生きてきたんだと思うのです。固定化されないで、語り手の意思が微妙に入り込み、ここはリアルに語ろう、ここはグロテスクに語ろう、ここはあっさり語ろうという、それが昔話が生きているということなんだと思うんですね。この場合にはちょっとグロテスクですね。火棚に手足がぶら下がっているというんですから。

夕方にお爺さんとお婆さんが帰ってきて戸を開けろというけれども、戸を開ける者がいない。不思議に思って戸を外して中へ入り、炉辺に行って火を吹き付けようとした婆の額に片足がぶつかった。ゾクッとしますよね。いわば、怪談のようにしてグロテスクに語る怖さのほうに向いていくとこういう語りになるわけです。驚いて爺を呼んで、火を燃やしてあたりを見ると、瓜子姫子は山母に食われて骨ばかりになっていた。もうこれでこの話は終わりになってしまう。山母に娘を食われてグロテスクな最期だったという、その怖さに重点を置いた話になっているのです。

ちょっと第四話を見てみましょうか。『遠野物語』の一一七話と同じ話ですけれども、あの話を、もう一回書き直しているはずです。

この話では、瓜子姫子がどうやって父と母のところに来たのかというと、川から拾ってきたのではなくて、生まれた子どもとして出てくる。じゃあ、何で瓜子姫子なのか。その名前のいわれなんかはもう落ちてるんですね。罌粟《けし》の花のように美しかったので、隣村の長者から嫁に欲しいといってきた。嫁支度を買いにいくので、姫は一人留守居をします。そうすると、ここもこの話の大事なところですが、雨戸をどんどん叩いて訪れる者がある。誰が来たんだろうって、その音が大変な恐怖になるわけです。瓜子姫子は黙っている。正体がわからないわけですから、開けなかったらこの戸を蹴破って入るぞと外の声が言う。『遠野物語』一一七話よりは、ヤマハハが瓜子姫子を説得しながら、なかなか開けない戸を口説いて開けさせていて、そこがその語りの面白さになっているわけです。このままでは本当に戸を蹴破って入られてしまいそうなので、ちょっと開けた。それが命取りになるわけですね。その戸を開けて入ってきたのが山母であった。つまり、この昔話ではここへ来て初めて、その声の正体が山母だったとわかる。外の者が誰か最初はわからなかったけれども、入ってきたのが山母だった、そういう語り口です。

つまり、この語りの視点は、瓜子姫子の立場に添うかたちで語っていくのです。瓜子姫子が正体を山母だと知ったのと同じように、聞き手も山母だとわかる。これもある意味では非常に怖い語り方だと思います。『遠野物語』では、山母が来たと先に書いてしまって、もう正体がわかっているわけです。語り方とか書き方によって話は全然違う様相を示すということですね。

戸をちょっと開けたことが命取りになって、すぐさま捕らえられて食われてしまい、山母は瓜子姫子の皮を被っている。翌朝、長者殿に嫁に出す。そうすると、送り出す時に鳥が、「瓜子姫子は乗せないで、山母乗せた、かあかあ」と鳴く。さっきは鶏でしたが、ここでは鳥になっています。次に鶏が庭にいて、「糠屋の隅こを見ろぢや、けけろ」とこう鳴いたというんですね。

この話はさっきと違います。いきなり山母を殺してしまうんじゃなくて、父が不思議に思って糠屋に行って見るというふうに、先に証拠を確かめている。こちらの方が非常に冷静で論理的な思考ですね。いくら鳥が鳴いたからって、事実を確かめない限りは殺しちゃいけない。これは近代的で論理的なわけです。ひょっとしたら我が子を殺してしまうかも知れないわけですから、こちらの方がずっと冷静だと思います。先ほど、『遠野物語』の一一七話を見ましたが、喜善が書き直したものでは、やっぱり書き方は変わってきていますね。

柳田国男は『聴耳草紙』の序文を佐々木喜善に頼まれて書いています。そこでこんなことを言っています。

二十二年程前、初めて佐々木君が遠野の話をした時分には、昔話はさ程同君の興味を惹いてゐなかつた。遠野物語の中には、所謂「むかしむかし」が二つ出てゐるが、二つとも未だ採集の体裁をなしてゐなかつた。それが貴重な古い口頭記録の断片であるといふ事はずつと後になつて初めて我々が心づいたことである。

この二つの話というのは先ほど見た一一六話と一一七話です。それ自体を佐々木喜善は書き直しながら報告している。そこで、昔話というのはどう書くのかというところへ彼自身の関心が動いていく。それによって、同じ話でも微妙に違う。そのあたりを確かめてみたことになります。

（C）「陸中紫波地方の桃太郎」

時間がありませんので、もう一つ佐々木喜善が報告した「桃太郎」の話を見てみます。喜善にしてみれば、「瓜子姫子」を出したから、やっぱり「桃太郎」も出さなきゃいけないと考えたのでしょう。柳田国男にとって「瓜子姫子」とか「桃太郎」が重要だというのは、そのようにして小さ子として生まれた英雄が、やがて困難を乗り越えて幸せな人生を送る、これが昔話の典型だと彼が考えるからです。喜善は陸中の紫波という、盛岡のちょっと南ですけど、そこにある「桃太郎」であるとして、段々と厳密になりますね。奥州とか大雑把に言っていたのが、陸中の紫波として地域限定版になっていくわけです。そのように、大雑把な研究からどんどん細かくなっていく。研究が進んでいくんですね。

次の資料は「陸中紫波地方の桃太郎」（『郷土研究』第四巻第九号、大正五年一二月）です。

父《とと》と母《がが》とが山に花見《はなみ》に行つた。昼飯《ひるめし》を食《た》べて二人休んで居ると、母《がが》の腰もとに一つの桃《もも》が転《ころ》がつて来た。母《がが》は其を拾つて懐に入れて帰つて、朝《あさ》ま起きて見るといつの間《ま》にか桃が小《ちい》さな赤坊《あかんぼう》になつて居た。だから名を桃太郎とつけて置いた。

桃太郎はだんぐ大きくなつた。父《とと》と母《がが》が畑《はたけ》に出て居るうちは、おとなしく留守《るす》をしながら学問をして居た。ある日一羽《は》の鳥が桃太郎の家の前の木に来てたかつて、「桃太郎さん桃太郎さん、地獄《ぢごく》から手紙を持つて来ました」と言つて桃太郎を呼出した。桃太郎は其手紙を読んで見ると、鬼が日本一の黍団子《きびだんご》を持つてくれろと云ふ手紙であつた。桃太郎は母《がが》が畑から帰つて来るのを待つて居て、日本一の黍団子をこしらへて貰つて、それを背負《しょ》つて家を出かけた。幾日も幾日も旅をしてやつと鬼の居る国に著《つ》いた。桃太郎は黍団子を出して一つづつ鬼に遣ると、鬼どもは喜んでそれを食うた。處が其鬼は皆酔うてごろごろとそこに眠つてしまつた。そこで桃太郎は御姫様《おひめさま》を車に乗せて其所《そこ》を出た。鬼は目を覚《さ》まして火車《ひのくるま》に乗つて桃太郎の後を追つかけて来た。

桃太郎の車は海の上を走らせたが、鬼の車は火車なので仕方がなくて引返して往つた。桃太郎は家へ無事に還つて来て父も母も喜んだ。御姫様の事を御上《おかみ》に知らせたら沢山の金を褒美に下さつた。それで桃太郎の家は長者《ちやうじや》になつて楽しく暮《くら》したと云ふことである。

これは、桃が流れてくるんじゃないんですね。花見の時に転がってきた桃という誕生の仕方です。地獄の鬼が黍団子を持って来てくれというので、鬼のところへ黍団子を持って出掛けますが、犬と猿と雉はどうなったんだと思うわけです。犬と猿と雉に黍団子をやるんじゃなかったのか、鬼にやっちゃっていいのかと思うのですが、陸中の「桃太郎」はこうだったんですね。

ところで、鬼たちは皆酔って眠ってしまった。そこで桃太郎はお姫様を車に乗せてそこを出た。鬼は目が覚めて火の車に乗って後を追いかけてきた。ここで我々が知っているのは「桃太郎」よりもむしろ『御伽草子』などにある「酒呑童子」の話ですね。鬼に酒を飲ませて酔わせて退治し、奪われてきた女性たちを取り返してくる。あの場合は黍団子じゃなくて酒です。その酒に代わるのが黍団子ということになる。桃太郎の車は海の上を走らせたが、鬼の車は火の車なので仕方なく引き返して行った。家へ帰ると父も母も喜び、お姫様のことをお上に知らせてたくさんの金を褒美にもらい、桃太郎の家は長者になって楽しく暮らしたというのです。犬や猿や雉が出てこない、桃太郎の誕生の仕方も違い、褒美に貰ってきたのも隠れ蓑、隠れ笠、打ち出の小槌ではなかったのです。

柳田国男は、実はこれを桃太郎の典型と考えて、『桃太郎の誕生』の中心に据えていきます。ここで重要なのは、鬼が島の鬼退治以上に、娘を奪い返して幸せな結婚をするということなのですね。こういう話が出てこないかというので、柳田国男は『昔話採集手帖』の第一話にこの桃太郎の要約を載せます。ところが、日本中探してもこのような話は出てこない。紫波郡の誰がこの話を書いたのかというと、実は佐々木喜善の手許に残っていて、煙山村の小学校の藤田留蔵という子どもが書いたということがはっきりわかっています。子どもの作文から喜善が書き直したんです。一体この子どもはどこからそういう「桃太郎」を書いたのか。子どもの創作だったのか、何か絵本で読んだのか、お爺さん、お婆さんから聞いたのか、それ以上遡ることが出来ない孤例です。でも、実は地方にはこんな異色の「桃太郎」があるんだよと、佐々木喜善は大正五年に報告したんですね。こういう喜善の「瘤取爺」や「瓜子姫子」や「桃太郎」によって、東北地方には江戸時代の赤本などとは違う昔話が今も生き生きと息づいているらしいということがわかってきました。

三　佐々木喜善の『江刺郡昔話』

『江刺郡昔話』が佐々木喜善が最初に編んだ本格的な昔話集です。、大正十一年八月、これが今日の着眼点です。日本の昔話集の中で学術用語として「昔話」というのを使った最初の本です。江刺郡は遠野のすぐ南で、今、水沢江刺という新幹線の駅がありますけれども、そこからちょっと東へ入ったところのあたりですね。人首川、広瀬川、井手川という川に囲まれた、平地と丘陵の場所であるということが「はしがき」に出ています。とても重要なことですが、『江刺郡昔話』について「はしがき」でこう言っています。

是等の話は、何れも皆口から耳に直接聞いた所謂民間の譚である。文献古記録等から採つたものはただの一つも無い。そんな方面をも探したなら此の倍数も多くの話があつたであらうが、自分は蒐集者としての妙な潔癖から、此度だけは自分の耳で親しく聞いた話のみを収穫しようとした。話の数の少いのは大目に見て貰ひ度い。

此の話の大部分は、ただ一人の話手即ち米里村字人首の、浅倉利蔵と云ふ四十歳ばかりの、炭焼きを渡世として方々の山々ばかりを渉り住まつて居る人の口から得た。此の人は決して偽話や作り話はせぬ、実に天才的な誠実な質の人である。木を伐りながら鋭筆をとつて炭竈の本を書いて居る。真に斯う言ふ人が全部土語で極めて質朴な而して自由な語で、ぽつぽつ語つたものであるから、読者も筆者とともに安心して読んで頂きたい。

つまり、文献からの書き直しではなく、人の口から聞いた聞き書きだけですよと、そう言っているわけです。直接聞いた話だ。『遠野物語』がそうだったようにこれもそうだというのです。そこにこの資料集の価値がある。まさに民俗学の問題ですね。つまり、聞いた話だけで文献から取ったものはない、これが蒐集者としての態度だということになるわけです。

この話の大部分はただ一人の話し手、すなわち、米里村字人首《ひとかべ》の浅倉利蔵という、四十歳ばかりの炭焼きを渡世とする人からのものです。この浅倉という人は、佐々木喜善が住んでいる土淵までやってきて炭焼きをしていたようです。炭焼きだからあっちこっち行って炭を焼くんですね。その中で喜善と会うわけです。彼は、炭焼きのやり方を本に書きたいと言って、喜善にその添削を求めて来たようで、そこに接点があったんですね。

『遠野物語』もたった一人、佐々木喜善から聞いた。もっとよく似ているのは、「此の人は決して偽話や作り話をせぬ、実に天才的な誠実な質の人である」ということです。『遠野物語』が言っていた「誠実」というのがここに出てくるわけです。『遠野物語』の場合には話し手として記録されましたけれども、今度は書き手になって記録した。そこにある思想というのは『遠野物語』の世界をきちっと受け継いでいる。木を伐りながら、筆を執って本を書いている、決して文字を知らない人ではなかった。しかも年齢は四十歳ぐらいですね。非常民といいながら、ある知識層です。「土語」というのは土地の言葉ですね。どこまでを土語で残して、どこからは共通語にするかということがあったはずですけれども、その語りを残しながらこの本を作ったということです。

そして、「はしがき」の最後に、「広い日本の中には実際どんな珍らしい宝玉が、どんなに多く土の中に埋没されて居るか、其れを掘り起こさねばならぬと思ひますから」と書いています。土淵の伝承園にはこの言葉が碑文に残っています。宝玉というのは当然昔話ですし、掘り起こすというのは蒐集、採集することですね。考古学者が土の中から土器を掘り起こすように、昔話蒐集者は人から話を聞く。昔話というのは取るに足りない話じゃなくて、宝物ですね。田舎の年寄りのつまらない話なんかじゃなくて宝物だ、これは喜善がやった大きな価値観の転換だろうと思います。

この本の全体は「昔話」「口碑」「民話」に分かれています。昔話というのは昔話ですが、口碑というのは『遠野物語』でいう伝説と同じです。民話というのは世間話ですね。実際にあったことです。民話という言葉が日本で最初に使われたのはこの本だと思います。『遠野物語』は伝説が中心で、昔話はちょっとでしたけれども、ここでは昔話が一番重要なトップに来て、伝説より昔話のほうがより価値のある上位に位置付けられています。価値転換が起こったんでしょうね。だけれども、『江刺郡昔話』といいながら、口碑や民話も収めていることからすれば、昔話というのは絶対的なものじゃなくて相対的な第一位だった。やがてもっと進んでいくと、昔話だけを集めたものになっていくけれども、『江刺郡昔話』の時はたぶんそうじゃなかったんでしょうね。柳田国男も『聴耳草紙』の序文で、この『江刺郡昔話』というのは記念すべき一冊だというふうに言っていて、私もそう思います。この『江刺郡昔話』から本格的な民俗学の資料集が出来始めたということですね。

(A)「石地蔵に恩をおくられたと謂ふ話」

『江刺郡昔話』の昔話の中にこういう話が出てきます。「石地蔵に恩をおくられたと謂ふ話」です。我々にとっては「笠地蔵」という名称のほうがはるかに馴染みがありますが、まだ「笠地蔵」という言葉がなかったのです。これから研究が進んでいくと、「桃太郎」とか「笠地蔵」とかという、短い名前が主流になって流布していくことになります。

この「笠地蔵」は、貧乏な夫婦がいて、夫は大晦日に苧枷《おがせ》を町へ売りに行きますが、全く売れず、同じように売れない笠を売っている翁と交換した。この翁というのは先回りして言ってしまえば神みたいなもので、この夫の援助者です。苧枷の売れなかった男を助けるのです。夫はとぼりとぼり家路を戻る途中、大きな野原に差しかかった。折節雪が降り出し、吹雪になった。見ると、雪の中に野中の裸地蔵があり、さぞ寒かろうと独り言を言って頭に笠を被せてやった。普通は六地蔵ですけれども、これは地蔵一体なんだろうと思いますね。家では妻が、夫は米を買ってくるだろうと年取りの支度をして待っていた。ところが夫は素手でぶらりと帰ってくるんですね。夫はそれまでのことを詳細に語ります。妻は笠をお地蔵様に上げてきたことはよかったと言って夫を慰める。どちらももう純粋にすばらしい夫とすばらしい妻です。だから幸せが来るんですね。

この「笠地蔵」というのは隣の爺型に入りそうなんですが、そうならないで幸せだけで終わるんです。隣のお爺さんが真似をして、というようなかたちにならない。この夫婦の場合と違う昔話というと、一番わかりやすいのは「舌切雀」です。「舌切雀」というのは、夫婦の間で、お爺さんが小さいつづらがいいと言って幸せになりますけど、お婆さんは大きいのがいいと言って、中から化け物が出てくるわけですから。

この「笠地蔵」は、そういう「舌切雀」なんかと対照的な話ですね。夫婦は早く寝てしまう。夜中にふと目を覚ますと外は吹雪乱吹《ふきらんぷき》。吹雪乱吹《ふきらんぷ》というのは、遠野で今でも言いますね。猛吹雪です。その風の音の絶え間からよんさよんさと、どうやら自分の家のほうにやって来る様子だった。変だなあと思って夫婦が枕から頭を上げると、その時、「昼間の事は過分ぢやつた」と言います。昔話の世界では、神様や動物が人間の言葉を話しますね。そういう大きな声がして誰かが玄関にどさりと重いものでも置いたような音がする。夫婦が起きて見ると大きな袋があり、吹雪の中を大きな石の地蔵さんが歩いていく。二人がその袋を開けてみると、中には大判小判がいっぱい入っていた。

ただ、この話には微妙なずれがありますね。つまり、お爺さんお婆さんが欲しかったのは大判小判じゃなくて、米ですよね。米や魚があって、それで年を越した、むしろそのほうが自然だと思います。だけど、大判小判があったというところに、むしろ物々交換なんかと違う貨幣経済の価値観が入ってきているんですね。一番大事な年越しの晩に欲しいものは米や魚じゃなくて、大判小判だというのです。だから年末ジャンボ宝くじが売れるわけで、あれはやっぱり大判小判が欲しい人間の欲望とつながっていくんでしょうね。だから、昔話というのは微妙に動いていく、その過渡期だということがこんな話からもわかります。

(B)「荷物を尽く打砕いた洋灯売」

最後に民話を取り上げます、洋灯《ランプ》売りが、自分のお父さんが狐に化かされるので、化かされないようにしようというので、娘に化けた狐を捕まえる。打ち殺そうと思って天秤棒で叩くと、狐は「ぢやぐえん、ぢやぐえん」と鳴く。そこへ人が通りかかって、ランプ屋さんどうしたんだと聞くので、狐が悪いから退治していると言うと、本気に立ち返るがいい、自分の商売道具をそんなに打ち砕いてどうするんだと言われ、はっと眼が覚めてみると、自分のランプを壊している。動物と人間とが非常に近くて、狐に化かされた話というのはたくさんあります。そういう化かされた話をせがれがする。親も騙されたし、子も騙されたというのですから、親子二代にわたって騙された話ですね。こういう話というのは実は固有名詞で語られたりするんですが、それがランプ屋さんになると、普通名詞になり昔話化していきます。

佐々木喜善はこのランプ売りの話が他にもあるということを『聴耳草紙』で上げていて、これらの狐話なんかは立派な伝播成長を帯びて、完全な昔話になっているとします。つまり、世間話から昔話ができていく、個別の体験、事件がより普遍的な昔話になっていくという、そういう成長説を考えています。でも、これは柳田国男とちょっと違うようですね。柳田国男は、昔話が世間話に入ったりするということをしきりに考えていました。

私自身は、それ自体は昔話を考える時にとっても大事なことだと思います。柳田は力を持っていますけれども、佐々木喜善のような考え方をしていく必要があります。この大学の、お亡くなりになった野村純一先生も、世間話から昔話へということを考えておられましたけれども、それはたぶん、佐々木喜善の大きな刺激を受けて、より発展させたものなんだろうなと思うのです。

この『江刺郡昔話』というのは、柳田国男と佐々木喜善との協力でできた記念的な著作で、この時に民俗学的な資料が初めて生まれている。そして、日本人が、地方にこういう大事な昔話があるということを一冊の本として知った、まさに歴史が動いた瞬間だったと思います。

明治の終わりから大正の十年代まで、ほんの十五、六年だと思いますけれども、その間に緩やかに歴史が動いて、昔話は宝物であると、その高らかな宣言まで佐々木喜善がしたということになります。それから八十年ぐらいが経とうとしています。私自身が遠野へ行って話してきたことは、八十年前のことが今日でもとても重要ではないかということです。佐々木喜善がこういう苦労をした、こういうふうにして昔話を書いた、昔話を発見した、そのことを語ったり研究したりする時に、このようなことを知っておくということは、よりよい語りをするために、そして、自信を持ってその語りを後世に人類の遺産として伝えていくために、私は大事なことではないかなと思っています。単なる歴史の問題ではなくて、まさに現代にとって重要ではないかと思うのです。どうもご静聴ありがとうございました。

（拍手）

あとがき

本書『語りの講座　昔話への誘《いざな》い』の元になったものは、國學院大學の平成二十年度オープンカレッジ特別講座「語りの文化講座　昔話の学び―その歴史・民俗・世界―」である。本講座は昔話をさまざまな角度、視点から考えることを目的として平成十四年にスタート。第一回目のテーマは「日本の昔話」、十五年度は「日本昔話の世界」、十六年度は「昔話と文学・実践」、十七年度は「昔話―語りをめぐる文化状況―」、十八年度は「昔話と語りのコラボレーション」、十九年度は「昔話と周辺文化」と題して行なわれてきたもので、一貫して日本の昔話とその周辺をテーマとしてきている。また、講師の方々もそれぞれの研究分野の中核を担う顔ぶれを揃えている。今日、このようなテーマで毎年連続講座を持つこと自体が至難のことではないだろうか。

さて、平成二十年度の講師の依頼が花部さんからあった折、就いては今回は講師の方々に執筆の許諾を得て一冊の本にまとめたいとの意向をうかがい、それならばいくらでもお手伝いしますよとお応えしていたのであった。当初、私としては講師の話された録音テープを文字に起こす位のことを想定していたのであったが、花部さんは共編でとおっしゃる。最初は固辞したものの、どうしてもとの熱意に喜んでお受けしたのであった。

今日、文化講座と名の付くものは多く、どの講座も中高年の方々が多いようであるが、受講者はたいへん熱心であるという。國學院大學のオープンカレッジの場合も例外でなく、受講者の学習意欲に驚かされた。学ぶ者の本来あるべき姿がそこにはあった。私事で恐縮だが、私の妻は十代の頃から家計を担い、体育の教師への望みを断ち、高校を出ると就職した。子育てが一段落した頃から学びの虫がむずむずと動き出したのか、土・日曜になるとバレーボールや硬式テニスに青春を取り戻し、わが子の出身大学のカルチャーに何度も応募。さらには私の恩師である福田晃先生の伝承文学探訪にも盛んに参加して、私以上に先生のお話に熱心に耳を傾け、ひたすらメモを取っているのである。本当に学ぶとはこういうことを言うのであろう。

さて、本書は昔話研究の歴史をふまえ、その成果をわかりやすく解説している。わが国の古典文学や歴史、民俗との関わり、研究史などから日本の昔話のあり様を総合的に理解できるようにし、また、外国の伝承文化との関係から、より普遍的なものを見つめることを志向している。これから昔話を学ぼうとする人は、専門的な知識がなくても、あるいはその属する世代に関係なく、知的好奇心をもって日本の昔話世界の豊かな文化の香りを本書から味わっていただけるのではないかと思う。

平成二十一年八月

松本孝三

著者紹介

青木　周平（あおき　しゅうへい）
一九五一年生。國學院大学教授　二〇〇八年歿。
主要著書／『古代文学の歌と説話』（若草書房　二〇〇〇年）

小峯　和明（こみね　かずあき）
一九四七年生。立教大学教授。
主要著書／『説話の森』（岩波文庫　二〇〇一年）『今昔物語集の世界』（岩波ジュニア新書　二〇〇二年）

小林　幸夫（こばやし　ゆきお）
一九五〇年生。東海学園大学教授。
主要著書／『咄・雑談の伝承世界』（三弥井書店　一九九六年）『しげる言の葉』（三弥井書店　二〇〇一年）

徳田　和夫（とくだ　かずお）
一九四八年生。学習院女子大学教授。
主要著書／『お伽草子研究』（三弥井書店　一九八八年）『お伽草子伊曾保物語』（新潮古典文学アルバム16　一九九一年）

松本　孝三（まつもと　こうぞう）
一九四九年生。大阪大谷大学非常勤講師。
主要著書／『民間説話〈伝承〉の研究』（三弥井書店　二〇〇七年）

中川　裕（なかがわ　ひろし）
一九五五年生。千葉大学教授。
主要著書／『アイヌの物語世界』（平凡社　一九九七）

三原　幸久（みはら　ゆきひさ）
一九三二年生。関西外国語大学名誉教授。
主要著書／『スペインの昔話』（三弥井書店　一九七五年）『スペイン民話集』（岩波文庫　一九八九年）

田中　宣一（たなか　せんいち）
一九三九年生。成城大学教授。
主要著書／『年中行事の研究』（桜楓社　一九九二年）『徳山村民俗誌』（慶友社　二〇〇〇年）

花部　英雄（はなべ　ひでお）
一九五〇年生。國學院大学准教授。
主要著書／『呪歌と説話』（三弥井書店　一九九八年）

石井　正己（いしい　まさみ）
一九五八年生。東京学芸大学教授・遠野物語研究所研究主幹。
主要著書／『『遠野物語』を読み解く』（平凡社新書460　二〇〇九年）

語りの講座　昔話への誘い

平成21年８月30日　初版発行

定価はカバーに表示してあります。

編　者　花部英雄
松本孝三

発行者　吉田栄治

発行所　株式会社 三弥井書店
〒108-0073東京都港区三田3—2—39
電話03—3452—8069
振替00190—8—21125

ISBN978-4-8382-3187-4 C0039　整版・印刷　藤原印刷